Chiang Kai-shek Diaries, 1954

◆民國四十三年◆

感謝

蔣經國國際學術交流基金會
世界大同文創股份有限公司

贊助出版

編輯凡例

一、本書為蔣中正民國四十三年 (1954) 日記，係根據日記原件打字排版。

二、本書卷首列有總序，旨在說明蔣日記之整體歷史意義與價值。

三、本書各年各冊均精選國史館授權使用照片若干幀，與日記內容呼應，不無左圖右史之義。後附索引，意在讀者易於檢索、利用。

四、日記內容本分「雪恥」、「注意」、「預定」等欄目者，本書均依照原有欄目處理。日記原件每月起始有「本月大事預定表」；每週附有「上星期反省錄」、「本星期預定工作課目」；每月月底附「上月反省錄」，全年日記之末並以「雜錄」、「姓名錄」殿之。本書悉依原有形式出版。

五、同日日記遇有草稿、抄稿、秘書抄稿並存時，則以最完整稿置前，其餘附後。

六、日記內文提及之相關人物與重要事件，編輯整理時酌加頁註。相關人物第一次出現時，當頁註釋其全名及當年或前後之職銜，以利查考。外國人名第一次出現時，當頁註釋其拉丁化全名，以資識別。

七、本書用字尊重現今常用字，俗字、簡字、古字等異體字改為正體字。惟遇通同正體字時，為因應讀者閱讀習慣及通俗用法，採用現今通用正體字，如「并」改為「並」，「証」改為「證」，「甯」改為「寧」等。

八、日記用詞保留當時用法，不以錯字視之。若與現今用詞有差異處，遵照蔣中正個人習慣用法，如：舊歷、古鄉、托管、烏乎、處治、火食、琉璜；及部分地名如：大坂、蔣林、角畈山。

九、日記中遇明顯錯別字詞，在該字後以〔　〕符號將正確字詞標出。遇明顯漏字，則以〔＿〕符號將闕漏字詞補入。無法判明者，則加註「原文如此」。本書收錄日記中所附帶之信函、手令、批示等稿件，非蔣原筆跡手稿者，以楷體字體表示。

十、日記中遇損壞、破損而無法辨識字跡者，以■表示。

十一、日記中提及人名偶有筆誤，以錯字訂正形式處理；外國人名譯音有前後不一致情況時，但見索引，不另做處理。書中出現編目「一、一、一、一」者，為遵照原稿設計，不予修改。

十二、標點符號除原稿上所加之問號、驚嘆號、引號等外，僅以「，」「、」「。」「：」標之。

十三、本書涉及人物、事件複雜，議題涵蓋廣泛，編者思慮難免不周，如有錯誤疏漏，尚請讀者不吝指正，以便日後修整。

序 一

　　蔣中正，學界通稱為蔣介石，是國家級和世界級的領袖人物，早為史家研究的對象。日本學界有蔣介石研究會，臺灣中央研究院近代史研究所有蔣介石研究群，浙江大學有蔣介石研究中心，而學者個人研究蔣介石者，如楊天石、山田辰雄、黃自進等皆為名家。近年臺海兩岸各大學和研究機構，以蔣介石為主題所開的研討會，如「蔣介石與抗日戰爭」、「蔣介石與抗戰時期的中國」、「蔣介石與世界」、「日記中的蔣介石」、「蔣中正日記與民國史研究」等，亦結集了許多研究蔣介石的成果。

　　史學界之所以熱衷於蔣介石研究，除蔣之歷史地位重要外，蔣介石日記開放給史學界使用亦為重要因素。蔣日記初由自己保管，1975 年蔣介石死後由其子蔣經國保管，1988 年蔣經國死後由其子蔣孝勇保管，蔣孝勇死後由其妻蔣方智怡保管。蔣介石原望其日記存於臺灣，於其逝世五十一年後（2026）開放，後因蔣孝勇夫婦移居加拿大，日記乃被帶到該處。2005 年蔣方智怡將日記移存美國史丹佛大學胡佛研究所，並授權該所保管，2006 年起分批開放蔣日記給學者作為研究之用。蔣介石日記開放給學者作為研究之用後，各國學者紛紛前往史丹佛大學閱讀，學者並開始以蔣日記為主要資料寫論文或專書，使蔣介石的研究成果更為深入與豐富。

　　蔣介石日記，從 1917 年起記到 1972 年 7 月止，凡五十五年，四百五十萬字。其中 1924 年日記失落，1917 年的日記為回憶幼時至 1917 年之重要記事，僅約萬餘字。這五十五年，蔣追隨孫中山，並以繼承孫中山的革命志業自居，日記中所記，為民國史留下重要史料。日記史料往往反映一

個人的性格，蔣為軍人出身，做了國家領袖以後，對友邦，只望協助，不喜干涉；對部屬，只望服從，不喜爭權奪利。譬如抗戰勝利後，國家進入憲政時期，蔣的權力受約束，不能全力應付危局，乃制定動員戡亂時期臨時條款，使權力超出憲法以外；又如 1949 年 1 月，國民黨對共產黨有主戰主和之分，蔣主戰，副總統李宗仁主和，蔣辭職下野，另成立總裁辦公室，以黨領政領軍。及李宗仁避往美國，蔣復行視事，始得統一國家事權。

　　由蔣之日記，可略窺蔣之終生志業。但將蔣日記作為史料，像許多其他日記一樣，有不易了解處。譬如記朋友不稱名而稱號，記親戚和家人不稱名而稱親屬的稱謂或暱稱；對不便明說的事吞吞吐吐，語焉不詳；記事突兀，背景不明。在這種情形下，如能對日記作箋注，即可增加對日記內容的了解，由國史館授權，民國歷史文化學社所出版的《蔣中正日記》，即為箋注本，當能應合讀者需要。是為序。

中央研究院院士　張玉法

於翠湖畔寓所

2023 年 5 月 20 日

序　二

一部罕見的國家領導人日記

2006 年，「蔣中正日記」的開放，是民國史研究重要的里程碑；2023 年，《蔣中正日記》的正式出版，更是推展民國史研究令人矚目的一頁。

和蔣中正同時的美國總統羅斯福（Franklin D. Roosevelt, 1882-1945）、英國首相邱吉爾（Winston Churchill, 1874-1965）、蘇聯共黨中央總書記史大林（Joseph Stalin, 1878-1953）、德國納粹頭子希特勒（Adolf Hitler, 1889-1945），都稱得上是當年掀動國際風雲的「大人物」。羅斯福不寫日記，史大林沒有日記，邱吉爾的《第二次世界大戰回憶錄》，於 1953 年得過諾貝爾文學獎，具有的是文學創作之美的價值，畢竟不屬於歷史，也不是日記；1983 年號稱「新發現」的六十卷「希特勒日記」，轟動一時，僅僅十天之後，即被證明是舊貨商牟利的贗品。蔣中正（介石，1887-1975）應該是同一時代世界重量級人物中，唯一真正留有五十五年個人日記的領導人。

蔣日記不是中國傳統史官代撰的起居注，也非皇朝實錄，這部當代政治領袖用毛筆楷書親自書寫超過半世紀的日記，記錄一位曾是滬濱浪蕩子走向全國性政治人物的發跡過程，又提供一個「大」又「弱」的古老國家政治領導者，如何想方設法謀求一統天下，並期盼與國際接軌的一段艱難歷程的重要見證，是十分罕見的歷史素材。

　　有些審慎的歷史學者提醒道：「日記」作為史料，要分辨「真實的蔣」（person），與蔣「要我們知道的蔣」（persona），日記中能讀出真實的蔣，才是本事。蔣中正的日記複印本開放已逾十年以上，閱者、使用過的學者上千，沒有人懷疑它的真實性，沒有人說它是為別人寫的。作為民國歷史研究的第一手資料，作為民國史最珍貴史料，蔣中正日記的重要不可忽視，相當值得出版。

日記的本質與運用

　　日記本屬個人生活方式的記錄，是「我之歷史」，但不能沒有社會性——涉及他人、他事的記載，日記歷史文獻價值因此存在。故就歷史研究言之，史家早就視日記為史料之一種重要形式。清季以降，士紳大夫、知識分子寫日記者頗不乏人，日記創作風氣鼎盛。日記固屬私人，但頗多日記出諸官紳，所記內容，自不僅止於私密之內心世界，實多有涉軍國大事要聞者，於是日記又成為認識公眾歷史的重要憑藉。日記既有公、私之記載，也因此能打破正史之文獻表述與壟斷。所以「日記學」在近代史學研究中，不能不為史學界所看重。文化史家柳詒徵謂：「國史有日歷，私家有日記，一也。日歷詳一國之事，舉其大而略其細；日記則洪纖畢包，無定格，而一身一家一地一國之真史具焉，讀之視日歷有味，且有補於史學。」正因日記內容「洪纖畢包」，材料廣泛，如記載時間拉長，固為多元歷史留下大量線索，提供歷史研究絕佳素材，同時是執筆者記錄當下作為自行修身、事後檢討反思的依據，此即宋明理學家「自勘」、「回勘」的工夫，曾國藩的日記、蔣中正寫日記，多寓此意。蔣中正記日記，在生前即囑秘書作分類工夫，「九記」、「五記」及「事略稿本」均有自省及建立形象作用。以日記為主體，衍生出不同類型的版本，內容不免有取捨不同，品人論事可能輕重不一，而這正是「日記學」有趣的課題。多年以來，靠蔣日記撰寫出來的傳記，不在少數，論者已多，不待贅述。

　　1961 年 12 月，中央研究院院長胡適談到「近史所為什麼不研究民國史」，表示「民國以來的主要兩個人，一位是孫中山先生，他的史料都在

國史館裡；還有一位是蔣介石先生，他的史料誰能看得到？」這樣的情況，終於在 1980 年代以後出現了變化。1987 年 7 月 15 日，蔣經國總統宣告臺灣「解嚴」。對中國近代史的研究而言，實亦一嶄新局面的出現。新時期尤其受歷史學者歡迎的是，史政機構史料的空前開放。1990 年國民黨黨史會率先把重要史料一口氣開放到 1980 年代；國史館於 1995 年奉命接管近三十萬件的《蔣中正總統文物》（即「大溪檔案」），兩年後全部正式開放，對民國史學者而言，好比是近代史學界的一顆震撼彈。可以說，胡適眼中視若「禁區」的蔣中正時代史料，在蔣逝世三十年後，基本上已全數向學界開放了。這批史料的的確確是研治國民政府軍事史、政治史的稀世之寶，如今能全部亮相，是十幾二十年前歷史學者不敢想像的事，而這些正是能和「蔣中正日記」相互對應參證不可或缺的重要史料。

史家陳寅恪曾說：一個時代之學術，必有其新材料與新問題；取用新材料以研究新問題，則為此時代學術之新潮流。1960 年代兩岸對峙局面初成，修纂民國史之議，浮上檯面，民國史料的整理、開放，實極迫切。1990 年代以降，在臺北的國史館對蔣中正總統文物的整理、開放，甚至是出版工作，無疑具相當關鍵作用。1975 年，蔣中正總統過世後，「蔣中正日記」和後來的經國先生日記，從臺北移到加拿大，2004 年暫時落腳美國史丹佛大學胡佛研究所檔案館（Hoover Institution Archives, Stanford University），2023 年回歸臺北，這一段兩蔣日記「出走」「回來」的過程和故事，已為眾人所熟知。2006 年，存放在胡佛研究所的「蔣中正日記」決定率先向學界公開，這無疑的更進一步帶動了學界「蔣中正研究」與民國史研究的熱潮與興趣。蔣日記又促成了民國研究熱，其內容包含日記所涉新資料的挖掘、運用，研究範圍與議題的提出、研究途徑與方法的更新，以及如何重新看待「民國」等，這些討論與探索，使蔣中正研究、民國史研究更為紮實，也綻放出新的面貌。

日記外型

蔣中正自始所使用之「日記本」是有固定格式，早期使用商務印書館印製的「國民日記」，爾後自行印製固定格式，除每日記事外，每年有

該年大事表，每月有本月大事預定表、本月反省錄（後改為「上月反省錄」），每週有本週反省錄（後改為「上星期反省錄」）、下週預定表（後改為「本星期預定工作課目」）。蔣氏日記持續以毛筆書寫，除每日記事外，每週、每月、每年開始必定按照上述表、錄，檢討上週、上月之施政或個人行事，思考本週、本月、本年之預定工作，每年年終會對全年之政治、外交、黨務、軍事等工作進行分項檢討。1925 年 6 月沙基慘案之後，蔣痛恨英帝國主義者慘殺無辜中國軍民，日記稱英國為「陰番」以洩憤，並每日立下格言、標語誓滅「英夷」，時間長達一年又兩個半月。1928 年「五三慘案」發生後，有感於國難深重，自身責任重大，「國亡身辱」，集國恥、軍恥、民恥「三恥」於一身，於是年 5 月 10 日記道：「以後每日看書十頁，每日六時起床，紀念國恥。」此後，每天的日記前必記「雪恥」一項，以誌不忘國恥。抗戰勝利後，蔣氏 1945 年 9 月 2 日自記：「舊恥雖雪，而新恥又染，此恥又不知何日可以湔雪矣！勉乎哉！今後之雪恥，乃雪新恥也，特誌之。」1949 年來到臺灣，日記中雪恥一欄仍不間斷，因為「新恥」未止。

蔣中正日記的內涵

平心而言，從蔣的日記中的確可以看出作為一個從「平凡人」到「領導者」的心路歷程，無需刻意神聖化，也不必妖魔化。

許多人都知道蔣是用度非常節儉的一個人，他補破衣、不挑食，一口假牙，吃東西十分簡單。蔣不喝酒、不吸煙，只喝白開水，其實生活很是平淡。從他的日記中可以體會到，他是很容易結盟，又是容易結仇的人。結盟或許與上海的生活經驗有關，結仇就可能涉及他的個性。他的日記中看出他對人物批評十分苛刻，有軍人作風，黃埔軍校畢業生拿到校長所贈的寶劍上都刻有「不成功便成仁」的字眼，既現代又傳統。但因為他喜歡讀書，所以跟一般純粹的武人仍有不同，能趕上時代，展現一些文人氣息。他自承脾氣暴躁，對文官雷霆責罵，對武人甚至拳打腳踢，日記中常為自己的錯誤「記大過」，也常懺悔，雖然一直想克制自己，但是個性似乎不

易改變。1960 年 11 月，蔣對第九十九師師長鄧親民所製小冊內容不當，大動肝火，聲嘶力竭叱責，以致喉裂聲啞，半年之久，元氣才告恢復。蔣勤於任事，甚至過火，越級指揮壞了戰局，修整文稿苦了文字秘書。大小事情都會過問，碰到交通阻梗，親出指揮，看到街道周邊髒亂，就會破口大罵指斥官員。這些個性的表現，在日記中都可覆按。這正是親近幕僚楊永泰所講的，他「事事躬行」，常致「輕重不均、顧此失彼」。盟兄黃郛則批評他有「毅力」而欠「恢弘」之氣象，均屬中肯之語。

一般人展讀別人日記，除了「偷窺」心理外，多半對主人公不免有先入為主的印象。蔣中正從一介平民到作為一個國家領導人，他奮鬥的歷程，後人難免加油添醋、說三道四。如果平實的對蔣中正日記進行觀察，會覺得他是一個民族主義者，是孫中山的信徒，是一位虔誠的基督徒，他不喜歡英國，嫉俄、日如仇讎；日記中顯示他知道自己學養不足，常師法先賢、勤讀宋明理學。1930 年代當了中央領袖，還特別禮邀學者進行「講課」，甚至不斷向「敵人」學習，有他堅持與成功的一面。但長時期以來，尤其是部分西方媒體和他的政敵，一直視他扮演的是一個「失敗者」的角色，因此多從負面來理解。

蔣中正當過軍校校長、軍隊總司令、軍事委員會委員長、黨的總裁、國家主席、總統，一生的作為不能樣樣令人滿意，當然有多方面的因素，例如說在大時代裡頭要重建一個近代國家的制度與規模，當時確實缺少一個可以運作的規則；在兵馬倥傯中還要對付內外的腐敗與變亂，何況想迅速建立「近代國家」本來就是一種苛求，幾近不可能的任務。外交是內政的延長，蔣大半輩子與美國人打交道，他的「美國經驗」，酸甜苦辣備嘗，因國力弱，政治不上軌道，一路走來需要美利堅的扶持，根本上又難符美國「要一個強大而親美的中國」的期盼。在 1930 年代之後，美國由扶蔣、輕蔣、辱蔣，甚至倒蔣的戲碼，輪番上演，是有原因的。蔣一生對日本、美國愛恨交加，日記中透露了諸多內心穩忍的秘辛與苦楚。其次，蔣當時確實不夠重視黨組織，大部分的心力不是放在軍事，就是放在對付敵人。從某個角度看，1920 年代孫中山依違於英美政黨政治與列寧式政黨之間，

所幸蔣沒進一步學取極端嚴格的動員性政黨組織模式，保有了憲政理想。但底層力量的薄弱，派系對權力的競逐，則加深他的黨組危機。1940 年11 月，在日記中他自承「一生之苦厄，全在於黨務也」。從另一角度看，孫中山西方民主政治的理想，他遵循，也心嚮往之，但最終做到的只是徒有其名而無其實。另外，他在群雄中要衝出頭是有很多困難的，他的輩分比較低，多半的成功是靠謀略與機運。1920 年代的北伐及其後，急功近利，對各地軍閥採取收編、妥協政策，結果形成一個諸多山頭的統一，他似乎只成無奈的「盟主」。同時當他有權力之後又甚為自負，不太接受挑戰，一方面是尊嚴的問題，一方面是權力意識，一方面是支撐他地位的架構，一方面是財政來源的困難，最後可能涉及到家族的網絡問題。他身處在農業社會傳統未褪盡，資本主義浪潮下「現代國家」制度尚待建立的威權時代，他的作為與形象很難符合後人的要求與期待，他做事的動機和過程，大多可以在他的日記中捕捉、體會。

蔣中正日記的重要性已如上述，讀者讀過之後更大的感受：這是一套有血、有肉、有靈魂的資料。1920 年代之後，日記中許多蔣、宋、孔有關國家大事、家中生活細節的諸多紀錄，正顯現他們平實居家生活的寫照。他除了讀書外，喜歡旅遊，對奉化「古鄉」，頗有依戀之情。平日生活不失赤子之心，1933 年 10 月 4 日，中央忙於應付日本侵略，又忙於對付中共問題時，他「與妻觀月，獨唱岳飛滿江紅詞」，這與蔣平日予人嚴肅刻板印象，頗有落差。可見這日記提供的不只是歷史的發展線索，更重要的是人性的揭露。歷史的研究本來就應該以人性作基礎，作有「人味」的研究，這套日記正好提供了一份珍貴的原料。

蔣中正日記的公開，迄今已十數年，對海峽兩岸、英日美近代史學界，究竟造成多大的影響？「蔣中正日記」自 2006 年開放以來，引來各地史學家競相閱覽、關注與利用，是不爭的事實。除海峽兩岸學者有大量論著，忙著開會、籌組成立研究中心、讀書會之外，西方學界也開過幾次以蔣日記為主體的學術會議。不同國家的學者如陶涵（Jay Taylor）、米德（Rana Mitter）、方德萬（Hans van de Ven）、戴安娜 · 拉里（Diana

Lary）、潘佐夫（Alexander V. Pantsov）等，近年均從不同角度切入，注意到日記的利用，其重要研究成果，有目共睹。即以潘佐夫的《蔣介石：失敗的勝利者》一書言，大量利用蔣的日記，又用俄羅斯的俄文檔案比證，娓娓道來，讓人覺得他真是講故事的高手。齊錫生的中文近著《分崩離析的陣營：抗戰中的國民政府，1937-1945》，其取蔣日記加之中西方檔案作精準比較，史事正負面並陳，同時賦予客觀詮釋，令人耳目一新。這說明研究者、讀者對日記有重大依賴，均能從中直接得到啓發，也就是說，對民國史研究，「蔣日記」之為用，是有相當積極而重要意義。

根據手稿本出版

蔣中正之日記，特別值得一談的是蔣記日記的時間長達半個世紀以上（共五十五年六十六冊），絕對難得。現存的日記，1915 年只有山東討袁一星期的記事，其他都在 1918 年冬永泰之役中喪失。1916 到 1917 年的日記也可能因為 1918 年在廣東戰役中遺失。1924 年正當孫中山致力改善中蘇關係、積極推動國共合作之際，蔣這一年日記則遍尋不著，誠為全套日記出版的最大遺憾。對 1918 年以前的行事，蔣曾經幾度補述，有一部份詳細敘述了他幼年的回憶，附在日記手稿之前；有一部分放在 1929 年 7 月的雜記及 1931 年 2 月的回憶中，嚴格說來不算是日記。1918 年以後雖有部分潮濕霉爛、水漬污染（尤其 1935-1936 年），所幸修補之後，大體完整。

從外型上看，蔣中正日記分為四種形態：蔣中正日記原本、蔣中正日記手抄本、蔣中正日記複印本及蔣中正日記微卷；放在胡佛研究所的蔣中正日記複印本是提供學者閱讀者。事實上，日記的版本應該只有一種，即是目前暫存美國史丹佛大學胡佛研究所之日記原本的「手稿本」，其他所有與日記相關的「版本」，都是由「手稿本」發展出來的。這套《蔣中正日記》是依據原件一個字一個字「刻」（Key）出來的，絕對真實，可靠性無庸置疑。附加的註腳，力求周延，同時方便讀者的索解。

這是學術界、出版界的盛事

日記不可能是個人全部生活的百科書全書，不能求全。日記記載的主觀性與選擇性也顯然的，故而日記史料的利用，更需要其他材料的對應和比較，是而斷章取義、各取所需、過度詮釋，都非所宜。歷史家有好的材料，更應具有好的歷史研究素養和技藝，這是學者可以同意的共識。

過去幾年，能親自參閱蔣中正日記者，畢竟有限，於是許多抄錄者形成的《蔣中正日記》地下版充斥，揭密居奇者正不在少，故而學界及社會各界要求正式出版蔣日記的呼聲極高。最近，日記出版的時機已告成熟，我們的出版立場是學術的、嚴謹的，我們的要求是明確的，這一定會是學界、社會各界期望的出版方向！

我們感謝蔣家家人的同意、國史館陳儀深館長的出版授權、蔣經國國際學術交流基金會錢復董事長、朱雲漢前執行長及今執行長陳純一先生對本案的贊助、世界大同文創公司的支持，使日記順利出版。當然，史學界的朋友，我們曾為蔣中正的善政、失政與作為爭得面紅耳赤，也曾為日記中一個字、詞的辨識吵得翻天覆地，我們的真情是為學術，最大「野心」是努力以嚴謹、負責態度維護出版品水平。這一方面，我們學社同仁自董事長至編輯同仁的付出與辛勞，全在不言中。

我們自信這會是一套擁有「精準」、「正確」特質，具權威性版本的《蔣中正日記》。相信這絕對是民國史、近代中國出版史的一椿盛事。

民國歷史文化學社社長　呂芳上

2023 年 8 月 10 日

序 三

　　蔣中正，字介石，浙江奉化人。早年在中國率軍東征、北伐、領導對日八年抗戰，到戰後由訓政走向憲政，於 1948 年當選行憲後第一任總統。1949 年中央政府遷臺後，蔣氏於 1950 年宣布復職為總統並得到美國的支持，迄 1975 年過世為止，是近半個世紀以來統治臺灣最久的領導人，對近代東亞歷史的發展影響深遠；而蔣中正在臺灣，人們對他的評價卻褒貶不一，可說是毀譽參半。

　　中日戰爭的勝利是蔣中正政治生涯的最高峰，獲譽為世界四強的「偉大領袖」，但短短不到四年時間，就從高峰跌到谷底，變成中共口中的「人民公敵」。另一方面，在威權統治時期的臺灣，他被黨國體制宣傳為「民族的救星」、「世界的偉人」，迄 1987 年解嚴之後，臺灣社會與學界才逐漸擺脫言論自由、思想自由的限制，重新審視蔣中正的歷史定位。直至今日，不論是海峽對岸，或是臺灣社會內部的不同群體，都對蔣中正的功過得失，存在著相當對立與矛盾的詮釋，離所謂的「蓋棺論定」，可能還有一段遙遠的距離。

　　關於蔣中正的學術研究，其契機始於 1995 年總統府分批將「大溪檔案」（即「蔣中正總統檔案」）從陽明山中興賓館移轉至國史館庋藏。該批檔案，是蔣中正統軍領政期間之親筆手稿、文件、電令、諭告，也有經過幕僚統整之檔案彙編、事略稿本，並有蔣氏之相關文物照片等，時間涵蓋 1924 年至 1975 年，為研究蔣中正生平及國民政府、國共內戰、1949 年至 1975 年間中華民國在臺灣之歷史的珍貴重要史料。經過本館初步編目

整理，兩年後即全部正式對外公開，是當年學術界的一大盛事。其後，本館更在「蔣中正總統檔案」的開放基礎上，為開拓研究視野並嘉惠學界，從中披沙揀金，先後出版《蔣中正總統事略稿本》82 冊、《蔣中正總統五記》、《蔣中正先生年譜長編》12 冊，後續並將觸角拓展至戰後臺灣史，先後出版《中華民國政府遷臺初期重要史料彙編－中美協防、臺海危機》5 冊及《二二八事件檔案彙編（17）－大溪檔案》等，這些都是完整取材自「蔣中正總統檔案」的原始文獻，從以上出版主題的多元性來看，不難一窺近 30 萬件的「蔣中正總統檔案」，絕對是中華民國史研究者必須參考的材料。

1988 年蔣經國總統逝世後，蔣家家人將兩蔣日記攜至海外，最終寄存於美國史丹佛大學胡佛研究所檔案館。2006 年史丹佛大學胡佛研究所檔案館正式對外開放《蔣中正日記》的閱覽服務，以致以《蔣中正日記》為文本的歷史書寫，方興未艾。本人為了研究二二八事件、1949 大變局、兩次臺海危機以及 1971 年失去聯合國席位的經過等大問題，亦屢次飛去史丹佛大學抄錄蔣日記。隨著日記內容的不斷披露，海峽兩岸與國際漢學界都有研究蔣中正的學界團體與國際會議，出版的研究論著更是隨著時間累積而呈倍數成長。然而受限於時間與成本，絡繹不絕前去史丹佛大學抄錄的學者，往往只能選擇自己最需要參考的部分，而難窺其全貌，這也使得至今《蔣中正日記》雖有多種版本在坊間流傳，但終究都不是正確而完整的內容。

《蔣中正日記》起自 1917 年，迄至 1972 年 7 月止，除了 1924 年份佚失外，大致完整地保存了蔣中正一生橫跨 55 年的日記，其內容不僅是私人之內心世界，更多涉及軍國大事要聞者，對於歷史研究之重要意義，實不言可喻。本館掌理纂修國史及總統副總統文物之典藏管理及研究，長期致力爭取兩蔣日記返國典藏，歷經 10 年纏訟，終於在 2023 年臺灣及美國法院都將兩蔣父子「任職總統期間的」文物所有權判給國史館；加上從 2014 年呂芳上前館長開始、歷經吳密察前館長以及本人任內的溝通努力，陸續得到蔣家後人的捐贈，今日國史館遂擁有這批兩蔣文物的完整所有

權。有鑑於社會各界對於開放日記之殷切期盼，本館立即著手規畫《蔣中正日記》的出版工作，惟考量日記內容卷帙浩繁，決定先從蔣中正就任中華民國行憲後第一任總統任期（1948-1954）的日記開始出版，後續再根據任期及年度依序出版。

　　這次《蔣中正日記》之所以能夠快速而順利出版，要感謝呂芳上前館長所主持的民國歷史文化學社，因學社內的編輯同仁早已著手校正日記內容的正確性，也為日記中提到的人物及事件作註解，使得日記的深度、廣度大為提升。相信藉由《蔣中正日記》的出版，必定有助於呈現一個有血有肉、在感情上常常天人交戰、在理性上屢屢自我挑戰、在政治上功過參半的政治人物，也就是更真實的蔣中正。

國史館館長

2023 年 8 月 31 日

蔣中正日記
Chiang Kai-shek Diaries

圖像集珍

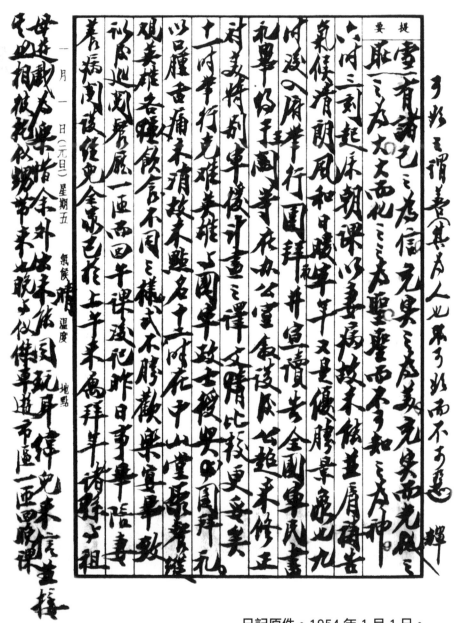

日記原件。1954年1月1日。

「與文孫啟程，由屏東機場起飛，至恆春換車，遊覽鵝鑾鼻，燈塔下之房屋已修建復原矣。」（2月2日）

「此為余對航母艦第一次之考察，對余之海軍學識自更一種實際經驗矣。」（1月9日）

「午課後參觀工業展覽會。」（2月16日）

「十時與車同駕國大會場，開會如儀，對國大報告約一小時畢，再在廣場前陽臺上對一萬四千名義俘訓示，並接受其頌詞，情緒熱烈，令人熱淚盈眶矣。」（2 月 19 日）

「晚宴子安夫婦餞行也。」（3 月 8 日）

「往中山橋圓山麓兒童公園植樹，以紀念總理逝世也。」（3月12日）

「九時半到國民大會投選舉徐傅霖為總統票畢，入府辦公。」（3月20日）

「午課後重修第二次講稿後，到中山堂酒會。」（3月25日）

「九時往鳳鼻頭參加兩棲登陸演習。」（4月12日）

「再往美第九十機動艦（威爾少將）隊麥金利號旗艦，參觀登陸
司令部之組織與運用，可謂複雜極矣，我國如無此等艦上之設備，
其將何以指揮作戰耶。」（4月12日）

「十一時後視察內湖鄉工
兵學校，並觀「貝力」橋
型之架橋演習，工校規模
已漸具備為慰。」
（4月29日）

「乘吉普車上『高山谷』駐所，甚覺氣候宜人，更覺古鄉可愛，以此間氣候全與普渡相同，舊曆四月上旬溫度適在六十度，所謂春冷時節，尚着棉袍不寒不冷之時也。」（5月7日）

「最後到『南坑街』縣政府後，經沿街至天后宮小學與修船所，民眾夾道歡欣之精誠，令余熱淚盈眶。」（5月8日）

「十時到中山堂舉行第二任總統就職典禮，宣誓如儀。」（5月20日）

「到後公園與臺港影劇與平劇界攝影。」（5月26日）

「晚膳後與兩孫車遊，晚課。」（6月10日）

「經臺中農教電影公司製片廠，視察其機器，皆甚新式，乃令經
國速定整個充實計畫，此實宣傳之要具也。」（6月17日）

「正午宴藤山愛一郎等後，談日、韓合作問題，芳澤與藤山皆邀余出
而斡旋，方有合作之望。」（7月9日）

「上午記事，記上周反省錄後，與經兒帶文、武二孫車經基隆轉野柳村，登舊氣象臺山上遊覽，
即在臺上午餐後，與駐軍官兵攝影紀念畢，下山經村中至公路登車，由原路回來。」（8月22日）

「此次旅行，經兒帶三孫男同來，實為圓滿之旅行，惜妻旅美未能參加為憾。」（8月27日）

「八時半到左營，參閱新接收美驅逐艦之漢陽、洛陽兩艦，儀器雖曰新式，但比較多是第二次大戰時之陳物矣。」（9月1日）

「十四時午宴畢,即舉行
談話至十六時一刻,以杜
出發時間已到急於起程,
故最後二語,余特告其今
後大局之解決雖在歐洲,
而癥結與火頭實在亞洲大
陸,望其特加注意。」
(9月9日)

「今晨六時醒後,六時半起床朝課,在潭上之涵碧樓院中讀經唱詩,
空氣清鮮,心神怡樂,與經兒及二孫早膳、照相。」(9月11日)

「晡重遊卜吉村即山民住地,其文化進步甚速也。」(9月11日)

「晡重遊卜吉村即山民住地，其文化進步甚速也。」
（9月11日）

「九時半由涵碧樓帶經兒與兩孫出發，經埔里入人止關、上霧社視察，至日據時代霧社事慘案之被屠山胞之義塚，並見當時日本警察將斬割義民之首數十具照相之慘狀，傷心慘目異甚。」
（9月12日）

「至其地有瀑布急流，為冷水之源，而其一側之崖發綠色，冒熱氣，即為其溫泉之源，以手探之，甚熱也，乃與經兒、武孫同照一相而返，勇孫則以路難，未到其地也。」（9月12日）

「十二時帶三孫皆同車登七星山，途中換轎，約行一小時始克登峰，其路初開，崎嶇狹小，幾難步涉，沿途岩石冒煙，皆硫磺礦質也。」（9月19日）

「晡約美海軍司令之妻茶點，談笑太多，又恐失言，應自檢戒。」（10月3日）

「九時臨閱兵臺上，分列式開始至十時半完畢。」（10 月 10 日）

「入府見加拿大記者「開斯敦」問答錄音。」（10 月 28 日）

「九時到基隆乘美國潛水艇（查爾）號出港演習，至十二時半回港登岸，此為余第一次潛航之紀念，六十八歲尚能學習此一課目，不能謂非受大失敗所賜之效益也，否則恐終身亦難得此寶貴之良機矣。」（11 月 9 日）

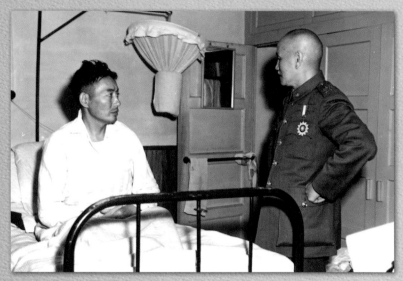

「到中心診所訪周雨寰病，決定在臺動手術，甚望其非癌症也。」
（11月25日）

「晚宴美原子管制會卜瑞克等議員，談至廿一時半辭去。」（12月3日）

「與妻乘車至臺中之霧峰附近故宮文物儲藏室參觀古畫，前後約三小時。」
（12月9日）

「與妻乘車至臺中之霧峰附
近故宮文物儲藏室參觀古
畫，前後約三小時。」
（12月9日）

「晚宴芳澤大使，授勳，以
其辭任也。」（12月14日）

「晚經兒全家、緯兒
與辭修、仁霖二家皆
來團聚。膳後黃扮老
公公分給聖誕禮物，
今年夫人籌辦特多，
且皆精品，小孩最喜
愛之物，故武、勇二
孫尤樂也。」
（12月24日）

「午課後記事，約見和蘭記者照相畢。」
（12月28日）

「到空軍總部參觀美國明星勞軍，昔日電影中所見者今始見，其實際表現甚為滑稽，其藝術美在自然也。」（12月27日）

「雷德福夫婦來聚餐，談國際一般情勢。」（12月30日）

目錄

目錄

民國四十三年大事預定表

生活的目的在增進人類全體之生活。

生命的意義在創造宇宙繼起之生命。

蔣中正

守口如瓶，防意如城。

不發氣，不動怒，不斥責。

忍心吞聲，寬厚和平。

人之有德、慧、術、知者，恆存乎疢疾（患難），獨孤臣孽子，其操心也危，其慮患也深，故達。孟子[1]盡心篇。

「急迫浮露」為朱子[2]自反語錄，此正為余之針砭，乃以「雍容深厚」四字自箴，數年以來，愧未實踐，而急迫浮露之病，至去年為雪艇[3]蒙混舞弊之事而更甚。最近竟遭吳逆國楨[4]謊謬絕倫之誣蔑詆毀，對此橫逆叵測之來，雖自反毫無愧怍，然於聲威之損失實已不少，今後處事待人，更應以「寬容靜默」自修也。四月六晨。中正

1　孟子（前 372- 前 289），名軻，戰國鄒人。戰國時期儒家代表人物。弟子萬章與其餘弟子編著《孟子》一書。繼承並發揚孔子思想，成為僅次於孔子的一代儒家宗師，被尊稱為亞聖。

2　朱熹（1130-1200），字元晦，一字仲晦，齋號晦庵，晚稱晦翁，又稱紫陽先生。南宋理學家，程朱理學集大成者，學者尊稱朱子。輯定《大學》、《中庸》、《論語》、《孟子》為四書作為教本，成為後代科舉應試的科目。

3　王世杰，字雪艇，湖北崇陽人。曾任外交部部長，1948 年 3 月當選中央研究院院士。1950 年 3 月至 1953 年 11 月出任總統府秘書長。1958 年 7 月出任行政院政務委員。

4　吳國楨，字峙之、維周，湖北建始人。1949 年 4 月，辭上海市市長職務；12 月任臺灣省政府主席兼保安司令，至 1953 年 4 月辭職獲准。5 月 24 日偕妻出國，滯美未歸。

一般工作預定要目：

一、科學研究組織之加強（科學運動）。

二、軍、政、教各機構之設計研究室。

三、情報組織應以二重考核，與二重以上之監察調查制度之建立。

四、外交人才之訓練與選拔及組織計畫。

五、黨員訓練氣度器識寬宏與合作精神修養。

六、黨員為動員月會與動員運動之負責人，以及為民服務解決問題，又為地
　　方自衛之核心及其常識人訓練。

七、總務與庶務人員訓練之實施。

八、電化教育之督導與四大改造運動口號之編劇。

九、國家設計機構之研究與準備。

十、民防總隊十八萬名之訓練與管制計畫。

十一、宣傳與文化工作之加強。

十二、人事制度與幹部政策之實施。

十三、小組長訓練之完成計畫。

十四、小組會議業務之規定。

十五、高級幹部（黨、政、軍）訓練之五年計畫。

十六、各省區黨政負責幹部之決定。

十七、電氣化與工業化之督導。

十八、社會建設秩序與整潔公墓、公廁之實施。

十九、監獄改良，囚犯勞動服務與陪審制度。

二十、外資條例之放寬法案。

廿一、電氣化與工業化具體計畫之設計。

廿二、戰爭定型與戰術制式之創作。

廿三、研究與發展機構之人才與業務之籌備：

　　　甲、軍事（面的戰術之普遍研究演習）：

　　　　　一、三軍聯合通信組織之完成。

　　　　　二、後勤改制之完成。

三、陸軍二個軍團、廿四個師之整編完成。

四、海軍陸戰隊增編為二個師。

五、裝甲兵整編二個師又三個大隊。

六、補充兵訓練每年新增九萬－十五萬人之實施，另練民防總隊
十八萬人。

七、軍士制度之實施又主副食物數量之修正。

八、傘兵一個師之充實。

九、砲兵、工兵、交通、通信部隊之整編。

十、陸軍官校之改制。

十一、高級將領之三年儲訓計畫：甲、國防大學三百名，實踐學
社一百名。

十二、戰術思想之統一，戰術制式之規定。

十三、師團管區與地方政府之聯系與關係，以及民防總隊、警察業
務之分工合作打成一片之制度建立，業務與系統不可重複。

十四、軍官團組織之加強（團結精神，提倡修養）。

十五、開計畫對美援繼續要求其實施。

十六、團長以上人事調整完成。

十七、兵工製造業務之加強與督導。

十八、陸軍教育對構築工事與開築坑道訓練工作特別加強。

十九、革命戰術之要旨：甲、思想。乙、組織（軍隊、民眾）。丙、
情報。丁、謀略。戊、佯動（欺詐）。己、宣傳（造謠）。
庚、控制。辛、封鎖。壬、機密。癸、機動與主動。

二十、高級將領必修之學術：子、管制。丑、統御（掌握）。寅、
保養。卯、判斷情報反間。辰、通信。巳、監察。午、組
織。未、考核（綜核名實）。申、研究與發展。酉、創意。
戊〔戌〕、負責自動（主動）。亥、俘虜審問與編訓。

廿一、戰術制式之要旨：子、主動。丑、機動。寅、運動。卯、
佯動（欺敵）。辰、奇襲。巳、攻擊精神。午、貫澈到底。

未、積極精神（負責）。申、犧牲精神（不惜犧牲殆盡）。酉、冒險克難精神。戌、協調互助精神。亥、最後決心與至死不變，以不達目的未能完成任務而中止與生還為最大之恥辱。

廿二、海軍驅逐艦六艘為軍援主要目標。

廿三、空軍噴射式 F86 二大隊與 F84 二大隊為主要目標。

廿四、新式雷達之要求與速到。

廿五、軍官團組織之加強。

廿六、反攻軍事之準備計畫。開字計畫之推動。

廿七、反攻時機與登陸地區之（方案）目標：

子、獨立反攻時之地區（閩）。

丑、半獨立作戰反攻時之地區（粵）。

寅、聯合各國作戰反攻時之地區（浙、蘇、魯）。

廿八、兵工建設計畫與飛機製造發動機計畫之訂立。

廿九、革命戰爭特種戰術優劣形勢與機動重要之講稿。

三十、後勤基準數字表之督製。

乙、外交：

一、對美援之具體要求：

子、軍援開字計畫之實行（定期）。

丑、以俄共接濟朱[1]、毛[2]武器之數量為標準。

寅、幣制基金五億美圓（並借現銀）。

卯、每年作戰經費三億美圓（五年為度）（武器補充經費在外）。

---

1 朱德，字玉階，中華人民共和國成立後，先後擔任中央人民政府副主席、中共中央紀律檢查委員會書記、中華人民共和國副主席、中共中央副主席等職務。

2 毛澤東，字潤之，1945 年任中國共產黨中央委員會主席。1949 年 10 月，中華人民共和國成立，當選為中央人民政府主席。

辰、經援壹億二千萬美金。

巳、中美互助協定。

午、協助我反攻三種計畫之訂立。

未、西太平洋之協防公約（美國領導）。

申、援越方案直接反攻雷州半島。

酉、亞洲反共總方略之重點應置於中、日、韓。

戌、封鎖大陸沿海與轟炸大陸及西北交通之準備與要求。

亥、東亞反共之共同計畫之擬訂。

二、本年國際形勢之變化：

子、越戰相持不決。

丑、越共攻取奠邊府，侵入寮國與高棉，越戰範圍擴大。

寅、法軍準備退出越南，共匪勢力向泰、緬擴張。

卯、美國領導東亞組織，反共武力採取共同行動。

辰、韓戰復起。

巳、國軍反攻之準備，大體（完成）開始。

午、西德建軍開始。

未、英國參加歐洲聯軍組織。

申、歐洲反共同盟軍各國批準〔准〕實施。

酉、東德共軍成立。

戌、土耳其、巴基斯坦反共同盟成立。

亥、英、埃與英、伊交涉由美調解妥協。

三、外交使節之調整與人才之儲備：

子、美、法、義、西、菲、泰、土、希各使節之調整。

丑、西德邦交之恢復。

寅、革命研究院外交組之設立。

卯、駐希臘大使之調換。

辰、西德復交後大使之人選。

四、柏林四國外長會議。

五、日內瓦韓、越問題會議。

六、東南亞共匪侵略之擴張範圍。

七、世界大戰之因素及其如何發端與可能性。

八、我反攻大陸有否引起世界大戰之可能性。

九、中美共同防衛協定之利害如何。

十、亞洲反共會議之倡導應推韓李[1]為首，在韓召集。

十一、中、日、韓、美四國反共聯盟之提倡。

丙、政治：

一、國民代表大會如期召集，重選總統、副總統，清除六年來之糾紛，以建立反攻復國之基業。

二、召開反共救國會議，號召海內外智識反共分子建立反共陣線。

三、擴大行政院政務委員與各部次長名額，以容納各黨派優秀分子。

四、改革司法建立陪審制度，軍法與司法職權完全劃分。

五、外資公司之條例放寬。

六、留學之條例放寬。

七、財政：甲、城市土地稅之創設，平均地權制之實施。乙、稅收之整頓。丙、外匯率之改正。丁、直接稅制之建立。

八、經濟：甲、四年計畫之推行。乙、公營事業之整頓，成本會計制實行之督導。丙、各人事之調整。丁、石油礦之探勘。

九、甲、民族精神教育之加強。乙、育樂補述之具體實施條目與計畫。丙、各級基本教科書之編訂完成。丁、體育與群育之加強。戊、軍訓之加強。己、科學運動計畫之擬定。庚、獎勵發明與提倡機器實習之督導。辛、精神動員與思想領導之具體設計。

1　李承晚，字承龍，號雩南，韓國黃海道人。長年推動韓國獨立運動。1948 至 1960 年任韓國大統領。

十、機械工業之發展：甲、飛機發動機製造廠，直升飛機與教練飛機之製造。乙、兵工製造業之擴充。丙、造船廠之恢復。丁、煉油廠之恢復與增強。戊、生產機關與職業學校之聯系及設立補習夜校。

十一、交通事業之整頓與發展。

甲、軍事後勤與交通事業打成一片。

十二、行政院研究發展與綜核調整配合機構之設置。

十三、設計機構之統一與加強。

十四、僑務組訓之加強。

十五、中央信托局業務之檢討與加強。

十六、省政府機構之調整與檢討。

十七、退伍軍人之收容與墾殖計畫。

十八、電氣化與工業化計畫之具體設計。

十九、科學會綜核研究所之設立：甲、重工業之設計計畫。乙、農業科學。丙、電氣與水利。丁、土木建築工程。戊、鐵道。己、礦務。

丁、黨務：

一、大陸工作。

二、謀略組織、情報、宣傳、策反。

三、幹部政策與人事制度之具體實施。

四、研究院儲訓工作之效用。

五、各省市負責幹部之指定。

六、各級黨部小組會議業務與黨員工作報告之加強規定條文。

七、實踐運動之推動。

八、小組長訓練成效之查報。

九、海外宣傳黨報與教師之人選與儲備。

十、黨員義務工作之重新規定。

十一、四大改造運動與青年團之業務。

十二、總動員會報業務之加強。

十三、增產與節約合作運動之加強。

十四、組織、宣傳、教育、訓練與文化整套計畫之綜合設計。

（總方略）

十五、去年預定反攻總方略分為三期，共為九年：

甲、第一期：三年收復沿海、沿江與熱、察、綏、晉、陝、豫各省區。

乙、第二期：二年至三年收復西南與西北各省區。

丙、第三期：三年至四年收復新疆、西藏、外蒙與東北各省區。

十六、去年預定反攻時機與登陸地區之方針：

甲、獨立反攻作戰時之登陸地區與目標－閩、粵。

乙、半獨立反攻作戰時之登陸地區與目標－浙、蘇與粵。

丙、聯合作戰世界戰爭發動後之地區目標－冀、魯與滬、寧。

戊、去年工作應檢討問題：

甲、軍政：

一、四年經濟計畫（電氣化、工業化）進度如何。

二、行政三聯制，與職責契約制各機關部隊實施程度如何。

三、專長分類與測驗制度實施工作如何。

四、通信與情報教育之加強程度如何。

五、軍醫業務之整頓與待遇改善實施如何。

六、軍官團組織與業務有否加強。

七、師團管區組訓工作及其成效如何。

八、民防總隊之組訓成效及人數幾何。

九、空軍去年增加之戰鬥力與數字如何。

十、六項訓練要目（搜索、警戒、偵察、掩護、聯絡、觀察）之實施與考驗如何。

十一、軍法教育如何。

乙、黨政：

一、各級小組組長訓練之數目與成效如何。

二、幹部政策與人事制度之實施程度如何。

三、文化與宣傳工作具體數字與成效如何。

四、黨政各機構行政三聯制實施程度如何。

五、職責契約制及各別考查與綜核考查之工作如何，今後應採取特種專任制。

六、人事考銓與職位分類制之進行如何。

七、政治新風氣之成效如何。

八、監獄改良與限期判結之進度如何。

九、電化教育之進度如何。

十、總務、庶務人員之訓練如何。

十一、四大改造運動之進度如何。

十二、公營事業成本會計制之實施程度如何

十三、經濟四年建設計畫之進度如何。

十四、鄉鎮月會之內容與效果如何。

十五、戶警合一制之實施成效如何。

戰爭十大原則：

一、精神。二、目標。三、簡單。四、統一協同。五、攻勢。六、機動。七、集中。八、節約。九、奇襲。十、安全（情報）。

兵學格言：

一、現今兵器發達，戰鬥方式變化，內線作戰之遂行，益形困難。對外線作戰之利益愈見擴大，即使在內線作戰之指導上，在會戰時必須指導戰鬥，使能盡量收得外線之利。

二、為使戰鬥者對其不期發生之新事實，毅然從事不斷之鬥爭計，必須具備
二種性能：甲、處在黑暗之中，仍能不失其光明之前途，而明瞭其真相
何在之智力。乙、為藉此一線光明之信心，而加強其前進之勇氣，前者
為慧眼能察破事態真相之智力，後者即決斷心，此決斷心乃融合智力與
勇氣之所生。

三、兵學者乃運用活的精神力之學問。

四、關於戰爭之概然與偶然之問題即機也，能知機者為智將，能握機者為勇
將，能乘機者為名將，能造機者為神將。

五、凡事物均有體相用之存在：甲、戰鬥之本質理論即體。乙、用兵上之原
則即相。丙、軍隊之指揮運用，指揮官之決心即用。

六、孫子[1]十三篇兵法是以機為經，以奇為緯，其根本是完全求之於變化，如
講兵學之體，應求之於克氏[2]戰爭論，對於兵學之用還須求之於孫子。

1　孫武（約前 545- 前 470），字長卿，春秋時期齊國人。著名軍事家、政治家，兵家代
表人物。兵書《孫子兵法》的作者，後人尊稱為孫子。

2　克勞塞維茲（Carl von Clausewitz, 1781-1831），又譯考勞維治，普魯士將軍、軍事理
論家，著有《戰爭論》。

春季課程表

時＼星	日	一	二	三	四	五	六
六	起	床	盟	洗	—	—	—
八	朝	課	考	慮	設	計	（省察）
九	記	事	聽	讀	新	聞	
十	反省錄	紀念周	會客	常	聽課或	召見	｜
十一	禮拜	｜	政談	會	巡視	會談（情報）（財經）	軍談
十二	遊憩	召見	｜	｜	｜		—
十五		午	課	—	—	—	—
十七	遊憩	閱讀	批示	—	—	—	遊憩
十八	｜	—	—	—	—	—	—
十九	｜	—	—	—	—	—	—
廿	｜	約	宴	或	聽	講	｜
廿一	讀	詩	晚	課	—	—	—
廿二	沐	浴	就	寢	—	—	—

朝課為體操十五分時，誦詩篇（舊約）唱贊美歌十分時，靜坐卅分時，默禱與禱告五分時。午課為午睡一小時與靜默卅分時。晚課靜默禱告十五分時。朝課靜坐時默誦學、庸各首篇，午課默誦孟子養氣章。

軍事科學之精神：

一、組織。二、分析。三、聯系。四、統一。五、澈底與貫澈。六、分工與專精。七、解決當前問題（當機立斷）。八、綜核歸納與演繹。九、有系統的整理。十、遵循正確的原理。

領導辦事之程序：

一、自動。二、分層負責。三、計時程功（職責契約制）。四、檢討與改正。五、研究與發展精神。六、積極。七、主動。八、合作。九、實踐（以身作率）。

戰爭十大原則：

一、精神（企圖、決心）。二、目標。三、簡單。四、統一（協同）。五、攻勢（貫澈）。六、機動。七、集中。八、節約。九、奇襲。十、安全（情報－搜索、警戒）。

反共戰爭文武幹部必具之性能：

一、警覺。

二、研究與觀察之深入。

三、澈底（工作）。

四、篤行。

五、實踐。

六、科學。

七、哲學（品性、志氣、膽力、決心）（修養）。

八、兵學：目標與企圖、戰術（藝術化）、機勢（機動）、靈感、領悟、了解、運用、執中、應變（悟）、握機（識）、制宜（適中）（因時、因地、因敵）。

九、革命將領須以志氣企圖與器識並重，而輔之學術，乃可期其致遠與任重也。

十、風度、容止、行動之訓練。

十一、革命戰爭與國際戰爭性質之差別：

甲、只有積極攻勢，不取守勢，方能抵消人海戰術。

乙、縱深強大之防禦工事只能防制外敵之侵略攻勢，而不能阻遏革命戰爭之發展。

丙、革命戰爭應避免攻堅，力求擴張戰區形成面的戰術，而不在土地之得失。

丁、黨、政、軍聯合作戰之要領。黨為革命領導之最高決策者，黨的決策交由政府實施是即政策，至於軍事係屬戰略，根據戰略應從屬於政略，即政略如何指導戰略，因此戰爭指導乃是政治（政略）與軍事（戰略），而黨即在此政與軍二者之上，從事最高決策，而負責指導也。

蔣中正日記
Chiang Kai-shek Diaries

一月

蔣中正日記
Chiang Kai-shek Diaries

民國四十三年一月

本月大事預定表

1. 軍官團教育與重點及共同研究課目規定。

2. 研究員實彈射擊之準備。

3. 軍人弱點與戰爭恐怖心理。

4. 軍人教育之起點：食、衣、住、行與聲色、容止、動定。

5. 巡視情報與工作及通信學校。

6. 研究改變匯率問題。

7. 下年度美援計畫之督導。

8. 特別軍援計畫之進行步驟。

9. 高級將領定期調職之方針。

10. 梁序昭[1]、劉廉一[2]、黃仁霖[3]、趙龍文[4]等職務。

11. 軍事總檢討會議。

12. 實踐學社學員選訓用計畫之督導。

13. 招待美國來訪之要員。

14. 接收在韓反共義俘之準備。

1　梁序昭，福建閩侯人。1953 年 7 月，任海軍艦隊指揮部副指揮官。1954 年 1 月，任海軍兩棲部隊司令，6 月調任海軍總司令。1957 年 6 月，留任海軍總司令二年。

2　劉廉一，字德焱，號榮勳，湖南長沙人。1953 年 8 月，奉命出任大陳防守區司令部司令，及浙江人民反共救國軍總司令部副總指揮。

3　黃仁霖，江西安義人。1948 年 2 月，任聯合勤務總司令部副總司令，1954 年 7 月兼代總司令，1955 年 6 月真除。

4　趙龍文，原名華照，1949 年 3 月來臺，1954 年 12 月，出任海軍總司令部政治部主任。1955 年 3 月，調任國防部戰略計畫研究委員會委員。

15. 剿匪作戰有關舊日記摘要答案之審閱。

16. 接收留韓義俘之準備。

17. 召見黨政軍聯戰班畢業學員。

18. 召見指參學校畢業學員。

19. 柏林四國外長會議之注意。

20. 海軍官校畢業典禮。

一月一日（元旦）　　星期五　　氣候：晴

雪恥：可欲之謂善（其為人也，可欲而不可惡）。有諸己之為信，充實之為美，充實而光輝之之為大，大而化之之為聖，聖而不可知之為神。

六時三刻起床，朝課，以妻[1]病，故未能並肩禱告。氣候清朗，風和日暖，本年又是優勝景象也。九時後入府舉行團拜禮，並宣讀告全國軍民書，禮畢。約于、王、閻[2]等在辦公室敘談，後公超[3]來修正對美特別軍援計畫之譯文，比較更妥矣。十一時舉行克難英雄與國軍政士授獎團拜禮，以口腫舌痛未消，故未點名。十二時在中山堂聚餐，縱觀英雄各人飲食不同之樣式，不勝歡樂。宴畢，致訓後巡閱餐廳一匝而回。午課後記昨日事畢，陪妻養病閒談。經兒[4]

1　宋美齡，原籍廣東文昌，生於上海。蔣中正夫人。1950 年 1 月 13 日自美返臺，支持反共復國大業，並創辦中華民國婦女反共聯合會、華興育幼院。

2　于、王、閻即于右任、王寵惠、閻錫山。于右任，原名伯循，字誘人，爾後以諧音「右任」為名，陝西三原人。時任監察院院長。王寵惠，字亮疇，廣東東莞人，生於香港。1948 年 6 月至 1958 年 3 月任司法院院長。閻錫山，字伯川、百川，山西五臺人。1949 年任行政院院長兼國防部部長，主持中樞遷臺，1950 年 3 月離職，任總統府資政。

3　葉公超，原名崇智，字公超，廣東番禺人。1949 年 4 月以外交部政務次長代理部務，10 月真除。1958 年 8 月轉任駐美大使。

4　蔣經國，字建豐，蔣中正長子。時任總統府資料室主任、國防部總政治部主任、中國青年反共救國團主任。1954 年 7 月卸任國防部總政治部主任，10 月，總統府機要室資料組改組為國家安全局，改由鄭介民接任第一任局長。

全家已於上午來寓拜年，諸孫與祖母遊戲為樂，惜余外出未能同玩耳。緯兒[1]來信並接其照相，彼托儀甥[2]帶來也。晚與儀、傑[3]車遊市區一匝回，晚課。

一月二日　星期六　氣候：晴

雪恥：君子以義斷命，而不委之於命，以理合天，而不委之於天。橫渠[4]語。朝課後記昨事，聽報，審閱蔡斯[5]對軍中政工無理指摘，來書而未具藍欽[6]之名，僅蔡之一人出面，則勞勃生[7]轉為警告之語，似已見效，聞本來為藍、蔡共同具名之信也。上午夫妻皆請美醫三人診病並驗體格。午課後領儀、傑二甥，由陽明山上鞍部遊覽，經淡水而回。入浴，整書。晚課後廿一時寢。今日心神比較寬和矣。

1　蔣緯國，字建鎬，蔣中正次子。1952 年 11 月，升任裝甲兵司令。1953 年兩度赴美，先是隨徐培根赴美考察訪問，回國時元配石靜宜去世，為免觸景傷情，乃赴美國陸軍指揮參謀學院正規班及防空學校飛彈班受訓。1955 年 1 月，任國防部第三廳副廳長。

2　孔令儀，孔祥熙與宋靄齡長女，曾寄居蔣中正官邸，時寓居美國。

3　孔令傑，孔祥熙與宋靄齡次子，時為駐美軍事採購處陸軍武官，往來美臺之間，為蔣中正、宋美齡傳訊。

4　張載（1020-1077），字子厚，北宋陝西鳳翔郿縣橫渠鎮人，世稱橫渠先生，北宋五子之一。一生主張「實學」，強調經世致用，《正蒙》一書為其思想之總結。曾提出著名的「橫渠四句」，認為讀書人要「為天地立心，為生民立命，為往聖繼絕學，為萬世開太平」。

5　蔡斯（William C. Chase），美國陸軍將領，曾任第一騎兵師師長、第九軍軍長、第三軍團參謀長，1951 年 4 月至 1955 年 6 月任援華軍事顧問團團長。

6　藍欽（Karl L. Rankin），又譯蘭卿、藍卿，美國外交官，曾任駐廣州總領事、駐香港總領事、駐臺公使，1953 年 2 月至 1958 年 1 月任駐華大使。

7　勞勃生（Walter S. Robertson），又譯羅白生、羅勃生，美國外交官，曾任駐華大使館公使銜參事、軍事調處執行部委員，1953 年 4 月至 1959 年 6 月任國務院遠東事務國務助卿。

上星期反省錄

一、元旦文告以陶[1]擬稿交來太遲且不中用，乃在卅日晨，窮一朝之力倉卒手擬完成，修正後重讀，自覺簡明切要，比其他文告為佳，引以為慰。

二、俄酋馬林可夫[2]新年文告特對美國送其秋波，且其對原子交涉亦允開始商討，未知美愛克[3]果願受其愚弄否。

三、年初心理似覺有一種新希望在前引導，並不如往年之憂慮，而惟一目的乃在特別軍援計畫之成功，但國際環境只在拖延時間，未可樂觀耳。

本星期預定工作課目

1. 特別軍援計畫文字之修正。

2. 傑[4]返美進行軍援運動。

3. 對蔡斯反對政工之來函研究與處理辦法及方針婉拒與說服。

4. 特援計畫交蔡斯之方式與作用。

5. 經國作事之指示。

6. 召見研究員開始。

7. 三軍改部問題之研究。

8. 實踐學社工作與教官之召宴。

9. 對蔡斯所提聯合司令部意見之拒絕。

10. 令軍事會議將領寫心得文。

---

1 陶希聖，名匯曾，字希聖，以字行，湖北黃岡人。時任立法委員、革命實踐研究院總講座、中國國民黨中央常務委員會委員。

2 馬林可夫（G. M. Malenkov），蘇聯共產黨，1953 年 3 月至 1955 年 2 月任部長會議主席。

3 艾森豪（Dwight D. Eisenhower），又譯艾生豪、愛生豪、艾克、愛克，曾任盟軍歐洲戰區最高指揮官、駐德美軍佔領區司令官、美國陸軍參謀長、哥倫比亞大學校長、歐洲盟軍司令部司令，1953 年 1 月至 1961 年 1 月兩任美國總統。

4 傑即孔令傑。

11. 對孫立人 [1] 不法行動之糾正方針。

一月三日　星期日　氣候：晴

雪恥：知化則善其事，窮神則善繼其志（西銘 [2]）。調理萬象之矛盾與利用萬象之矛盾（中正）。

一、令嚴 [3] 部長研究：甲、經援差數要求補足五百萬。乙、下年度經援計畫。丙、軍援增加數百分二十之算法。丁、增加數用度究竟如何。戊、明年軍援計畫。

朝課後記事，膳後獨在園圃散步，觀魚訪鳥，看工人築堤取樂。與傑甥談特別軍援計畫與方針，但不宜強求其成，只盡我等心力而已。禮拜如常，記上月反省錄。午課後與傑甥車遊，先經基隆西北沿海公路，行進至瑪鍊村，在柳野〔野柳〕隧道之東向東北海岸瞭望，其風景之美麗為余生平所未曾見之仙境也，惜妻病未能同來遊覽耳。回寓已黃昏矣，晚課。

一月四日　星期一　氣候：晴

雪恥：方疇 [4] 云：「守至正以待天命，觀物變以養學術。」近日對於顧問團副團長麥唐 [5] 者之無理挑剔，孫立人之卑鄙舉動，美國在韓國政治會議籌備代表

1　孫立人，字撫民，號仲能，1950 年 3 月 17 日至 1954 年 6 月 24 日任陸軍總司令。

2　《西銘》又名《訂頑》，是北宋理學家張載作品《正蒙・乾稱篇》中的一篇。在四庫全書中為子部儒家類。提出「民吾同胞，物吾與也」。

3　嚴家淦，時任財政部部長，6 月出任臺灣省政府主席。1953 年 9 月並兼任行政院經濟安定委員會副主任委員、美援運用委員會副主任委員。

4　方疇，字耕道，號困齋，宋信州弋陽人。建炎初進士。紹興改元，上書言「四宜憂、十宜行、一宜去」，又言擇宗室為儲貳。後為建康通判，卒。有文集二十卷。

5　麥唐納（John C. MacDonald），又譯唐納爾，美國陸軍將領，時任駐華軍事顧問團副團長兼陸軍組組長。

丁恩[1]認為余重返大陸只是夢想，除非有一個瓶子的神仙發現，否則絕無可能性等之荒謬言論，皆能抑制情緒，再三忍受，暫置不理，是亦觀物變養學術之道也。

朝課後記事，召見家淦指示對經援方針，召見至柔[2]對蔡斯交特別軍援計畫辦法，並指示公超修正特援計畫序言，以策應遠東各地變亂之準備為主旨，而以局部反攻大陸亦在其內附帶說明之。

一月五日　星期二　氣候：陰

雪恥：續昨。上午研究院紀念週召見李彌[3]面慰之。正午手草復蔡斯函稿千餘言。午課後到研究院，召見黨政軍聯合作戰班第一期學員李荷[4]、龔舜衡[5]等十四員後，經兒來見畢。回與傑甥談軍援、經援進行方針，讀詩，晚課。

朝課後記事，入府召見記者與外交人員六人後，召集一般會談，討論代表人數，約計有一千六百人，過半數有餘，及籌備接待留韓反共義俘辦法，特派經國主其事。印度代表又變態度附匪為慮。正午傑甥起程赴美，派其對美援

1　丁恩（Arthur Dean），執業律師，曾與杜勒斯（John Foster Dulles）共事，韓戰停火談判時任聯合國美方談判代表。

2　周至柔，原名百福，字至柔，以字行，浙江臨海人。1946 年 6 月，調任空軍總司令。1950 年陞任空軍參謀總長，仍兼任空軍總司令。1952 年 3 月，免兼空軍總司令職。專任參謀總長。1954 年 7 月，參謀總長任期屆滿，改任國防會議秘書長。

3　李彌，字炳仁，號文卿，雲南騰衝人。1950 年率部撤往緬甸、寮國、泰國交界地，任雲南省政府主席兼雲南綏靖公署主任，繼續於雲南江心坡地帶領滇緬孤軍與中共對抗。1952 年 1 月，受任為雲南人民反共救國軍總指揮。1953 年 11 月起至 1954 年 5 月，迫於國際決議，部隊從緬北撤回臺灣。

4　李荷，河北薊縣人，時任第一屆立法委員。1953 年 10 月 26 日至 1954 年 1 月 18 日在革命實踐研究院黨政軍幹部聯合作戰研究班第一期研究。

5　龔舜衡，山東洪陽人，時任立法委員。1953 年 10 月 26 日至 1954 年 1 月 18 日在革命實踐研究院黨政軍幹部聯合作戰研究班第一期研究。

計畫負責進行也。午課後在研究院召見朱耀祖[1]、黃紹祖[2]等十四員。晚讀唐詩，晚課。

一月六日　星期三　氣候：晨雨後晴

雪恥：一、通令各軍事學校，開學與結業時必須研讀革命魂，每一學員對此篇特作心得。二、變更匯率問題之研討。

本晨起床揭窗簾時即傷風。朝課後記事。十時到政工學校第三期學生開學典禮，朗誦革命魂，甚感此篇精神對青年軍人之重要也。回寓審閱研究員自傳。午課後審閱實踐學社講義要旨，甚有益。召見研究員十四人（王秀春[3]、林霖[4]、張迺藩[5]）回，閱港報，批閱公文。晚課，讀詩，廿一時半寢。

一月七日　星期四　氣候：陰

雪恥：本晨經兒來報，上月十八日空軍官校夜間飛行之陶[6]生失蹤案，昨日匪共廣播初言有三人，後言二人飛逃之福州匪區，其後查知果有一電務機械士

---

1 朱耀祖，時任中國國民黨中央委員會第一組總幹事。1953 年 10 月 26 日至 1954 年 1 月 18 日在革命實踐研究院黨政軍幹部聯合作戰研究班第一期研究。

2 黃紹祖，浙江餘姚人。時任中國國民黨中央委員會第六組專門委員。1953 年 10 月 26 日至 1954 年 1 月 18 日在革命實踐研究院黨政軍幹部聯合作戰研究班第一期研究。

3 王秀春，號永青，安徽合肥人。時任國防部總政治部幹部訓練班秘書。1953 年 10 月 26 日至 1954 年 1 月 18 日在革命實踐研究院黨政軍幹部聯合作戰研究班第一期研究。

4 林霖，時任臺灣大學法學院教授，1954 年 6 月至 9 月在革命實踐研究院黨政軍幹部聯合作戰研究班第三期受訓。

5 張迺藩，字筱武，江蘇漣水人。時任中國國民黨中央委員會秘書，5 月出任教育部主任秘書。

6 陶開府，空軍官校第三十四期，1953 年 10 月 18 日和監察總隊秦保尊，自岡山駕駛 AT-6 型教練機飛往福建漳州。

亦於當時失蹤，乃知陶之飛逃為此電機士所逼，以該士為匪諜嫌疑已經發覺，故其不得不挾陶同逃，而該二人為在通信學校同期軍士畢業者也，可知空軍各校組織之鬆弛，對外又喪失一次軍譽矣。惟匪廣播前後不一，外人亦多疑匪為宣傳作用，尚無重大影響耳。

朝課後記事，入府召見李文彬[1]、梁序昭等十餘人，批閱公文。午課後續召學員十四人（趙龍文、卓高暄〔煊〕[2]）。晚讀唐詩，閱報。晚課後廿一時半寢。妻病今日漸癒，精神亦佳為慰。

一月八日　星期五　氣候：陰雨

雪恥：一、訓戒麥唐納之要旨：甲、增強中、美友義。乙、維持軍中紀律。丙、認識反共制度（特殊國情與軍隊目標）。丁、重視友邦傳統精神與組織，應注重其反共而不反美之宗旨，不宜無故指摘，無理取鬧，越俎代庖，損害邦交與違反美國援華政策，如果有所懷疑與其不規或秘密間接偵察，毋寧直接詢問，余必據實答覆。

朝課後記事，入府辦公，召見外交人員十人畢。召開財經會談，臺幣發行增多為慮，批閱公文。午課後以傷風停止召見學員，在寓審閱實踐學社講稿要旨八冊完有益。晚讀唐詩，晚課後命朱仰高[3]醫師等診妻病後，廿一時半寢。

1　李文彬，字質卿，雲南鹽興人。1949 年率第十一兵團殘部撤至越南富國島。1951 年 1 月，受任為雲南人民反共救國軍副總指揮兼滇西軍區司令。1954 年 1 月，調任總統府參軍。

2　卓高煊，號蔭蒼，福建林森人。曾任福建省南平、晉江、德化、仙遊等縣縣長。1946 年 8 月，派任臺南市市長。1951 年 2 月調任行政院參議。1955 年 2 月調任福建省政府委員兼秘書長。

3　朱仰高，名慶鏞，字仰高，浙江嘉善人。在滬行醫多年。抗戰時期赴重慶，曾任軍事委員會侍從室醫官。戰後接收上海公濟醫院。1949 年隨政府遷居臺灣，開設私人診所，並為蔣中正特約醫官。

一月九日　星期六　氣候：晴

雪恥：一、愛克對其議會新年國情諮文，遠東部分除韓、越二戰區以外，獨提中華民國之軍經援助一語，其議會聞及此語時掌聲不絕之情形，或可使其政府及其駐臺之官吏，如麥唐納等橫行無忌之態度有所改正乎，美共和黨誠中國之良友也。二、孫立人之傲慢無視態度於今為烈，因防其惱羞成怒、不顧一切之行動可慮，當慰勉之。

朝課後記事，往祭劉哲[1] 後直赴淡水，乘直升機登美航空母艦黃蜂號參觀其各種操演與艦中設備組織，海軍官兵之誠篤殊可愛也。此為余對航母艦第一次之考察，對余之海軍學識自更增一種實際經驗矣。自十一時起至十五時參觀畢，仍由淡水乘車回寓，惜妻病未同行，而經兒則幸同閱也。

上星期反省錄

一、特別軍援計畫重新修正，增加序言數語後，當易使其動心乎，經援計畫亦已督導完成，皆交傑甥攜去進行，此乃本年最重要工作也。

二、愛克對其國會新年諮文中，特提繼續軍、經援助中華民國一語，博得其國會之歡聲與輿論一般之讚揚，是乃新年之佳音也。惟觀其諮文精神全取守勢，而對俄和平幻想猶存，故對我復國援手之決心仍未能積極，要在自力更生與如何促其成耳，以今日美國之民意與輿論觀之，亦不無希望也。

三、空軍學生陶某與電機員之偷逃匪區，共匪廣播大施反宣傳，美員並不重視，對我空軍 F86 援助計畫似不致因此而遲延乎。

四、聯軍統帥部宣布其對反共義俘必須如期釋放之主張，堅決未為印度與共

1　劉哲（1880-1954），字敬輿，吉林九台人。1938 年與 1940 年兩度出任國民參政會參政員，1943 年任國民政府委員。1947 年 10 月出任監察院副院長。

匪狡橫言行所動搖，頗覺自慰，但總不安心耳。

五、近日終為孫立人與麥唐納驕橫幼稚，與蔡斯來函無理取鬧之言態所困擾，
最後仍能以對孫忍耐不校，與對麥嚴重糾正處之，以既不屑教，奈何復
以斥責自傷出之，亦所以留有餘地，期其能有自反自改之一日耳。

六、參觀美航空母艦黃蜂號乃增加我海軍學識不少也。

七、審閱實踐學社講義提要完畢，召見黨政軍聯合作戰研究員開始矣。

一月十日　星期日　氣候：晴

雪恥：昨日午課在回途車中補習，晚課如常。晚審閱對舊日五十餘問題之總
報告未完，廿一時半寢。

朝課，膳後獨登右前側山頭，眺望淡水河相度地形，擬建復興亭以便遊覽，
並命新客室為靜觀室，回見孟緝[1]後禮拜。正午記事與上周反省錄。午課後續
記反省錄，往省黨部第二次代表大會致詞，回閱報，晚續審對匪作戰問題未
完，廿一時半寢。本日仍為孫立人與麥唐納事所困擾也。

一月十一日　星期一　氣候：晴

雪恥：一、對孫立人應單獨警告其最近言行錯亂之事實，令其從速反省切實
改正。二、對美顧問警告其勿鼓勵中國軍官違法抗命者，以為即忠於美國，
須知其不忠於本國者，必不能忠於其友邦者，結果徒為其自累而已。

朝課後記事，十時到研究院，召見學員十四人後，紀念周宣讀幾個重要問題

1　彭孟緝，字明熙，湖北武昌人。1950 年 3 月，任革命實踐研究院軍官訓練團主任。
1954 年 8 月，擢升為副參謀總長，兼代參謀總長。1957 年 7 月調任陸軍總司令並兼臺
灣防衛總司令。

之解答講詞畢。召見馬紀壯[1]、黃占魁[2]等，黃實有望之將才也。午課後召見學員十四人，馮世範[3]、汪元[4]、張隆延[5]皆可用之才也。晡接見美赫爾[6]將軍，是為厚重敬嚴之老將，不比其他美國陸軍將領之輕浮者也。晚續審「對匪作戰問題」未完。晚課後廿一時半寢。

一月十二日　星期二　氣候：晴

雪恥：一、孫不執行命令之事實如何。二、蔡斯催請覆信否。三、海軍副總司令人選梁[7]。四、對俞濟時[8]告戒。

朝課後記事，入府參觀軍中書畫作品後，召見蕭錚[9]、卜道明[10]、李直夫[11]等

1　馬紀壯，字伯謀，1950 年任海軍參謀長、副總司令。1952 年 2 月起任海軍總司令，1954 年 7 月任國防部參謀次長。

2　黃占魁，字纘軒，曾任聯合勤務總司令部運輸署陸運司副司長、司長。1951 年至 1955 年間任陸軍指揮參謀學校校長。

3　馮世範，字先之，曾任浙江省淳安縣縣長、餘杭縣縣長。時任國際關係研究會研究委員，1953 年 10 月 26 日至 1954 年 1 月 18 日在革命實踐研究院黨政軍幹部聯合作戰研究班第一期研究。

4　汪元，字子年，1945 年曾任糧食部儲藏司司長，時任行政院設計委員會委員，1953 年 10 月 26 日至 1954 年 1 月 18 日在革命實踐研究院黨政軍幹部聯合作戰研究班第一期研究。

5　張隆延，字子�，祖籍安徽合肥，生於南京。1953 年 10 月，任中國國民黨中央設計考核委員會委員。1954 年 8 月，任亞洲人民反共聯盟中國總會新聞組組長。

6　赫爾（John E. Hull），美國陸軍將領，1953 年 10 月至 1955 年 4 月任琉球民政府民政長官兼遠東司令部司令。

7　梁即梁序昭。

8　俞濟時，字良楨，號邦梁、濟士，浙江奉化人。1950 年 3 月，任總統府第二局局長及戰略顧問、國策顧問。1951 年 10 月當選為中國國民黨第七屆中央委員，辭戰略顧問。1955 年 6 月辭總統府第二局局長，專任總統府國策顧問。

9　蕭錚，字青萍，中國土地改革的先驅者之一，1948 年當選第一屆立法委員，1949 年到臺灣後，參與規畫臺灣的土地改革。

10　卜道明，字士畸，湖南益陽人。1953 年 4 月，與邵毓麟、李白虹等發起成立國際關係研究會，研究中共及國際問題。1954 年 11 月，繼任理事長。

11　李直夫，曾任行政院參事、國防部物資司司長，時任國防部參事、國際政治研究室研究委員兼英國組召集人。

十餘人，召開宣傳會報，指示對國外宣傳經費之增加，與中央日報改正事項畢，批閱公文。午課後召見學員丘漢平[1]、劉振愷〔鎧〕[2]、鄭兆麟[3]、趙聚鈺[4]、蔡喆生[5]等十八人回。晚課散步，晚宴赫爾夫婦與克拉克[6]軍長等，廿一時完，就寢。

一月十三日　星期三　氣候：晴

雪恥：一、聯合作戰研究的聯合意義之說明，革除本位主義、個人主義與自利自私農業社會之惡習，以養成互助合作，負責盡職，科學戰爭之習性。二、實踐、聯系、協調工作之重要－組織。三、幹部制度與人事政策之努力。四、三聯制重要。五、分層負責之實行。六、群眾鬥爭與方法。七、精神基礎。七[7]、觀念與意見不同處之統一。八、革命與犧牲。

五時半起床，朝課後與赫爾談話，對遠東全局應有一個戰略預備隊之籌備為主題，彼知重要而已，主持中央常會。午課記事，午後召見學員及許紹昌[8]等廿餘人回，獨在園圃散步觀月，晚課後寢。

1　丘漢平，字知行，原籍福建海澄，生於緬甸仰光。1947 年在上海執業律師，1948 年當選立法委員。之後隨政府遷臺，1951 年任東吳補習學校（東吳大學前身）校長。1954年 8 月任東吳大學董事。

2　劉振鎧，1949 年 9 月任海軍嵊泗巡防處長兼嵊泗縣長。1950 年任海軍總部政治部組長，7 月在革命實踐研究院第七期研究。

3　鄭兆麟，號子仁，廣東中山人。歷任臺灣糖業公司屏東總廠副處長、新營總廠廠長，1954 年 4 月調任花蓮總廠廠長。

4　趙聚鈺，號孟完，湖南衡山人。1951 年調任中央信託局人壽保險處經理，規劃軍人保險及公務人員保險。1956 年 4 月，調任行政院國軍退除役官兵輔導委員會秘書長。

5　蔡喆生，1950 年 7 月出任交通部參事。1953 年 2 月 4 日革命實踐研究院第十六期研究員結業。

6　克拉克（Bruce C. Clarke），1953 年至 1954 年率領美軍第十軍駐防南韓，並培訓南韓第一軍。

7　原文如此。

8　許紹昌，字持平，浙江杭州人。1951 年 9 月，調任駐伊朗大使館參事銜代辦。1954 年調任外交部美洲司司長。

一月十四日　星期四　氣候：晴

雪恥：一、情報會議對心理戰與心理學之注重。二、寫緯兒信。三、征求各軍種性能與各種戰術與技術軍歌之條例。四、軍事會議開會詞。

五時半起床，朝課，記事，清理積案，審閱情報會議綱要與報告後，到情報檢討年會致開會詞畢。入府召見澳洲記者與美青年會牧師，益感美國青年對宗教之信仰誠篤與天真可愛也。召見國際問題研究組六人，多可用之才，批閱文件。午課後召見學員十九人完回。審閱經兒對軍事會議重要資料表冊，簡明得用，並閱其遊美日記可慰。晚課，廿二時寢。

今日妻病又變惡，其肝時作痛疼，可憂。

一月十五日　星期五　氣候：陰

雪恥：一、反攻戰術應以迂迴與抑留，而以隔絕敵軍後方，截留戰地、人力、物資為第一（支作戰之重要性）。二、偽幣之處置（不宜比值）。三、共黨名稱必須改呼為朱毛之決定。四、聯合作戰實習應活潑實簡之形態，不可呆板，太靜態拘執。五、對收復區先寬多獎，但積極作基本調查組織，獎勵自首自白，反正歸誠，能殺匪幹、捕匪幹為第一。六、基層工作與教育及幕僚與主要職業（屯墾員、自治員、工程師、戰鬥員、小教師）。

朝課後記事，入府召見外交人員十人，批閱公文，審閱軍事會議，評判講稿。正午巡閱克難展覽會，午課後到研究院，觀察演習後，召見實踐學社研究員華心權[1]等十九人。晚宴美空軍遠東司令惠蘭[2]夫婦，九時客散後，晚課，廿一時半寢。

1　華心權，字家駿，陝西商縣人。1952 年 11 月，任總統府侍從參謀、高級參謀。1955 年 3 月，調任第二軍第八十四師師長兼馬祖守備區指揮官、馬祖戰地政務委員會主任委員。

2　魏蘭（Otto P. Weyland），又譯惠蘭、韋蘭德、惠來，美國空軍將領，曾任美軍戰術空軍司令部副司令，時任遠東空軍司令。

一月十六日　星期六　氣候：陰晴

雪恥：一、日本舊戰鬥綱要詳解之呈閱。二、前年各軍師成績表之附錄。

朝課後記事，請美陸軍牙醫來診查口內發腫不斷之病症後，入府召見外交人員八名畢。召集軍事會談，對郭[1]部長、孫立人之講稿以共匪與英、美、俄並列，而與我軍糧餉相比加以指斥，甚歎高級將領之無知識也。午課後召見學員十九人完，實踐學社教育當有成就也。回審閱海軍戰略論印成完，甚佳為慰。晚課後廿一時半寢。

上星期反省錄

一、法國國會議長又為（左派）社會黨所得，對於歐洲防衛軍之計畫，美國又受一個打擊。

二、越南內閣改組由保祿親王[2]組閣，越南情形益趨複雜，美國對越南建軍與剿共計畫其必失敗無疑。

三、韓國釋俘問題，以美國態度堅定，英國贊成之形勢，或可如期釋放，而印度與俄國要求於廿二日釋俘以前，召開聯合國大會之陰謀亦不成也。

四、臺灣省黨部第二屆黨員大會如期完成。

五、召見黨政軍聯合作戰班學員共一百七十六人，完成其軍官（實踐學社石牌研究班）必有成就也。

1　郭寄嶠，原名光霱，安徽合肥人。1951 年 3 月至 1954 年 6 月任國防部部長、行政院政務委員、國防會議秘書長。

2　保大帝，名阮福永瑞，在位期間名阮福晪，是越南歷史上最後一個王朝阮朝第十三任、也是末代君主，1926 年至 1945 年在位。年號保大。

六、對蔡斯來函及左舜生[1]等政客要提胡適[2]為副總統之無理取鬧，皆有深切
　　研究與合理之腹案，但暫置不答，以靜觀其變化如何也。

本星期預定工作課目

1. 軍事會議指示：甲、機關及辦公室內清潔（規定用具格式）。乙、克難展
　覽博物館污穢。乙[3]、革命與軍閥之比。丙、精神與物質享受。丁、愛國與
　睦鄰（愛友），重外與輕內之意。戊、反對制度與組織就是反對統帥與政
　府。己、澈底消除派系觀念，而以主義、國家與革命為中心的政策。庚、
　國防部與各總司令部之成績批評。辛、反攻戰術應以迂迴抑留與隔絕敵軍
　歸路，截留戰地人力、物力為第一。壬、征求各軍種、各兵種與各種作戰
　戰術之軍歌。癸、派系與地方觀念之掃除。

一月十七日　星期日　氣候：晴

雪恥：一、軍隊晝夜盲病瘮治會之組織由經主持。二、營養食糧問題之解決。
朝課後記事，到顧問團陸軍醫院診察舌病，照 X 光後，到劍潭情報會議補述
情報對心理學之重要，以及派往大陸情報員被捕後准予詐降，以減少生命之
損失，勿作無謂犧牲之意，回禮拜。午膳後在舌底敷藥，忽發現鰻刺露出其

1　左舜生，譜名學訓，號仲平，字舜生，以字行，湖南長沙人。時為中國青年黨委員長。
　1949 年到香港，創辦反共刊物《自由陣線》。先後在香港新亞書院、香港清華書院任教。
2　胡適，字適之，安徽績溪人。曾任駐美大使、北京大學校長。1950 年 9 月至 1952 年 6
　月，任美國普林斯頓大學葛思德東方圖書館館長。時任中央研究院院士、第一屆國民
　大會代表，寓居紐約。1957 年 11 月返臺，就任中央研究院院長。
3　原文如此。

尖頭，戴[1]醫官即設法拔出其刺，形約有一英寸之長，乃知四十七日之口舌紅腫作祟皆由於此，今既拔除當可告痊乎。午課後手擬明日講稿要旨後，與蒲立德[2]談話。晡散步，晚審閱對匪作戰問題之答案後，讀詩，晚課，廿二時寢。

一月十八日　星期一　氣候：晴

雪恥：領悟心神澄澈處，就識聖靈同在時。

朝課後記事，十時到研究院作黨政演習講評，四十餘分時畢，再舉行結業典禮及立法、監察與省黨部等黨部委員就職典禮，訓示約一小時後聚餐，舌口痊癒，六星期以來今日始帶牙食物也。午課後，審閱對匪作戰問題之總答案十餘課，至晚九時後第一部分方畢。晚課後廿二時前寢。

本日體重一百二十四磅，比前減輕六磅矣，此乃鰻刺在舌作鯁之故也。

一月十九日　星期二　氣候：陰

雪恥：一、杜勒斯[3]來電對余去年美、韓衝突時，勸解李承晚之原電稿由勞勃生轉示後，甚覺其當時恫赫〔嚇〕來電之無理，表示惶愧與感激，但並不道歉，只認識余為其美國可靠之友而已。美國外交當局之淺近乃如此也，可歎，應否覆電慰之，當加研究再定。

朝課後，審閱剿匪作戰有關問題之答案。九時到軍事檢討會議（復興崗政工學校）致詞，宣布去年軍事各部門成績之講評，並讀去年軍事會議之補充講

1　戴遐，號鏡仁，江蘇鎮江人。時任總統府總統官邸侍從醫官。

2　蒲立德（William C. Bullitt, Jr.），又譯蒲利德、蒲雷德、蒲雷塔、浦雷德，暱稱威靈，美國外交官，曾任駐蘇聯大使、駐法大使。

3　杜勒斯（John F. Dulles），又譯陶勒斯、陶拉士、杜拉斯，美國政治家，曾短暫為參議員，1950 至 1952 年為杜魯門總統外交顧問。1953 年 1 月至 1959 年 4 月任國務卿。

評,甚覺有益。正午回寓,記事,午課後十五時再主持軍事會議,十九時方回,再審剿匪作戰有關問題答案後,晚課,廿二時寢。

一月二十日　星期三　氣候:晴　溫度:八十

雪恥:在韓反共華俘自本晨起由中立區印度營出發歸還聯合國,向仁川方面集中來臺,至晚間仍平順進行,共匪不敢阻礙,如此事能如計實現是乃我反共陣線之一重大勝利,今後反攻軍事更易為力矣。

朝課後記事,九時至十二時開會,聽取聯勤總司令黃振〔鎮〕球[1]與周[2]總長報告頗得體。正午審閱海、空軍士氣測驗統計報告。午課後開會,聽取軍士制度、軍食改革與研究發展等報告回。晚讀唐詩清平調其二、其三,入浴,晚課,廿一時半寢。

一月二十一日　星期四　氣候:晴

雪恥:一、英國對外交政策:甲、制遏。乙、均衡。丙、分化。丁、統制。二、金掛〔瓜〕石金銅廠附近情形與內容複雜應加注意。三、定期巡視兵工與工兵學校。四、將領與使領館外交人員交接之訓戒。

朝課後記事,九時到軍事會議,聽取軍隊動員與撫恤機構隸屬意見之報告。午課後審閱陸、海、空軍士氣調查之報告。晚讀唐詩,入浴、殪甲,廿一時半寢。昨夜又夢見大蛇多條鑽洞躲避,另有一條大蛇緊纏一人之腳股,後被拔股而又逃遁之象,可怪。

1　黃鎮球,字劍靈,廣東梅縣人。1950年4月,任聯合勤務總司令部總司令。1954年7月,調任國防部副部長。1955年8月,調任總統府參軍長。
2　周即周至柔。

一月二十二日　星期五　氣候：晴

雪恥：一、對參校畢業生訓話要旨：甲、王陽明[1]集之研究。乙、哲學修養之重要。丙、軍閥主義。

朝課後手擬麥克阿瑟[2]將軍祝壽電稿。十時入府辦公，召集財經會談後，批閱公文，清理積案。核定反共義士歸來時感想文告，與致愛克賀電稿。午課後手擬軍事會議講稿卅餘條。入浴，晚課。廿二時睡前服瀉藥，至午夜後腹瀉不止為苦。

一月二十三日　星期六　氣候：雨

雪恥：二[3]、革命與軍閥之分別。三、品德為事業之基礎。四、國家與個人之重輕。五、常識與學能之比較。六、道義與利害之分別。

朝課後審核講稿要旨，九時到十二時主持軍事會議，腹瀉尚未全止，但仍能強勉主持會務。午課後仍主持會務，先約蔡斯講演後開始講評，前約一小時半對立人與顧問勾結狼狽之不規行動澈底揭穿，但未明指其名以留作餘地也。

晚宴會議全體人員，補充訓話，以高級將領不能改變氣質、刷新精神為憾。

晚課後廿一時半寢。

麥帥生日。

1　王守仁（1472-1529），字伯安，號陽明子，故世人稱之為王陽明，浙江餘姚人，明代中期乃至中國歷史上重要和影響深遠的思想家。集陸王心學之大成，精通儒、釋、道三教。其學說世稱「陽明學」，在中國、日本、朝鮮半島都有重要而深遠的影響。

2　麥克阿瑟（Douglas MacArthur），又譯麥克阿薩、麥克阿塞、麥克合瑟、麥克約瑟，西南太平洋戰區盟軍最高司令，1945 年 8 月任盟軍最高統帥，1952 年參與美國共和黨黨內總統初選失敗。

3　原文如此，下同。

上星期反省錄

一、留韓之義俘已於二十日由印度營遣放矣,此為五年以來精神上對俄共鬥
　　爭之重大勝利。

二、軍事會議之訓詞,對孫立人一年來卑劣不正之行動,嚴厲指斥其不道德
　　與無人格之所為,惟未指明其名,以留餘地。

三、黨政軍聯合作戰研究班第一期畢業。

四、舌底鰻刺竟於星期日無意中拔出,五星期來之痛苦已告霍,如此為最快
　　樂之生活也。

本星期預定工作課目

1. 海軍學校畢業典禮。

2. 部隊團長以上人事之研究。

3. 本年高級將領職期調任之人選。

4. 周、孫[1]出國時間之研究。

5. 周、孫調職位置之研究。

6. 聯勤改制案實施之督導。

7. 聯合通信組織與人選(宋[2]廳長)。

8. 軍隊主副食改革案之實施計畫。

9. 晝夜盲病醫治會之組織。

10. 軍士制度建立案負責人選。

1　周、孫即周至柔、孫立人。

2　宋達,字映潭,湖南湘潭人。1950 年 6 月,出任國防部第四廳廳長。1955 年 9 月,任
　　國防部副官局局長。

11. 梁序昭之任用手續。

12. 美國防部組織大綱與系統之研究。

一月二十四日　星期日　氣候：陰雨

雪恥：今晨七時後始起床，昨夜前後熟睡九小時以上，實為近年來最安眠之一夜也。

朝課後記事，經兒來報，傷患義士昨已由韓空運來臺之情緒與民眾熱烈之歡迎，以及招待一萬四千名義士之準備完成等事，此為二年來反共奮鬥中之重大勝利也。聞立人昨夜宴會未到，彼或尚有知恥之心乎，抑或惱羞成怒之表示乎，視其今後之行動如何矣。召見劉廉一後，前往禮拜。午課後核定黨政軍聯合作戰第二期人選，至廿時方畢。晡與儀甥車遊後草廬與淡水。晚課後廿一時半寢。

一月二十五日　星期一　氣候：雨　溫度：六十

雪恥：一、實踐學社學員任用之計畫。二、海軍副司令發表之時機與其他人事。三、團長人事先行發表。四、軍事會談要目：甲、後勤改制之實施具體計畫，限一個月內呈核。乙、主副食之試辦計畫。丙、軍士制度自七月起實施。丁、聯合通信機構完成之限期。

朝課後記事，聽報，香港工商日報對李宗仁[1]致蔣總統公開信一文之駁斥，與香港時報等皆為文痛斥之社論，桂系害國無恥最為國家之恥也。午前到陸軍

1　李宗仁，字德鄰，行憲第一任副總統，1949 年 1 月蔣中正宣布引退，代行總統職務，國共和談失敗，後轉赴美國。

參謀學校主持畢業典禮，訓詞補充軍會不足之處，明告余對將領之教訓乃是居於嚴師地位，而並非以元首自居也，凡有人心者當必有所感動乎，對蔡斯驕矜之氣甚有所感，豈其果不屑禮遇乎，點名後回。午後到參校召見將官班十五員回，閱陽明傳習錄。晚課後廿二時前寢。

一月二十六日　星期二　氣候：陰雨　溫度：六十

雪恥：一、世界公司洋經理洛海與夏鵬、任士達之召回。二、陳光甫[1]實為奸商之尤者，可惡。三、技術團、採購服務團與世界公司應歸併統一，以江杓[2]為副主任。四、調查政工案，組織委員會。

朝課後記事，入府辦公，召見人鳳[3]令澈查任顯羣[4]納妾案後，召見江杓等十餘人畢，召集一般會談，討論國大會議準備情形。午課後召見指參學校學員十三人回，約見美空軍軍援局長。晚課，聽取賴名湯[5]報告其赴韓接收義俘之詳情，義俘在韓，其愛國反共言行之表現殊為可感，此實恢復我民族在世界之榮譽也。閱陽明傳習錄。

美、英、法、俄四國外長會議已於昨日在柏林開會。

1　陳光甫，原名輝祖，字光甫，後易名輝德，江蘇丹徒人。上海商業儲蓄銀行與上海商業銀行創辦人。1950 年上海商業儲蓄銀行香港分行以上海商業銀行之名在香港註冊。1954 年定居臺灣。
2　江杓，字星初，上海人。1951 年任行政院駐美採購服務團主任。1954 年 7 月，回任國防部常務次長。1955 年 11 月，調升經濟部部長。
3　毛人鳳，浙江江山人。時任國防部保密局局長。
4　任顯羣，原名家騮，江蘇宜興人。1949 年 12 月任臺灣省財政廳廳長，1950 年 1 月兼任臺灣銀行董事長（1951 年 3 月卸任），1953 年 4 月卸任公職，開設律師事務所維生。1955 年以「掩護匪諜」罪名被捕。
5　賴名湯，號曉庵，江西石城人。1950 年 12 月，調任國防部第二廳廳長。1954 年 7 月，調任聯勤總司令部參謀次長。1958 年 7 月，調任國防部情報參謀次長。

一月二十七日　星期三　氣候：陰

雪恥：一、聯勤改革案之實施組。二、軍士制度籌備與實施組。三、主副食調整實施制（限期試驗）。

朝課，記事，到中央主持常會，裁決臨時全會案（開會日期），拒絕各黨提名未當選者要求參加國代會議等案，聽取第四組宣傳工作報告。午課後入府召見各區司令官，與各軍長等十餘人回，宴美陸軍部長史典文生[1]氏，其人精強和愛可親，又有美駐韓大使[2]夫婦同席。晚課後廿二時寢。今密見美方要電，對我軍聯勤與政工制度之反對作為，不願取激急行動，但其要求取消之目的仍將繼續不休也。

一月二十八日　星期四　氣候：陰雨

雪恥：一、政策管制組之設置（葉錕[3]）。二、黃仁泉[4]案之查明。三、戰時自戕將領眷屬宣慰。四、對蔡斯要求改組政工制來函答覆之時機與方式如何，應否在動員演習以後再定。

朝課後記事，入府召見胡璉[5]等師長以上將領十餘員，又召見指參學校畢業優生廿餘員後，召集情報會談畢，批閱公文，十三時半回寓。午課後聽取梁序昭之報告，美海軍組織與訓練制度其方法總不出中心、管制、聯合與統一及

1　史典文生（Robert T. Stevens），又譯史迪文生，美國企業家，1953 年 2 月至 1955 年 7 月任陸軍部部長。

2　布瑞格斯（Ellis O. Briggs），美國外交官，1952 年 11 月至 1955 年 4 月出任美國駐南韓大使。

3　葉錕，字醉白，亦為知名之畫家。1952 年 5 月任國防部參謀總長辦公室第四組組長、1954 年 4 月任國防部參謀總長辦公室副主任。

4　黃仁泉，黃仁霖之弟。曾任勵志社幹事，戰時於中華民國駐美大使館任職。

5　胡璉，字伯玉，陝西華縣人。1949 年 12 月 1 日，接任金門防衛司令部司令，4 日兼任福建省政府主席。後又兼任福建游擊總指揮。1951 年底，改兼福建反共救國軍總指揮。1954 年 6 月，調任第一軍團司令。1957 年 7 月回任金門防衛司令部司令。

彈性也。晡會菲國作家「費立明¹」。入浴，晚課，閱報，廿二時前寢。

一月二十九日　星期五　氣候：上雨　下晴

雪恥：一、駐外武官必須國防大學畢業生。二、駐外文武人員必須於二年內定期調任與回國述職。三、辦公費與交際費應實報實銷。四、部次長以下主管人員調任與候選人之保荐：甲、憲兵司令。乙、胡璉。丙、第四、第五、第一各廳長。丁、孫立人。戊、國防部各次長之調換。

朝課後記事，記上周反省錄，閱報。俄外長要求在柏林外長會議中，共匪在內的五強會議，遭到嚴厲的拒斥。上午入府召見查良鑑²次長，聽取其在美、墨二國對毛邦初³訟案之經過情形，其努力可嘉。召集軍事會談，處理軍事會議重要決議案後，批閱公文。午膳後出發，在機上午睡，途中午課。十七時到高雄澄清樓，文孫⁴在寓等候，留其同住。膳後散步於隧道之中，晚課讀詩，寢。

一月三十日　星期六　氣候：晴　溫度：六十七　地點：高雄

雪恥：一、整編步兵師廿四個師，分為八個軍，每軍三個師，以一個師照編制數補足，其餘二個師概編八成為缺員師。二、裝甲兵整編為兩個師，另編

1　萬立明（Vicente Villamin），又譯韋納明、萬立民、費立明、魏拉敏，菲律賓記者、作家。
2　查良鑑，字方季，浙江海寧人。1949年到臺灣後，初任臺灣大學法學院教授，1950年出任司法行政部政務次長，1951年赴美查究毛邦初案。
3　毛邦初，號信誠，曾任航空委員會副主任、空軍副總司令。1951年任空軍駐美辦事處主任時以誣告及貪污遭撤職，滯美拒歸，政府派員赴美調查提出訴訟。1952年潛逃墨西哥。
4　蔣孝文，字愛倫，為蔣經國和蔣方良長子，生於蘇聯，1937年隨父母回國，1949年隨家庭來臺。

三個獨立大隊，分駐金門、大陳與澎湖，如此計畫應可得美方之贊助乎，又陸戰隊編成為三個旅或編組一個師。

朝課後獨在海濱散步後，回寓。朝膳聽報，自十時起至十七時止，修正黨政軍聯合作戰演習之講評，頗費心力。晡記事後，文孫始打獵回來，獵獲大獐二隻也，乃與其車遊市內一匝回。入浴，膳後批閱公文，令陳[1] 院長重審文武職之特別費等呈核，廿一時半寢。

上星期反省錄

一、留韓反共義士已安全如數運臺收容矣。

二、參校優等生及高級將領已召見考核完成。

三、黨政軍聯合作戰班第二期人選已審定。

四、軍事會議決議案已分別指擬實施方案。

五、整編陸軍之方針已決定矣。

六、柏林四國會議開幕，朱毛參加會議之俄帝要求，已被美、英嚴斥，已成泡影矣。

七、越戰在寮區法軍先勝後敗，此乃必然之勢，未知美國對余之意見能有所覺悟否？

本星期預定工作課目

1. 陸軍各團長調任與人選。

2. 海軍人事之調任。

1　陳誠，字辭修，浙江青田人。1950 年 3 月起任行政院院長，1954 年 5 月就任第二任副總統。

3. 實踐學員任職之計畫。

4. 約宴外藉〔籍〕教官。

5. 外交學員之人選。

6. 參謀部各次廳長調動之人選。

7. 令何浩若[1]回國。

8. 政策管制組之設立。

9. 美國防部與陸、海、空軍三部組織之研究。

10. 對蔡斯函答覆內容與方式之研究。

11. 對周、孫[2]訪美時期之研究。

12. 催呈各將領讀訓心得。

一月三十一日　星期日　氣候：晴　溫度：七十度

雪恥：一、軍校「愛、笑、美、力」之標語應改正，而實踐與聯合及研究發展考核或監察測驗，應定軍中教育之標語（管制中心）。

朝課後獨在海濱散步回，記事，記上周反省錄。膳後立人來迎，同車往鳳山軍校，舉行預備軍官出洋留學班等畢業典禮，訓話後參觀教授正誤改正法演習畢，全校學生在操場聚餐。午課後研究美國陸、海、空三軍各部，及國防部組織之系統與職掌。晡與文孫車遊環島要塞公路，回入浴。晚膳後散步至港口招待所，回晚課，廿二時前寢。

1　何浩若，字孟吾，湖南湘潭人。1948 年任駐聯合國代表團顧問，赴美宣傳。1953 年 12 月，任紐約中美聯誼會常務理事。1954 年 11 月，任教育部在美教育文化事業顧問委員會委員。

2　周、孫即周至柔、孫立人。

上月反省錄

一、國際形勢：甲、越戰寮區法軍先勝後敗，與越人要求獨立之聲浪日高。乙、狄托[1]與俄共集團復交如初。丙、印度北部對共匪威脅之感覺日重，印度社會黨魁阿米德丁等已召開喜馬拉雅邊區防共會議，而匪部對尼泊爾與喀什米爾之滲侵更為顯著。丁、留韓反共義俘已全部釋放，自由遣俘之原則已實現矣。戊、柏林四國會議已如期開幕鬥爭矣。己、韓國政治預備會議，美以共匪未能取消其對美背信之譴責，不允共匪復會之提議。庚、印度受俄共指使召開聯合國大會解決韓國問題之提議，已為中、美等國所拒絕，此乃俄共尾巴印度之又一失敗也。辛、法國國會議長中立派當選，歐洲同盟軍建立又遭一困難。壬、義大利國會對其政府投不信票，義國政局動盪，此皆美國陣線之不利也。

二、廿七日匈牙利偽大使向北平偽組織呈遞其國書時，毛澤東與周恩來[2]二酋皆不在，而由朱匪代毛接受偽國書，此必非毛酋赴俄之表現，而乃是毛匪不能在短期間出現之真象暴露也，若其未死而亦必得危症，可斷言也。

三、修養心靈似有進步，乃以不憂不懼中驗之心神，更覺較前安樂矣。舌底鰻刺為患六星期之久，體重幾乎減輕七磅，幸已於下旬拔出，體力當可復原乎。

四、本月訓練收果最大：甲、黨政軍聯合作戰班。乙、指參學校第三期與將官班第二期、實踐學社第一期生，皆已畢業，自信當有效果也。

五、在韓反共義俘一萬四千餘名如期救回，安全到達臺北，此為本年第一之勝利也。

六、軍事檢討會議業已如期舉行，收效亦頗大也。

---

1 狄托（Josip Broz Tito），曾任南斯拉夫總理、國防部長，時任共產黨總書記、總統。二戰後倡導與蘇聯不同路線的共產主義，被稱為狄托主義。
2 周恩來，字翔宇，浙江紹興人。中華人民共和國成立後，任國務院總理兼外交部部長。

七、陸軍整編計畫方針已定。

八、特別軍援計畫已修正提出矣。

九、立人勾結麥唐納，挾外自重，圖保其地位，對軍中黨務與防共組織洩露之於麥，以此為其脅制政府之資料，殊為痛心。蔡斯竟來函責難，其勢洶湧，余暫置不答，姑觀其繼續之行態如何，但對此等幼稚橫逆之來，並不如往日之惱怒矣，心中似有成竹也。

十、妻肝病一月有餘，至今尚未好轉，其病因實起於去年十一月招待外賓一切準備之操心，又學術圖畫不肯休息之所致也。

十一、參觀美國航空母艦黃蜂號，實值紀念也。

蔣中正日記
Chiang Kai-shek Diaries

二月

蔣中正日記
Chiang Kai-shek Diaries

蔣中正日記
Chiang Kai-shek Diaries

民國四十三年二月

本月大事預定表

1. 政策管制組。

2. 研究發展組。

3. 中央黨部組織業務之調整。

4. 駐外使領與武官（公費）定期回國述職之規定。

5. 高級將領調動與候選者之研究。

6. 行政院部會人選之研究。

7. 世界公司收回之準備。

8. 巡視兵工與工兵學校（通信與情報學校）。

9. 匯率改變政策之研究。

10. 國民代表大會開會詞與臨時全會。

11. 動員實施演習。

12. 雷州半島與越南戰場作戰聯戰之研究。

二月一日　星期一　氣候：晴　溫度：七十

雪恥：今晨風光已是故鄉清明時節的氣候，鳥語花咲，風和日暖，鄉民多已插秧，樂度春節矣，回念故鄉墓廬，不勝企慕之感。

六時半起床朝課，記事，文孫陪膳後，同到海濱沙灘上參觀昨日網來之大龜，

其重約一百五十斤以上，四腳無爪而如翼，只能游而不能爬，漁人名曰玳瑁，據聞此種玳瑁其大有至數百斤，其殼如八仙桌可坐十二人聚餐，文孫且在臺北動物園見過云。十時半到海軍官校舉行畢業典禮後，參觀陸戰隊學校畢，聚餐。午課後研究美國防部組織內容，已能了解矣。晡與文孫散步，晚課，重修講稿，廿二時寢。

二月二日　星期二　氣候：晴

雪恥：朝課後記事，與文孫先觀大龜玳瑁後，在海濱召高雄要塞部政工徐[1]主任，詢問鄭司令[2]舞弊盜賣公物詳情後，召見立人，指示對裝甲學校長不應與顧問同撤，以防喧賓奪主之風，免開惡例，並召馬[3]總司令聽取其對梁序昭經歷之報告後，乃與文孫啟程，由屏東機場起飛，至恆春換車，遊覽鵝鑾鼻，燈塔下之房屋已修建復原矣。膳後由叔銘[4]陪同視察塔後山上之雷達站畢，乃即回程由塔後遙望「墾丁村」後之大石山，其峰尖如筆，應命為文筆峰，但直至其附近則磅然大岩，並無秀氣，又經原始林、船帆石至南灣鯨魚場，約二十公里間，皆背山面海之佳景也。下午再由恆春起飛，十六時半返蔣林，妻病未有進步為慮。午課，晚經兒全家與令儀團圓聚餐。晚課，廿二時寢。

1　徐汝楫，號子舟，雲南保山人。歷任第二〇七師政工處處長、第六軍政治部主任。1950 年 10 月任高雄要塞司令部政治部主任。
2　鄭琦，號恆之，浙江鄞縣人。曾任砲兵第七團團長、重砲第五旅副旅長、海南島要塞司令、高雄要塞司令，涉入貪污案，後被判死刑。
3　馬即馬紀壯。
4　王叔銘，本名勳，號叔銘，山東諸城人。曾任空軍官校教育長、空軍副總司令。1952 年至 1957 年任空軍總司令。

二月三日　星期三　氣候：陰

雪恥：昨日對於反攻大陸開始地點，感悟對美國之戰略以海南島與越南能發揮決定效果，只有在雷州半島為第一灘頭陣地，以此為基點向兩粵進展，且為匪區之最側右翼，利用海、空軍作有力之掩護，一面截斷海南匪部之交通，一面威脅南寧，隨時可以遮斷其對越南共匪之接濟，此計或易為美國所接受乎？

七時前起床朝課畢，獨在院內訪魚觀鳥，甚覺自得，遊覽蘭圃一匝。聞反共義士將在總統府拜年賀節，乃即朝餐，記事後入府，對義士致訓、攝影，見其有流淚涕泗者更為感慨。出府訪岳軍[1]、右任、亮疇、鼎丞[2]及英士大嫂[3]畢回。經兒全家與華秀[4]已來家拜年，妻亦起床下樓歡聚。

本日為舊歷元旦。昨日體重一百廿三磅。

二月四日　星期四　氣候：陰

雪恥：昨午課後與儀甥車遊基隆市回，武[5]、勇[6]二孫已在家遊玩，領其在蘭圃散步，留其晚膳後回去。勇孫言語行止較去年安詳知禮，但其天真活潑更為可愛，臨睡前為儀甥代題蘭花橫幅一幀相贈，廿二時寢。

朝課後記事，十時前入府辦公，批閱公文。昨午至今清理積案數十件，心神

1　張羣，字岳軍，1952 年 10 月，任中國國民黨第七屆中央評議委員。1954 年 5 月任總統府秘書長。
2　丁惟汾（1874-1954），字鼎丞，山東日照人。1949 年到臺灣後，任監察委員和中國國民黨中央評議委員。1954 年 5 月 12 日，因腦溢血在臺北病逝。
3　姚文英，蔣中正結拜大哥陳其美（英士）遺孀，時與次子陳惠夫居於臺北。
4　蔣華秀，蔣中正姪女。曾任安徽立煌縣中正小學校長兼教員，來臺後在靜心托兒所及靜心小學從事教育工作。
5　蔣孝武，字愛理，為蔣經國和蔣方良次子，生於重慶，1949 年隨家庭來臺。
6　蔣孝勇，字愛悌，為蔣經國和蔣方良三子，生於上海，1949 年隨家庭來臺。

為之一爽。午課後手擬蔡斯覆稿約二小時，頗費心神。晡與儀甥車遊山上一
匝回，讀杜甫[1]「聞官軍收兩河」詩，甚有感。入浴，晚讀唐詩二首。晚課後
注射畢，廿二時前寢。

二月五日　星期五　氣候：陰　溫度：五八

雪恥：一、烏來公路應速修理。二、周、孫、沈[2]等受訓。三、海軍動員教官
問題。四、學員參加動員演習。五、孫[3]訪美之時間應再研究緩急與利害。
朝課後記事，十時前入府辦公，召見鴻鈞[4]籌劃黨費事，人鳳報告任顯羣納妾
事，整理人事，團長調整人選案頗費心力。十三時回，午課後整理高級將領
人事，晡訪伯川未晤。晚讀唐詩，宴日本教官談動員問題，今日為動員演習
之第一日也，此實為建國業務最基本之工作也。晚課後廿二時寢。

1　杜甫（712-770），字子美，號少陵野老、杜陵野客、杜陵布衣，唐代詩人，其著作以
　　弘大的社會寫實著稱。
2　周、孫、沈即周至柔、孫立人、沈之岳。沈之岳，浙江仙居人。1953 年 2 月任浙江省
　　政府委員，4 月兼政務處處長。10 月任大陳防衛司令部政治部主任、大陳區行政督察
　　專員等職。
3　孫即孫立人。
4　俞鴻鈞，廣東新會人。1953 年 4 月，任臺灣省政府主席，並兼臺灣省保安司令部司令，
　　10 月兼中央銀行總裁。1954 年 6 月，任行政院院長。1958 年 7 月辭職後，復任中央
　　銀行總裁。

二月六日　星期六　氣候：陰

雪恥：一、國楨言行漸近於威脅與越軌，態度仍應導之以理，使之覺悟復常，由曉峯[1]代為勸慰之。二、立人訪美決以其調職後行之，但其繼任人選暫不發表，先派員代理，勿使刺激，則其或不致在外出醜，此二人皆恃外凌上，不顧國體，是其本無修養亦無學術，但其並非不可移之下愚，尚在可與之「善與惡」之間，當盡心而善導之。

七時後起床，朝課畢，批閱。入府辦公，審核要公，召集軍事會談，研究集團軍與軍區之編組等問題。午課後記事，經國來報唐納爾[2]要求見他，與反共義士訓練後編配分發方針。晡與妻談其病狀，據醫驗血結果，其病已減輕一半甚慰。獨自散步如常，閱陽明傳習錄數條。入浴後約曉峯與孟緝談話畢。晚課，廿一時半寢。

上星期反省錄

一、本周為舊曆春節期間，余除舊元旦晨間略事偷閒遊覽庭院外，仍在工作，未能如少年在家時之快樂無事也。

二、柏林四國外長會議仍在冷戰之中，並無進步跡象。

三、清理積案，統籌人事，自覺有益。

四、動員演習已開始實施。

五、上周末與本周初與文孫在高雄、鵝鑾鼻遊覽數日為快。

1　張其昀，字曉峯，浙江鄞縣人。1950 年 7 月，任中國國民黨中央改造委員會委員；8 月，兼任秘書長。1954 年 5 月，出任行政院政務委員兼教育部部長。

2　唐納爾即麥唐納（John C. MacDonald）。

本星期預定工作課目

1. 徵兵撫恤令與不應召之處罰令。

2. 在鄉軍人管組法令之速頒布。

3. 各機關設置計畫室。

4. 國大開會詞之審核。

5. 臨時全會對大選方針之決定。

6. 對美提議援越與雷州半島之意見？

7. 對蔡斯覆函之決定（手續）。

8. 國大對反攻大陸軍政時期之授權案。

9. 軍政主管官公費之修正案。

10. 動員演習之督導。

11. 各級政府改組人選與研究院成績對照。

二月七日　星期日　氣候：雨　溫度：五八

雪恥：一、本黨老者凡已任過五院院長者，皆加以優待，其卸任後仍以院長之待遇待之，應定為本黨之規例以安老者。

朝課後記事，令孟緝擬先佔雷州半島方略。上午記上月反省錄後，禮拜如常。正午記本周工作預定表，午課後審閱軍事檢討會議訓詞紀錄稿後，審閱「拉鐵木爾[1]」顧問檔案全文，仍未能發見其有俄諜嫌疑之點也，惟當其初就聘時，中、美雙方本皆約定為其任顧問作宣傳，其後並未實現，至今亦不能再找其原因何在而已。

近日天氣寒冷，本日昏濛，惟氣候一如大陸季節相似。

1　拉鐵摩爾（Owen Lattimore），又譯拉鐵摩、拉鐵木爾、拉鐵木兒，美國學者，1941
　　年至 1942 年任蔣中正私人政治顧問。時為美國約翰霍普金斯大學教授。

二月八日　星期一　氣候：陰　溫度：六十

雪恥：昨晚讀唐詩（劉禹錫[1]西塞山懷古一首）。晚課後閱傳習錄三條，廿二時前寢。

朝課後記事，手錄陽明傳習錄三則（雜錄欄）。九時半赴美軍顧問團醫院試配假牙，十一時在家召開革命實踐研究院院務委會畢，聚餐。午課後到國防大學，聽講美國戰爭計畫與行政設施之程序回，約芳澤[2]大使茶會後，散步，入浴，讀唐詩（秦韜玉[3]貧女詠）。閱傳習錄數則，注射後廿二時寢。

二月九日　星期二　氣候：晴

雪恥：一、對國民大會報告書要旨：甲、失敗的教訓（外交國民與民意代表教育）。乙、今後的策勉與期待。丙、對俄共陰謀與現狀。丁、過去失敗乃是「非共」者被共利用，推倒政府自取敗亡，而並非俄共本身有何力量。戊、事事自責。

朝課，記事，九時半入府辦公，召見嚴家淦，詢經援意見與世界公司陳光甫事，並屬電陳來臺，以觀其態度如何。召集一般會談，對民、青兩黨之要脅索詐，與本黨國大代表無理要求甚覺悲憤，國民道德之墮落也。午課後裝配假牙未完。晚宴美第七艦隊司令蒲立德[4]與穆懿爾[5]後，晚課，寢。

1　劉禹錫（772-842），字夢得，河南郡洛陽縣人。唐朝著名詩人、哲學家，中唐文學的代表人物之一，有詩豪之稱。因曾任太子賓客，故稱劉賓客，晚年曾加檢校禮部尚書、秘書監等虛銜，故又稱秘書劉尚書。

2　芳澤謙吉，曾任日本駐中國公使、駐法大使、外務大臣等職。1952 年至 1955 年出任中日復交首任大使。

3　秦韜玉，字中明，唐京兆人。唐僖宗中和二年（882）進士。曾從唐僖宗入蜀，為芳林十哲之一，做過神策軍判官、工部侍郎。

4　蒲立德（Alfred M. Pride），又譯蒲列德、普萊德、蒲賴德、蒲倫脫，1953 年 12 月至 1955 年 12 月任美國第七艦隊司令官。

5　穆賢（Raymond T. Moyer），又譯莫懿、穆懿爾、穆易爾、穆依爾，曾任美國經濟合作總署中國分署署長、中國農村復興聯合委員會委員。

二月十日　星期三　氣候：晴

雪恥：一、反共形勢美國領導已漸取積極。二、韓國停戰不能不說是聯合國第一步之勝利，此為共匪失敗之開始。三、對共匪征伐，由南韓經臺灣以至越南半弦形之戰線實已完成。四、俄共今後在亞洲侵略之陰謀是否得成，全看聯合國領導國家之政策如何而定，惟共匪必滅之內因，實已由其自身造成，奴役與專制政治之弱點且已暴露無餘矣。

朝課後記事，入府召見教廷黎培里[1]公使，希望准于主教斌[2]回國參加國大會議之表示後，到中央常會議決國大重要事項。午課後補修假牙，重閱對七全大會政治報告書，讀唐詩。晚課，廿二時寢。

二月十一日　星期四　氣候：晴

雪恥：一、回憶卅八年杪，渝、蓉陷落之情勢，匪軍縱橫，所向披靡，敵騎未至，疆吏早降，民心土崩，士氣瓦解，其敗亡形勢不惟西南淪陷莫可挽救，即臺灣基地亦岌岌欲墜，不可終日。當此之時，共匪定余為戰犯，欲得而甘心，而一般叛將敗類設辭攻訐，更予人以不堪之侮辱，乃以中正為仇寇之不若，而反以共匪為可君矣。

1　黎培理（Antonio Riberi），又譯黎培里，摩納哥籍的羅馬天主教會司鐸級樞機，教廷駐華公使，1946 年 12 月 21 日到任，1951 年遭中共外交部驅逐出境，1952 年 10 月抵臺北復館。
2　于斌，字野聲，1946 年為南京總主教，創辦《益世報》，當選制憲國民大會主席。1949 年遵照教廷命令，離開南京前往美國，在紐約成立中美聯誼會。1954 年到臺灣出席國民大會。

朝課後即修正對國大開會講詞稿。九時半入府辦公，召見呂國銓[1]、曾虛白[2]，呂尚可用也。至柔面報動員演習進行情形後，批閱公文。正午向國大秘書處報到。午課記事畢，續修講稿至晚方完。晚散步後晚課，注射，廿二時寢。

本日體重一百廿五磅，比前加重二磅。

二月十二日　星期五　氣候：晴

雪恥：一、白崇禧[3]在第一次國民大會開會時，挾匪共猖狂之勢以自重，矯令惑眾，謊言欺世，以為余面令其告代表黨員准其自由選舉，而黨不加拘束，竟在大會場內謊謬百出，毫無忌憚，此種隻手掩天，跋扈凌上之邪惡言行，迄今思之，更覺痛憤，「廣西子叛黨亂國之罪惡，不減於共匪之出賣民族」，此雖稚輝〔暉〕[4]先生之憤語，但其害國害民之程度，並不為過言也。

朝課後記事，入府召見藍卿、蔡斯、麥唐納等商討游擊隊訓練、軍隊改編、政工意見等重要問題。余責蔡斯來函之無理取鬧，但不嚴厲，使之改正而已。

午課後配假牙畢，領令儀遊草山公園回。散步，晚餐後讀唐詩，入浴，廿二時寢。

1　呂國銓，字保全，號正崇，1951 年 4 月 11 日，擔任雲南反共救國軍副總指揮，同年 4 月 22 日至 7 月 8 日間參與反攻雲南戰役，被共軍擊敗，退回緬甸。1953 年底至 1954 年 5 月奉命撤臺。

2　曾虛白，原名曾燾，字煦白，筆名虛白，江蘇常熟人。1950 年 7 月任中國國民黨中央改造委員會改造委員，8 月兼第四組主任。10 月辭第四組主任，改任中央通訊社社長。1954 年 7 月任政治大學新聞研究所所長。

3　白崇禧，字健生，廣西桂林人。1949 年底來臺後，任總統府戰略顧問委員會副主任委員。

4　吳敬恆（1865-1953），字稚暉，江蘇武進人。歷任制憲國民大會主席團主席、第一屆國民大會代表、中央研究院第一屆院士、總統府資政。1949 年，蔣中正派專機「美齡號」將其從廣州接到臺北。1953 年 10 月 30 日逝世，海葬金門。

二月十三日　星期六　氣候：晴

雪恥：一、雷州半島情報之組織搜集加強。

朝課後記事，入府召見楊兆〔啟〕泰[1]、胡秩五[2]、歐陽駒[3]、徐傅霖[4]等畢。召集軍事會談，得悉動員演習進行情形良好，踴躍應召為慰，對戰術空軍通信中心與管制組織又得進一步之了解，批閱公文。午課後修正大會講稿，至黃昏未完。散步、讀詩，晚召見曉峯等，指示宣傳與對友黨方針。晚課後廿二時寢。

上星期反省錄

一、本周柏林四國會議開秘會二次並無結果，俄帝強求其共匪參加之五強會議成為畫餅，此次情勢，俄帝對共匪並非欺妄作態如歷次之會議者也。

二、聽取美國戰爭計畫與行政設施程序，並對空軍通信中心與管制組織亦得進一步之了解矣。

三、配修假牙與修正國民大會報告書稿。

四、召見藍卿、蔡斯，提出軍隊整編數目，並明示其政工制度之不能改變，指責其對余來信之無理處〔取〕鬧之心情，使之有所警悟也。

1　楊啟泰，福建龍溪人，菲律賓華僑。1928 年出任菲律賓華僑教育會會長，1948 年 1 月任僑務委員會委員。1940 年代倡辦菲律賓中正中學，任董事長。並任菲律賓交通銀行董事長、行長兼總經理。時任僑務委員會委員。

2　胡秩五，1930 年何東接辦《工商日報》後，先後任該報經理、總編輯、總經理、社長等職，直至 1970 年退休，仍擔任董事。在其任內創辦《工商晚報》和《妖光報》，都風行一時。

3　歐陽駒，字惜白，廣東香山人。1946 年 6 月任廣州市市長，1949 年 10 月免職。後到臺灣，任總統府國策顧問。

4　徐傅霖，字夢巖，廣東和平人。國民大會代表。1953 年 7 月出任光復大陸設計研究委員會副主任委員。1954 年競選第二任總統失敗。1955 年 1 月當選中國民主社會黨主席。

本星期預定工作課目

1. 動員部隊之檢閱。

2. 國民大會選舉主席團。

3. 修正軍事會議訓詞稿。

4. 李、白[1]與吳國楨案之先後程序。

5. 對彈劾李宗仁案之態度。

6. 行政院等重要人事之研究。

7. 周、孫[2]訪美時期之改緩。

8. 軍事主官職期調任案應否展緩。

9. 運輸署長張柏壽[3]應調換，以陳聲簧〔簧〕[4]補。

10. 雷州情報組織應特加強。

11. 中央社應設每周社評報告。

12. 召見梁華盛[5]。

二月十四日　星期日　氣候：晴　基隆道上雨

雪恥：一、對臨全會推舉候選人之講詞要旨：甲、上次之經驗與結果以及個人當時之決策。乙、目前政治與革命之環境。丙、本人之性格與長處不應為總統，而願任副總統或行政院長以施展我所長，能為國家反共抗俄事業中發

1　李、白即李宗仁、白崇禧。
2　周、孫即周至柔、孫立人。
3　張柏壽，時任聯合勤務總司令部運輸署署長，1955 年 1 月調任國防部戰略計劃委員會委員。
4　陳聲簧，1950 年 10 月出任聯合勤務總司令部基隆運輸司令部司令，1955 年 7 月調任陸軍供應司令部副司令。
5　梁華盛，原名文珌，1949 年出任廣州綏靖公署副主任，後攜同家眷經海南至臺灣，出任總統府國策顧問、戰略顧問等職。

揮事半功倍之效。丁、黨內為于[1]，黨外為胡[2]（總統候選人）。

朝課後記事，膳後巡視後山衛兵營舍及侍衛室回。記上周反省錄畢，禮拜。正午宴楊兆〔啟〕泰等，午課後與令儀車遊淡水，至基隆之海濱公路，以天雨路壞未能遊覽風景也。膳後修稿，入浴。晚課，廿二時寢。

二月十五日　星期一　氣候：晴

雪恥：一、副總統候選人提名陳辭修，其長處在能任勞任怨，而其短處則在褊狹短淺，但其尚少官僚政客惡習，故決提名，以其他文武幹部皆無其所有長處耳。

朝課後記事，九時前到陽明山莊審視開會程序。九時開本黨臨時中央全會，致詞說明推選總統候選人應注意要點，以及本人不可再任總統之理由與性質不宜之缺點，乃提黨內于右任，如提黨外候選人則仍推胡適，以上屆本約邀其為候選人而未能如約提出之故也。預備會後修正大會報告稿，作最後之修正完。午課後，全會已全體一致選余為提名候選人，聞之恐懼，曉峯與亮疇、右任前後奉全會決議，邀余赴會接受提名，余婉告其待余考慮後，明日赴會再定。

二月十六日　星期二　氣候：晴

雪恥：昨晡妻病漸癒，乃與其車行陽明山一匝回。散步時經兒來告，會場選舉一種自然與歡樂情緒。晚曉峯來報，選舉後起草提名理由等文稿大意，乃

1　于即于右任。
2　胡即胡適。

屬其提陳為副總統之意，征求各老者意見也。月下散步，讀詩消遣，晚課，廿二時寢。

本日五時後起床，朝課後召見經兒，告以推舉辭修為副總統之決定。八時半在陽明山召開中央常會之談話會，征詢對總統人選意見後，乃提辭修之名，眾皆同意，乃開臨會第三次會議，親自主席，說明副總統候選人之標準：一、忠黨愛國，信奉主義。二、不僅任勞而且必須能任怨者。三、不僅盡職，而且必須能負責者，故特提辭修為候選人後，進行選舉，卅一票之中以卅票當選，而一票反對者，聞為陶希聖，仍非所料也，會後修正講稿。午課後參觀工業展覽會回，召見美員堪農[1]，再修講稿。晚宴全會參加者百餘人畢。回散步，晚課，廿二時後寢。

二月十七日　星期三　氣候：上晴　下雨　朝雷雨

雪恥：一、對國大黨員大會指示：甲、此次大會為奠定民主憲政的基礎和反共抗俄戰爭勝利之張本。乙、不可再蹈在南京反黨害國，自私自利的軍閥行徑。丙、切戒包蔽隴〔壟〕斷，恐嚇欺詐的手段（威脅利誘）。丁、尤其不可捏造謠諑，挾勢脅制，招謠欺騙。戊、如有壓迫同鄉，侵犯自由，必為法律與政府所不許。己、一切透過黨團幹事會，不要聽信賣弄自棄。庚、權利與經費。辛、秘書長與主席團人選。壬、互助團結，建立模範。

朝課後續修講稿，入府召見候調人員，與飛滬散發紙彈之空軍官兵三員，嘉慰之。回寓記事，修稿，午課後往配假牙完成回，再修講稿至廿二時方成，召見曉峯等後，晚課畢，寢。

1　堪農（Robert M. Cannon），美國陸軍將領，二戰時任職於中緬印戰區。時任美國駐菲律賓軍事顧問團團長。

二月十八日　星期四　氣候：陰雨

雪恥：一、聞吳國楨在美反宣傳，謂政府不民主運動，美報反對政府。霍華德[1]系報紙本一向擁護我政府，而今居然以吳之談話為據，題為「警告蔣總統」，開始反對矣。吳之虛偽欺詐、本無氣質之人，惟有絕望而已。

朝課時以對桂系痛憤，因之心神不安也。記事後大會講稿作為最後之修正。十時半到國大黨員致詞，切戒第一次國大會議中之各種反黨無紀律、無組織之惡劣言行，乃又「氣一動志」矣。午課後巡視國大會場回，修理假牙。晚宴史太生[2]（美援外署長）約談一小時，此人乃一正直識時之政治家也。晚課後廿二時半寢。

二月十九日　星期五　氣候：陰晴

雪恥：吳國楨已公開反動，必欲損毀政府之險惡言行已經暴露，若不設法防止，必將如毛邦初毀謗欺詐案之重演。彼以拋空公糧，軍民乏食，無法維持而辭職，以及其在職時擅發鈔票，應政府追究而惱羞成怒，尤其是實行耕者有其地的日期將到，而彼違抗政策，此為其辭職請病之真因。至於為政府不民主而辭職之說，則此其在職三年期間，以及其出國以前對政府並無有此意見與表示。

六時起床朝課後，重閱對國大報告書一遍。十時與車同駕國大會場，開會如儀，對國大報告約一小時畢，再在廣場前陽臺上對一萬四千名義俘訓示，並接受其頌詞，情緒熱烈，令人熱淚盈眶矣。正午回寓，記事。

1　霍華德（Roy W. Howard），又譯勞異霍華德，美國報人，霍華德報系負責人。
2　斯德生（Harold E. Stassen），又譯為史太生、史塔生，美國共和黨人，曾任賓州大學校長，1953 年 8 月至 1955 年 3 月擔任美國援外總署署長。

二月二十日　星期六　氣候：雨　溫度：五十六

雪恥：昨午課後因覺心身已至休息必要之時，乃與妻上山車遊一匝，妻以今日大會情緒與秩序整肅，以及余之神態聲色壯嚴從容為快，其病體亦感將快痊復矣。晡約見胡適之後，在院中散步，心神略感舒適。晚召見曉峯、蘭友[1]等指示國大注意之點。晚課後廿一時三刻寢。

本晨朝課記事後，經兒來報，昨有我飛機一架被桂藉〔籍〕黃鐵鍵〔駿〕[2]駕駛員擊殺其射擊手，放出其另一副駕員跳傘降落，而其自飛匪區，據報受白崇禧之指使，聞之痛苦。白逆與桂系之罪，不能再宥矣。入府聽取王叔銘報告，更證其為桂系擾亂國大之陰謀，幸當時該黃逆或以時間不及，未能在臺北上空掃射耳，不然政府聲譽、國際視聽更難設想矣。

上星期反省錄

一、中央全會選舉本黨總統候選人，與推荐辭修為副總統候選人，皆能作慎重討論與順利通過。

二、修正對國大報告書，幾乎在本周內每日不斷重修，直至星期四日纔作最後定稿，自省可以無愧矣。

三、吳國楨在美當我「國大」開會之前，正、副總統提名人選出時，彼即肆意誣衊政府不民主，而且自高其身價，作不願奉召回國之卑劣言行。余早以此逆為濫笑善哭之小人，不可共事，但其小有才且善長英語，故用之。不料其愚劣至此，竟為李宗仁與毛邦初之續，是其自葬其前途，於余何遜耶。諺云：濫笑無誠。余又長一智識，曰：「善哭必詐」，此於

1　洪蘭友，江蘇江都人。時任第一屆國民大會秘書長。
2　黃鐵駿，空軍第一大隊參謀，1954 年 2 月 19 日，偕同射擊軍械士劉銘三，駕駛 B-25 轟炸機自臺灣新竹機場起飛，隨後於浙江三門迫降。

馮玉祥[1]善哭，翁文灝[2]濫笑得之，而吳國楨則更以濫笑而兼善哭者也，以後交人接物又多得一經驗矣。

四、國大開會之日，桂藉〔籍〕飛行員在練習飛行時，先殺害射擊手，而又逼副駕駛同謀，預定先掃射國民大會，損害政府威聲以後，再逃飛匪區降敵。幸其副駕駛員堅決反對，自願用降傘中途降落，彼黃[3]逆乃以時間過遲，未得實施掃射而直飛大陸。但至星期日匪軍仍無廣播消息，可能已為匪方空中擊落矣，此為本周最不利之消息，但幸得如天之福，未有掃射耳。

五、國大如期集會，情形一切皆佳為慰。

六、柏林四國會議只同意召開韓國政治會議，准由中、韓、共匪與南韓參加而已。

二月二十一日　星期日　氣候：雨

雪恥：昨上午召集軍事會談，聽取動員演習經過，成績優良，且其應召員之踴躍，應召者在百分之九九、五以上，殊為各國所未有之成績，甚慰，並聽取中美共同防衛臺灣聯合作戰會議經過情形甚詳。午課後閱報，往美軍醫院修牙，此次可作最後之配守乎。晚召見曉峯等，檢討國大情形，報到代表人數為一五二五人，已逾總數之半矣。晚課後與妻及儀甥等在爐邊談話解悶，廿二時寢。

1　馮玉祥（1882-1948），字煥章，安徽巢縣人。曾任國防最高委員會常務委員，第三戰區、第六戰區司令長官。1946 年以考察水利專使身分赴美，1947 年底撤銷名義。1948 年 8 月 22 日，以所乘船隻在黑海海域起火，逃生不及遇難。

2　翁文灝，字詠霓，浙江鄞縣人。1948 年 5 月任行政院院長。8 月推出金圓券取代法幣，造成金融失調。11 月辭職。1949 年 2 月，出任總統府秘書長，5 月辭職至法國。1951 年經香港回到中國大陸，1954 年獲任政協委員。

3　黃即黃鐵駿。

朝課後（本廿一日）記事，召見叔銘，聽取其對黃鐵鍵〔駿〕案發展之報告，認此必為白崇禧所煽惑，以黃每來臺北必住白家也。禮拜如常，召見黃劍靈。午課後與妻車遊淡水回。散步，閱報。晚召見孟緝報告動員演習情形，美顧問考察澈底，亦認為我國亦能認真執行計畫矣，晚課後寢。

二月二十二日　星期一　氣候：雨　溫度：五八

雪恥：一、空軍政治小組應特別加強，政工技術與監視亦須講求。二、美洲黨報英文版速辦。三、發立夫[1]款。

朝課後記事，審閱衛爾基[2]訪華檔案後，十時到松山機場檢閱動員演習，閱兵與分列式畢，訓話。氣候不良，風雨交加，而應召新兵編組入伍後，一切態度動作皆不能分別其新兵與老兵，其精神煥發，軍容嚴肅，殊足欣慰。午課後修改訓詞畢，與妻及儀甥爐邊閒談。晚宴華僑代表及檀香山參議員李桂賢[3]夫婦。晚課後廿一時半寢。

二月二十三日　星期二　氣候：陰晴

雪恥：一、反共義士在韓奮鬥記錄。二、警察對其轄區每一人口之調查記錄片。

朝課後記事，入府會客四員後召集宣傳會談，聽取魏景蒙[4]同志在韓為反共義

1　陳立夫，名祖燕，字立夫，以字行，浙江吳興人。1949年6月至1950年3月任行政院政務委員，1950年8月任中國國民黨中央評議委員。同時，以參加道德重整會議名義，帶全家離開臺灣，定居美國。
2　衛爾基、威爾基（Wendell L. Willkie），1942年秋天以美國總統特使身分訪華，敦促宋美齡訪美，向美國朝野說明中國人民的抗日決心。
3　李桂賢，美籍華人，時任美國夏威夷領地參議院參議員。
4　魏景蒙，浙江杭州人。1952年7月，出任中國廣播公司總經理，任職十二年。

士自由遣返臺灣之奮鬥經過，其中曲折與美國洗手之態度，以及當時義士對解釋時之心情，令人感動不知所之。上午子安夫婦[1]由香港來訪。午課後與妻車遊山上一匝回，審閱軍事會議訓詞，修正開始。晚與子安等便餐閒談。晚課，廿二時後寢。

二月二十四日　星期三　氣候：晴

雪恥：一、防大畢業訓詞要旨：甲、傳習錄之指示。乙、學課與處事之應用。六時前起床朝課畢，即修改軍事會議訓詞稿。九時後到中央常會討論國大有關問題，余主張國大主席團應對李宗仁再作一次電催其回國答辯彈劾案也。回寓後除午課、晚課以外，皆修正訓詞稿，頗費心力也。儀甥談宋慶齡[2]於卅八年上海淪陷之前，有一遺囑寄存其母孔夫人[3]處云，特記之。廿二時前寢。

二月二十五日　星期四　氣候：晴

雪恥：一、軍政府業務規程與戰地政務之處理勤務職掌之研究。二、甲、協調聯系同時平行計畫。乙、計畫測驗。丙、周詳準備。丁、職責分明。戊、作業程序。己、業務標準（數量表）。庚、後勤資料。辛、通信聯合教育等方法，應用於政務與日常工作。

1　宋子安，原籍廣東文昌，生於上海。宋嘉樹與倪桂珍之子，兄子文、子良，姊靄齡、慶齡、美齡。曾任中國國貨公司董事、廣州銀行董事會主席、西南運輸公司總經理等職。1948 年經香港轉美國舊金山定居。與妻子胡其瑛育有伯熊、仲虎二子。
2　宋慶齡，原籍廣東文昌，生於上海。孫中山遺孀。1949 年 10 月中華人民共和國成立後，曾任中央人民政府副主席。
3　宋靄齡，宋美齡長姐，孔祥熙夫人。1947 年移居美國。

六時前起床朝課後，修正軍事會議訓詞稿至十二時半方完，故上午未入府辦公。正午宴美牙醫生等，以酬其勞也。午課後到國防大學，召見畢業學員卅五名，皆不如理想也。回記事，入浴，散步二次。晚課，廿二時後寢。

二月二十六日　星期五　氣候：晴

雪恥：一、埃及政變納魁布[1]被拘禁。二、敘理亞政變，親英、美之總統逃出國外。三、美國宣布軍援巴基斯坦。四、土耳其與巴基斯坦商議同盟。

朝課後記事，入府辦公，召集情報會談後，清理積案數十件。午課後到國防大學，召見學員卅二人畢，回寓已十八時半矣，散步一匝。晚妻宴子安及其友人廿名畢，入浴，散步。晚課，廿二時寢。

本日史塔生[2]在菲發表其明年亞洲軍經之美援，韓、菲、越在將增加，而對中國只維持原狀云。

二月二十七日　星期六　氣候：晴　溫度：八十

雪恥：防大訓詞要旨：甲、參校課程與防大之程序。乙、回職轉教同事與部屬。丙、應用學術與方法。丁、新速實簡。戊、協調合作。己、秘密防諜與假情報之重要。庚、掃除本位觀念與海、空軍對聯合作戰不可以為是補助陸軍作戰之意念。辛、軍官團教育。

朝課後校閱訓詞稿，十一時入府辦公，召見鴻鈞畢。召集軍事會談後，批閱

1　納魁布（Muhammad Naguib），埃及陸軍將領，發動革命，推翻王政，並於 1953 年 6 月至 1954 年 2 月任埃及總統。
2　即斯德生（Harold E. Stassen）。

公文，回寓記事。午課後到國防大學，召見學員胡宗南[1]等卅二員畢，第二期畢業學員九十九人完畢矣。回校閱訓詞（軍事會議）完，入浴。晚課，散步，廿二時半寢。

上星期反省錄

一、總動員演習成績優良為慰。

二、國民大會報到代表已超過總數之半。

三、國大主席團秘書處電李宗仁回國答辯。

四、史塔生對記者談話，以其明年美援對亞洲各國可望增加，而獨於中國維持原狀云。

五、土耳其與巴基斯坦進行同盟，美國宣布軍援巴國。

六、埃及與敘利亞皆政變。

七、美輿論對杜勒斯之日內瓦遠東會議表示不滿與不安。

本星期預定工作課目

1. 戰地政務機構之編制與職掌。

2. 國防大學學員之分配工作。

3. 對共匪內訌內容之研究。

4. 反攻時機與美國之關係。

1　胡宗南，原名琴齋，字壽山，浙江孝豐人。1951 年 8 月化名秦東昌，出任江浙反共救國軍總指揮兼浙江省政府主席。1953 年 7 月，任總統府戰略顧問委員會顧問。1955 年 9 月，出任澎湖防衛司令部司令官。

5. 對吳[1]逆反動之準備與處置。

6. 國防大學畢業訓詞。

7. 約見重要代表。

8. 召見宗南、胡璉。

9. 實踐學社學員之選定與分派。

10. 研究院後期開學典禮。

二月二十八日　星期日　氣候：陰

雪恥：一、對毛匪變故之應因方針：甲、待其內亂而反攻。乙、在其死時即行反攻，以促其內亂。丙、必待美國同意而反攻？丁、不待美國同意而施行小規模分幾處之試攻，再相機作正式之反攻，務使美國諒解，不作表面之反對。

朝課後巡視「後山」一匝，視察防空洞內部之構築後，朝餐畢，訪魚慰鳥為樂。召見廉一與孟緝後，與妻同往禮拜，回記事。午課後統計防大學員成績畢。帶妻與儀甥至大溪別墅巡遊，黃昏時回寓。閱報，入浴，散步。晚課，廿一時半寢。

1　吳即吳國楨。

上月反省錄

一、綏遠省共匪宣布其劃入內蒙自治，取消綏遠省之名稱，從此綏遠斷送於俄、蒙版圖，共匪又將迪化名稱取消改為烏魯木齊，此則新疆名實俱亡矣。俄帝併吞我西北之第一步陰謀已實現，若非從速反攻大陸，收復西北，則全國各省區皆將名實俱亡矣，能不速起乎。

二、共匪毛酋自去年十二月十五日以後並未出現一次，至本月初匪黨隔了三年餘的中央開全會時，竟亦未出席，尤其是該全會劉少奇[1]代毛的主持報告，嚴斥匪黨高級幹部之不法行為與準備整肅的主張，更可知其黨內之鬥爭激烈，皆為爭奪毛酋斃後之位置而積極準備，其內訌之烈不能再加掩飾之情勢，敵情如此，毛酋等於已斃，吾人能不早有準備，以應此變亂乎？

三、柏林四國會議對其本題德奧問題毫無結果，至其最後竟提出一個日內瓦遠東韓越問題，承認俄共之主張而不恤違反韓國停戰協定，而以圓桌方式出之，共匪從此乃在國際會議中正式登場矣。此乃美國外交最大之失敗，故其議會與輿論對杜勒斯之所為一致抨擊。

四、國民大會已如期召集，且已過總數之半法定人數矣。

五、動員召集演習成績甚佳。

六、國防大學聯戰系第二期學員畢業。

七、軍事會議訓詞修正完成。

八、史塔生來臺訪問，對我不利乎。

九、中東埃及與敘利亞皆政變，對美多不利。

十、越南戰局未定也。

1　劉少奇，字渭璜，中華人民共和國成立後，先後任中共中央政治局常委、中共中央副主席、全國人大常委會委員長和中華人民共和國主席。

三月

蔣中正日記
Chiang Kai-shek Diaries

民國四十三年三月

本月大事預定表

1. 職期調任改為七月？

2. 國防部各廳處長人選。

3. 軍事高級將領之調職。

4. 行政院長及各部長人選。

5. 聯合作戰黨政班優秀人員之選派。

6. 實踐學社學員之選派與指定。

7. 國防部長、國大校長之人選。

8. 聯合通信機構主持人選。

9. 聯勤總司令人選。

10. 府秘書長與行政副院長人選。

11. 戰略研究主委人選。

12. 動員委員主委人選。

13. 政院與省府兼職之方針如何。

14. 副總長人選、政治部長人選。

15. 大陸工作處長人選。

16. 陸總部改為訓練司令？

17. 國防部與各總部改制案？

18. 周、孫[1]訪美之時機。

19. 胡宗南職務與駐地。

20. 撥發美款。

21. 陸軍組織問題研究會。

22. 國民大會選舉罷免副總統問題。

23. 共匪內訌與反攻時機之研究。

24. 美援案與「開」字計畫案之研究。

三月一日　星期一　氣候：陰

雪恥：近日寢食皆佳，體重亦漸增加為快。忽於今日又時用惱怒，或為吳逆之反動而現心神不安之狀，應加注意修養，勿因此小肖之刺激而適中其陰謀也，但對於吳事不能不設法制止其不法無恥之言行，彼既對道藩[2]之質詢已有答辯，則應任道藩與之周旋，不必再由自身用心也。

朝課後記事，九時到國民大會第一次正式會議，十時到國防大學舉行第二期學員畢業典禮，致訓完，召見美顧問畢，聚餐後致訓。午課後接見于斌總主教後，到防大主持讀訓，召見重要教職員，對侯[3]校長辦事無能又發惱怒。晚與道藩等商討吳事約二小時畢，晚餐。晚課，廿三時寢。

1　周、孫即周至柔、孫立人。

2　張道藩，原名道隆，字衛之，貴州盤縣人。時任立法院院長、中華日報及中國廣播公司董事長。

3　侯騰，字飛霞，湖北黃陂人。1952 年 4 月調任國防大學校長。1954 年 8 月調任國防部戰略計畫研究會主任委員。

三月二日　星期二　氣候：陰

雪恥：一、吳逆國楨違法亂紀，挾美自重之行為，若不從速懲治，則將來第二、第三之吳國楨必相繼續出，故應依法處治：甲、准張[1]再加斥責，以明其罪惡。乙、着即以違法亂紀罪撤職查辦或准予辭職，至其任職期內之所有職務，真相事實如何交付行政人員懲戒委員會依法處理。丙、追究其上海任內及其交卸之手續與實際情形如何，以及其上海市銀行（賬冊）賣空買空，屯積糧食，操縱貿利，有否混水摸魚之情形，一併澈查。

昨夜未能熟睡，今晨朝課記事後，指示希聖對吳逆之方針與決心後，入府主持月會。召開一般會談，決推選莫德惠[2]與王雲五[3]為正、副總統競選人，並望民、青二黨亦推競選人，能依法有四人競選也。

三月三日　星期三　氣候：陰

雪恥：昨午課後審閱實踐學社第二期學員人選畢，約鍾華德[4]與白柏[5]茶會，以此二人皆對華友善，行將回國也。散步後入浴，讀唐詩（贈闕下裴舍人錢起）。晚課，閱報，廿二時前寢。

1　張即張道藩。
2　莫德惠，字柳忱，吉林雙城人。1949 年 3 月，任行政院政務委員，為時三個月。1954年 8 月任考試院院長，達十二年。
3　王雲五，字岫廬，籍貫廣東香山，生於上海。1949 年到臺灣，主持臺灣商務印書館。1951 年 1 月出任行政院設計委員會委員兼政制組召集人，5 月獲聘總統府國策顧問。1954 年 8 月，出任考試院副院長。1958 年 7 月調任行政院副院長，兼總統府臨時政治改革委員會主任委員。
4　鍾華德（Howard P. Jones），又譯瓊斯，美國外交官，戰後曾任駐德國高級專員公署柏林辦事處主任，1951 年至 1954 年任駐華大使館代辦。
5　白柏，駐華美軍顧問團顧問。

本（三）日朝課記事後，召見希聖、少谷[1]，商討對吳案宣傳與處理步驟，指示其最後解決之決心與手續之準備，明示其此事不必另商他人，否則必誤時機也。十時到中央常會，決定選舉罷免法之補充條件，及對國大代表待遇與名稱問題，指示國代閉會後不得有常設機關之允諾也。午課後約見青年黨領袖左舜生後，批閱公文畢，散步。晚約希聖、道藩指示宣傳要領，限明日發表對吳之答覆。入浴，晚課，廿二時寢。

三月四日　星期四　氣候：陰

雪恥：一、研究院優秀學員，民、財、經、交、教、外、法各項高職人選。二、美援對我不再增之態度，應加研究與注意。

朝課後記上月反省錄未完。曉峯、希聖等來報，昨夜常委對吳答覆另定有一稿，而將余之指示完全相反，而且其文字多適為吳逆所利用者，閱之痛心，乃復與指正，以期上午能發出此稿也。可知中央幹部皆無遠識與定見，不能解決問題，不知輕重者也，奈何。入府召見宗南、伯玉、寄嶠、至柔等，批閱時為道藩答吳之記者會擔憂不置，但結果尚佳為慰。午課後審核人事，約會美陸次長[2]茶會。晚召見陶、黃、沈[3]等談吳事，晚課。

1　黃少谷，湖南南縣人。1950 年 3 月，任行政院秘書長。1954 年 5 月，任行政院副院長。1958 年 7 月，調任行政院政務委員兼外交部部長。
2　史萊查克（John Slezak），時任美國陸軍部次長。
3　陶、黃、沈即陶希聖、黃少谷、沈昌煥。沈昌煥，字揆一，1950 年 3 月任中國國民黨中央宣傳部副部長，7 月起任中國國民黨改造委員會委員。1953 年 12 月，出任外交部政務次長。

三月五日　星期五　氣候：雨

雪恥：一、陸軍整編計畫與日期之決定。二、軍費預算優先者：甲、軍士制之建立。乙、補充兵之增加一萬名。三、41D 馬公亮[1]應升用或升學，駱效賓[2]步校處長升副師長。四、陸軍編組委員會之組織。五、在鄉軍人管制辦法催通過。六、宴主席團。

朝課後記事，處理公文。入府約見費拉克、徐謨[3]等八人畢。召集財經會談，研討軍費總預算案。午課後整理陸軍改編與人事調配，頗費心力。晡以雨未散步，考慮時局，美國對我政府已漸為反動攻訐而呈動搖之象也。讀唐詩，晚課後寢。

三月六日　星期六　氣候：雨　溫度：五八

雪恥：一、聯勤改制日期。二、陳納德[4]民航公司案應速解決。三、吳逆免職令詞，應以失職違紀、甘自暴棄或不知悔悟之語意輕鬆為宜，至其任職期內之失職非法行為，交付監察院依法辦理，如此則外人將不以為過。

朝課後記事，希聖來告，昨夜中常會正綱[5]等對提名副總統陪選人事別有用意，CC 派之舊病恐將復萌云。入府召見少谷，指示其對民航公司處理之方針

1　馬公亮，字月浪，浙江嵊縣人。1952 年 6 月，任第九軍第四十一師副師長，1954 年 7 月，任第四十一師師長，1958 年 2 月任第九軍副軍長。
2　駱效賓，1952 年 1 月任陸軍總司令部第一署副署長，後調任陸軍步兵學校教育處處長，1953 年 2 月免職，改調該校計畫研究處處長。
3　徐謨，字叔謨，1946 年，當選為聯合國國際法院法官，任職三年（至 1949 年）。1948 年在任職將滿三年之前一年又連選連任。
4　陳納德（Claire L. Chennault），曾任駐華美國陸軍第十四航空隊司令。1945 年 12 月，在上海與盛子瑾合股，開設「中美棉業公司」。1946 年 10 月與魏勞爾（Whiting Willauer）成立民航空運隊並參與經營，1950 年任董事長。
5　谷正綱，字叔常，貴州安順人。1954 年 1 月，出任國防部參謀次長，8 月改任亞洲自由國家聯合反共聯盟中國總會理事長。

畢，會客六人。召集軍事會談，研討軍事預算與陸軍整編方針，見麥唐納之
冒充計畫並越分失職行動，可惡之至。午課後考慮高級將領調職人選，及組
織陸軍整編委會事甚切。晚召見道藩等，讀唐詩，晚課。

上星期反省錄

一、史大林[1]死亡紀念日，毛、朱二匪皆未出席該會，其內訌之烈與毛酋垂斃
　　情報已可證實，吾甚望毛酋在二年內仍能存在，不致速斃，如其死得太
　　快，於我並無大益也。

二、莫洛托夫[2]在史魔死期前夕對美國又重加攻擊。

三、越南戰局雖無重大變化，但俄必全力引誘法國停戰撤兵、放棄越南，此
　　為下月日內瓦會議成敗之焦點，如法果與共匪停戰，則美國政策又加重
　　失敗。

四、英國預算其軍費為平時空前之支出，此為英國備戰之開始也。

五、吳逆國楨之懲治準備工作已開始，最後決心不能不定也。

六、高級將領職期調任之人選與決心，已盡數日之心力而漸定矣。

七、黨中對辭修提名以後，派系之觀念復萌，應加注重。

八、陸軍整編計畫以美軍顧問團作祟未能決定，而美援消息亦不佳也。

1　史達林（Joseph Stalin, 1878-1953），又譯史大林、斯大林，曾任蘇聯共產黨總書記、
　　部長會議主席。
2　莫洛托夫（Vyacheslav M. Molotov），蘇聯外交官，時任部長會議第一副主席、外交部
　　部長。

本星期預定工作課目

1. 吳國楨失職違紀應免職澈查。
2. 約主席團宴會（徐謨、徐叔〔淑〕希[1]在內）。
3. 陸軍整編案之督促。
4. 美對軍援之消極應設法改正。
5. 對李宗仁罷免案之研究。
6. 臨時條款問題之方針。

三月七日　星期日　氣候：雨　溫度：五六

雪恥：一、對李宗仁彈劾罷免案應設法取消或擱置，以其人格已經破產，其人已等於死亡，何必再有此案，以玷污憲政第一頁之歷史，徒使吾黨示人以不廣，而且如實行罷免對於反共抗俄之局勢毫無補益，故決心取消。但當此大會對李群情憤激之時，如要臨時撤消，勢所難能，只有以個人身份以去就力爭之精神，或可得大多數之諒解乎，本日以此案考慮為最苦，而能作最後之決定也。

朝課後記事，早膳後散步回，與至柔討論整編與人事問題，上午禮拜。正午記反省錄，午課後考慮李案畢，與儀甥車遊山上一匝回，入浴，讀詩。晚約亮疇、岳軍商定撤消罷免案辦法，晚課。

1　徐淑希，廣東饒平人。曾任燕京大學法學院院長及政治系主任。1942 年 6 月代理外交部亞西司司長。1945 年 3 月任外交部顧問、出席聯合國大會代表團顧問、副代表等職。1956 年 2 月任駐秘魯大使。

三月八日　星期一　氣候：雨

雪恥：一、本日下午情勢：吳逆國楨致國大函件，其內容完全以我父子為攻擊對象，而以黨費與軍隊、政工、救國青年團為其主要目標。函中且有「一人一家」等文句，而其致余個人之函只通知其有函致國大，要求余屬國大發表其信件，其意認余為操縱國大之獨裁集權者也，其含義之狡滑悖謬，實為重〔從〕來所未見，痛心極矣。

今晨四時後起床，為夫人抄擬三八婦女節文告，至八時前方畢。朝課如常，召見孟緝，十時後到研究院主持開學典禮，讀訓後對國大代表黨員指示與訓誡，語多憤激，戒之，記事。午課後批閱，讀詩，召見常委商討李案後，再商吳函處理辦法。晚宴子安夫婦餞行也。晚課後寢，不能安眠。

三月九日　星期二　氣候：陰

雪恥：一、李案與吳案之提出程序，應注重李案未決以前不可報告吳案。二、吳案之宣傳綱要及其重點對外重於對內。三、吳案進行之程序莫亂：甲、國大決議譴責後。乙、立法院繼續質詢條目之發表。丙、發表免職查辦案。丁、任職內各案移交監察院。戊、人證之準備。己、開除黨籍。

昨夜只沉眠二小時，今晨七時前起床朝課，見曉峯對吳函國大主席團處理方針之報告。十時前入府與子安夫妻及令儀照相，辦公，召見人鳳後，召集一般會談。正午宴國大主席團，午課後召集黨員大會，指示對李案之罷免應作最後慎鄭〔重〕之考慮，眾皆要求罷免。晚再討論對吳案之方針。

三月十日　星期三　氣候：陰晴

雪恥：昨夜事畢，散步、讀詩後，晚課畢，廿一時半寢。

昨夜睡眠甚安，今晨六時後起床朝課，記事。召集希聖等對外宣傳人員，以幹部宣傳無方且無鬥爭精神，形同沉迷，言之憤慨，又發忿怒，戒之。指示其最近宣傳方針與步驟，並與蘭友談國大主席團對吳函之處理方針後，入府辦公。召見少谷、至柔與鴻鈞，分別指示要務後，批閱，或見合眾社報導吳逆在美聲言，有極重要人物代表總統名義邀其任府秘書長，而彼不就云。此當係指夫人致其之函，但夫人並未有代表總統名義之詞，純係彼所捏造，始擬由夫人聲明此意，繼思如此一聲明，則反提高其宣傳價值，適中其奸計，故不置理，可知吳逆用心之險惡，人心之叵測如此，殊令人心寒也。

本日國大出席一四八一人，以一四○三票通過李宗仁副總統罷免案，反對者四○票，餘為廢票。

三月十一日　星期四　氣候：陰晴

雪恥：昨午課後批閱，入府約見梅貽琦[1]先生，彼為清華大學校長，特由美趕來參加國大也，相談一小時，回寓，入浴。晚約洪、張、黃[2]等報告其本日國大及宣傳情形畢，散步，讀詩，廿二時前寢。

朝課後閱報，記事。入府見人鳳報告其與任顯羣談話經過，任願製造吳逆貪污案將功贖罪，余認為不可，必須令其將拋售黃金與外匯部門，將吳有關舞弊者從實呈報（並以三日為限），觀其究竟如何。召見查良鑑後，召集宣傳會談畢，道藩將臺民對吳貪污證件多種呈閱，吳逆奸詐貪劣如此，殊非所料

1　梅貽琦，字月涵，天津市人。1953 年任教育部在美文化事業顧問委員會主任委員。
　　1955 年返臺，在新竹恢復清華大學，並籌辦清華原子科學研究所。
2　洪、張、黃即洪蘭友、張道藩、黃少谷。

也。午課後審閱緯兒長函，召見宏濤[1]、人鳳後，散步，入浴，讀詩。晚見唐縱[2]、少谷等，晚課。

三月十二日　星期五　氣候：陰晴

雪恥：一、對吳逆傳單六條，應否由中央社類集各代表指摘舉條駁斥，以代間接答覆？二、對吳逆免職令應在國大對吳案決議後行之，不可太遲。

昨日國大大會對主席團處理吳案「一面嚴詞痛斥，一面不予受理」加以一致通過，各代表並發言痛斥，並提案要求政府對該逆免職查辦，此一表示已予該逆陰險狡詐之毒計，加以致命之打擊矣。

本日朝課，記事。往中山橋圓山麓兒童公園植樹，以紀念總理[3]逝世也。入府辦公，召見韓國李範寧[4]等後，情報會談畢，與人鳳、道藩分別談話。午課後批閱。晚宴常委，研究對黨外競選人員之方針，以本日立院對選舉法修正後，無人競選亦可，最後決心仍邀民、青兩黨及莫德惠等參加競選，以示開誠合作也。

1　周宏濤，浙江奉化人。1952 年 10 月專任中國國民黨中央委員會副秘書長。1958 年 3 月，出任財政部政務次長。
2　唐縱，字乃建，湖南鄺縣人。1952 年 10 月，出任中國國民黨中央委員會第一組主任。1957 年 8 月，調任臺灣省政府秘書長。
3　孫中山（1866-1925），名文，字逸仙，化名中山樵，廣東香山人。曾任中華民國臨時大總統，中國國民黨總理。
4　李範寧，時任大韓民國執政黨自由黨最高委員會委員暨監察部部長，本年 3 月率韓國友好訪問團來臺訪問，拜會蔣中正總統，就中韓兩國共同合作，組織亞洲反共聯合戰線問題，有所討論。6 月 15 日，亞洲人民反共聯盟（Asian Peoples' Anti-Communist League）在韓國鎮海正式成立。

三月十三日　星期六　氣候：雨

雪恥：昨夜會談後，晚課畢就寢，又不能安眠，至今晨二時前，方昏沉睡着也。朝課後記事，入府辦公，召見前警察局長（上海）俞叔平[1]，查問吳逆在滬謊報戶口配米至卅萬口之多，果有其事，此逆污劣至此，誠非所料也。召集軍事會談，聽取陸軍部隊整編計畫草案之報告後，令即限期研究（組織小組），並表示職期調任延至七月為定例之意，使之安心整編也。正午公超報告其昨日與美方商討整編陸軍廿四師總數之提議無結果，以美只肯廿一師也，故彼擬致函雷德福[2]直商或較易為力也。午課後見曉峯、少谷，談民社黨徐傅霖、石志泉[3]，無黨派人士莫德惠、王雲五皆願參加競選為慰。晡獨自車遊淡水解悶，回入浴。晚餐後妻病較昨為劇，全為吳逆國楨卑劣手段所激刺也。昨〔晚〕課後，廿一時寢。

上星期反省錄

一、本周為吳逆叛亂案所困惑，自感修養不足，明知其奸謀不能損減我毫末或且反於我有助，而心神仍受刺激不安，何耶。

二、對國大黨員大會訓示能心平氣和，感動聽眾，於是本周大會重要各案皆能有計畫、有秩序的順利通過，惟此一點，可知黨員對黨之組織與紀律皆能遵守，大有進步為慰。

1　俞叔平，1945 年抗戰勝利後，任上海市警察局副局長，1947 年 7 月代理局長，旋任局長。1950 年任司法行政部政務次長兼刑事司司長。1951 年任臺灣大學法律研究所教授。

2　雷德福（Arthur W. Radford），曾任美國海軍太平洋艦隊司令，時任參謀首長聯席會議主席。

3　石志泉，名美瑜，字友漁，又號友儒，湖北孝感人。石鳳翔胞兄。1950 年 5 月，獲聘為總統府資政。1954 年，由民社黨提名為副總統候選人。

三、對吳逆向國大惡劣宣傳之六項條目，任令國大公開印發，對李罷免案主張無記名投票之處理皆收重大效果。可知開誠布公，不懼毀謗是政治惟一之要務也。

四、本周實為六年來政治最大關係之一周，今幸如天之福，竟皆順利完成。過此一關，政治乃可開創新局矣，慎之。

五、陸軍整編廿四個師案，美方尚未同意為苦，但必堅持到底，務期達成目的也，忍之。

本星期預定工作課目

1. 臺民反對吳逆之表示。

2. 行政院改組人選。

3. 職期調任改期，以一月、七月為定例。

4. 整編小組之組成。

5. 整編計畫與實施日期。

6. 府秘書長人選。

7. 吳逆免職查辦令。

8. 邀約黨外人士競選。

9. 實踐學社候補人選召見。

10. 選舉之準備工作。

11. 吳案進行之程序。

三月十四日　星期日　氣候：雨

雪恥：一、道藩對吳案步驟之紛亂，應屬休養，該案移轉於第二小組辦理。二、吳案只有林班舞弊案澈究為主。三、陳儀[1] 屬任顯羣運動吳逆投匪之事實應查究（張士德（克明〔敏〕）[2]、賴森林[3]、李好生[4] 之線索）與（葉一明[5] 交羅志希[6] 證據之根究）。

朝課後記事，記本周工作預定表。十時約見莫德惠、王雲五，邀其出而競選總統、副總統，並由我黨代為協助其競選手續，彼等樂從，此亦將為行憲史上一特殊經歷也。禮拜，記上周反省錄。午課後閱工商日報評吳社論後，與儀甥車遊淡水。晚約道藩來談其所接洽諸事，殊為憂慮。唐縱來談莫、王競選簽署手續辦完後，決意聲明放棄，以便選舉減少程序云。晚課後廿二時前寢。

1　陳儀（1883-1950），字公俠，後改字公洽，自號退素，浙江紹興人。曾任福建省政府主席、國防最高委員會中央設計局臺灣調查委員會主任委員。1945 年 8 月任臺灣省行政長官，後兼臺灣省警備總司令部總司令，任內發生二二八事件。1948 年 6 月調任浙江省政府主席，1949 年 2 月被免職，1950 年 6 月 18 日以匪諜案在臺槍決。

2　張士德，又名克敏，臺灣臺中人。臺灣義勇總隊副隊長，1945 年 9 月 1 日隨美軍空地救援組抵達臺灣，奉李友邦之命組織三民主義青年團中央直屬臺灣區團部。

3　賴森林，1950 年被推為臺灣區煤礦同業公會理事長，歷任臺灣紙業公司董事長、互益煤礦公司董事長等職。1951 年至 1969 年任臺灣省臨時省議會議員及省議會議員。

4　李好生，1945 年臺灣光復後，任第一屆淡水鎮鎮民代表會主席。1955 年任臺灣省木材工業同業公會理事長。

5　葉一明，湖北漢口人。1954 年 8 月任臺北市政府秘書兼代公共汽車管理處處長，旋即被高玉樹市長控偽造文書、瀆職，至 1957 年 3 月始被判無罪定案。

6　羅家倫，字志希，1952 年 4 月任考試院副院長，1954 年 8 月離任。1952 年 10 月出任中國國民黨中央委員會黨史編纂委員會主任委員。

三月十五日　星期一　氣候：陰雨

雪恥：一、吳逆案中以賴長〔常〕生[1]金融案與賴森林之林班案為可根究之事，其餘皆不值重視。二、國大閉幕詞之要旨。

昨夜又失眠，服藥亦無效，今晨朝課如常，記事畢，分別約見李壽雍[2]、周宏濤、彭孟緝、毛人鳳等，皆無重要證據發現，而道藩昨夜談話情形更令人擔憂，以其神經變態也。上午會客後，在園圃散步消遣，忽報吳逆在美開記者招待會，發表謊謬言論，其目的在希望准其次子[3]出國，故詆政府以其子為人質，其他皆為詆毀我父子之事，余認為此乃其最後目的，而且皆為其私事，故可置之不理也。午課後與儀甥車遊後，獨在園圃散步，入浴。經國全家為妻作暖壽也。

三月十六日　星期二　氣候：陰

雪恥：昨夜在臺親屬胞嫂與芝珊、友冰、薇美、華秀[4]等，皆參加媛〔暖〕壽宴會也。廿一時後就寢，以妻不適，余亦疲倦，惟家人皆觀影劇。

今晨朝課，記事，對吳案處理方針決依原定主旨進行，自國大對吳函斥責而不予受理後，此為第一段落處理，皆無錯誤，亦對吳最大之打擊。自此即應依照法律處理之階段，而不與其個人作枝節之辯解，亦不必計一日之長短，

1　賴常生，時為臺北市銀樓公會理事長。
2　李壽雍，字震東，1948 年 6 月至 1949 年 5 月任暨南大學校長。1950 年 11 月至 1952 年 10 月任中國國民黨中央改造委員會設計委員會委員。1961 年 3 月至 1971 年 7 月任考試院考選部部長。
3　吳國楨次子吳修潢。
4　竺芝珊、竺友冰、孫薇美、蔣華秀。竺芝珊，浙江奉化人。蔣中正胞妹瑞蓮之夫婿。1945 年代理農民銀行董事長，1954 年真除。竺友冰，浙江奉化人。蔣中正胞妹瑞蓮之孫女，其父竺培風為空軍飛行員，1948 年 1 月執行空運任務，因飛機機械故障墜毀殉職。孫薇美，浙江奉化蕭王廟孫益甫次女，嫁蔣中正長兄蔣介卿之子蔣國炳為妻，有一子四女，分別是子蔣孝倫，女蔣靜娟、蔣志倫、蔣環倫、蔣明倫。

故非萬不得已，皆應置之不理，更不必以美國之輿論與心理為轉移也。上午入府召見十員，召集一般會談，指示對吳案方針，以彼逆目的在准其次子赴美，此乃違法之事，為其私人之子而不恤毀壞政府，亦不顧其父母安危，乃竟出此叛黨賣國之所為，此誠妄人也，余復何言。午課後批閱畢，散步時人鳳來報，賴長〔常〕生親供吳逆拋金舞弊之實情，殊堪痛憤。

三月十七日　星期三　氣候：陰晴

雪恥：昨夜約辭修夫婦[1]與美國醫生等宴會祝妻之壽，妻病今日較佳為慰，晚課寢。

朝課後記事，九時到保密局，為戴雨農[2]與該局先烈紀念節主持典禮畢，到中央常會通過吳逆開除黨藉〔籍〕案，余以用人不當，知人不明深自引咎，並將吳逆致國大函件內指摘政府各點交付專案研究，以資本黨反省改正，乃不可以人非言，置之不顧，此實為本黨之一打擊，亦正為本黨之一教訓也，而吳逆狂妄荒唐實為汪精衛[3]所不及，其居心奸詐叵測，蓄意叛黨賣國至此，實亦為夢想所不及，天下竟有如此人猿耶。午課後召見孟緝，報告賴森林為吳逆貪污之自首案，又見顧毓綉〔琇〕[4]相談半小時。晚見少谷、靜芝[5]，發吳逆免職查辦令，晚課。

1　辭修夫婦即陳誠、譚祥夫婦。譚祥，字曼意，湖南茶陵人，譚延闓之女。1932 年元旦與陳誠結婚。來臺後協助宋美齡管理婦聯會，致力於婦女運動與救濟事業。
2　戴笠（1897-1946），原名春風，字雨農，浙江江山人。歷任軍事委員會調查統計局處長及副局長、中美特種技術合作所主任。1946 年 3 月 17 日墜機身亡。
3　汪兆銘（1883-1944），字季新，筆名精衛。同盟會員，歷任國民政府常務委員會主席、軍事委員會主席、行政院院長、國防最高會議副主席、中國國民黨副總裁等要職。抗戰期間出掌日本在南京組織之「中華民國國民政府」，被視為漢奸。
4　顧毓琇，字一樵，1950 年移居美國，歷任麻省理工學院客座正教授，賓夕法尼亞大學教授、榮譽教授。1959 年榮獲中央研究院第三屆（數理科學組）院士頭銜。
5　許靜芝，曾任總統府第一局局長兼典璽官、總統府副秘書長等職。時為總統府秘書長。

三月十八日　星期四　氣候：晴

雪恥：本日美國各報多同情於吳逆，此乃美國輿情幼稚，不顧事實與後果之故，不足為異。尤其是一向反華之華盛頓郵報、基督科學箴言報與巴爾的摩太陽報，皆著社評，隨聲附吳以攻訐我政府，惟紐約幾大報與霍華德系報尚未著評，但形勢亦於我不利也。此事只有鎮靜沉着，不為其一時利害所動，以籌備最後之一擊，以根本對於我為無害，而且美國政府並未受此影響。共和黨之援華政策堅定，此乃我對美外交基礎之所在，區區吳逆小子，何能動搖我於萬一也。並悉麥克阿瑟今日與共和黨領袖在白宮會談，余信其必為對華政策之有所決定也。

本日朝課，記事。入府召見十二員，批閱要公。午課後手擬組織調查委員會令稿，以眾不贊成而止。

三月十九日　星期五　氣候：晴

雪恥：昨晡與妻車遊淡水，其精神已漸復元為快。晚與少谷談話，彼何不知緩急輕重至此，可知吾黨人才之缺乏也。散步，讀詩，晚課。

昨夜睡眠已入正常矣。今晨朝課後記事，召見少谷與孟緝，指示其對吳案之積極進行，應以此工作為第一之第一也。入府辦公，召見石志泉等七人，批閱要公，接閱紐約時報對吳案之社論，取中立態度，惟其認吳為美國所尊敬之人可歎。吳逆叛國至此，尚以為可敬之人，足見美國人之心理不問虛實是非，而只論情感與成見也。午課後指示吳案進行辦法，閱「俄國軍事思想」開始。妻病昨夜復發，至今為甚，苦痛已極，憂悶無已。晚見唐縱、少谷，吳案大體已定矣。散步，晚課。

三月二十日　星期六　氣候：陰

雪恥：一、對史米斯[1]參議員之言行。二、共和黨之態度間接表示。三、霍華德之轉移。四、顯光[2]之商洽。五、對美宣傳之布置。六、間接之警告吳逆。朝課後記事，九時半到國民大會投選舉徐傅霖為總統票畢，入府辦公。會客後，召集軍事會談，聽取五五軍援計畫與顧問團對案之報告，顧問有設立三軍聯合指揮部之建議，應加研究。午課後閱董著之傳略，多有不妥，但已登載於中國一周之中矣。與令傑商討對美進行之計畫，彼對吳案力主忍耐作罷，以免影響對美外交，以外人對政府處治失意政客，總認為政府依勢欺人，雖其有貪污不法之確證，亦多不注意也。晚唐縱報告選舉情形，余得一三八七票，徐得一七二票，與預計不遠也。晚課後廿一時寢。

上星期反省錄

一、吳逆致國大毀謗函件發表後，全體代表皆一致摒棄，認為深惡痛絕，公決不予接受，最初以其全文不主張發表者，余認為應予發表，否則吳更以此為政府之謎，而反加其攻訐之口實矣。

二、吳逆以其對國大之控訴被斥，乃在美招待記者，指摘政府為極權，所有司法機關皆受政府控制，並稱其子在臺已作為人質，以期煽動美國朝野斷絕對華之援助，而且多有報章被其煽動，而同情彼逆矣。

三、搜集吳逆在任時違法瀆職之事，人證雖有而物證甚少，此誠一大奸慝，但其同謀人手多在臺灣，而吳逆亦無所逃其罪也。

1　史密斯（H. Alexander Smith），又譯史米斯、史米思，美國共和黨人，1944 年 12 月至 1959 年 1 月為參議員（紐澤西州選出）。

2　董顯光，浙江寧波人。1952 年 8 月，出任戰後首任駐日大使。1956 年 4 月，出任駐美大使。

四、吾黨幹部能幹者實不多見，還是情報人員人鳳與孟緝比較最為得力，而
　　道藩與希聖且神經過敏，茫無所從，徒令人在憂患中更增愁悶，可歎，
　　但其熱心與精誠殊可感耳。

五、二十日第一場選舉總統特讓徐傅霖百票，以鼓勵其競選之勇氣，以預定
　　第一場不當選，故當日未能選出也。

本星期預定工作課目

1. 服務與犧牲的精神之提倡。

三月二十一日　　星期日　　氣候：陰

雪恥：一、運用經援的提快方法。二、購日肥料改為木料之款項。

朝課記事後，散步回。與令傑談促成軍援之「開」計畫[1]方法，彼甚贊成雷州
半島之腹案，又談吳逆處理案方針暫置不理，其所有不法貪污之事實證件與
司法手續先行準備完成，亦暫不發動，以待其今後反響如何，再定行動之時
期，但對美宣傳仍須積極布置也。禮拜如常。午宴胡適之、于斌等代表。午
課後與傑甥車遊烏來，參觀發電廠，廠內無值日人員，可知各工廠之管理不
實也。晚與儀、傑諸甥及妻談笑為樂，使妻能忘其皮膚病之痛苦也。晚課，
九時寢。

1　1953 年 12 月蔣中正向雷德福提出一項名為「開」的特別軍援計劃，尋求美方支援。
　　希望在 1958 年美方協助裝備、訓練與擴編六十個師的國軍地面部隊，作為反攻華南地
　　區的戰略部隊。

三月二十二日　星期一　氣候：上雨　下晴

雪恥：本日國民大會第二次選舉總統，以一千五百○七票當選，而徐傅霖亦得四十八票。上午大雨，全體代表只有二人未出席，其一為余本人，另一為產婦不能出席，其他一千五百七十六人皆冒雨出席，其中多有從醫院中擔架到會者，踴躍如此，殊為可感。惟其有空白票十六，據報係桂系所為，可痛。自十二時後宣布當選以後，滿城爆竹與鑼鼓之聲，喧鬧至夜九時仍不絕耳，令人厭煩，為吳逆無恥無賴之言行所紛擾，而妻病益劇，更覺沉悶無聊。

朝課後與傑甥談話畢。入府辦公，會客，批閱。午課前後見來賀者，又不能不應酬為苦。與傑甥車遊淡水，談吳事處置方針，彼恐影響美援為慮，余以為應作最後之準備也。晚課，廿一時寢，又失眠矣。

三月二十三日　星期二　氣候：晴

雪恥：一、國大閉會詞之修正。二、對吳逆之子設法保護。三、約會國大重要代表。

昨夜失眠，今晨仍六時起床，朝課畢。聞妻睡中雖醒時亦全體驚跳，在床上按之果然，此乃其連夜失眠，又為吳逆不斷刺激所致，乃急召西醫來診，務使能安靜不驚也。與傑甥談對美宣傳指示方針，並函少川[1]負責進行。上午入府辦公，會客，批閱後召集宣傳會談，又接吳逆恫嚇要脅無賴之消息，忍之不理。道藩神經不正，言行無緒，更令人傷悲本黨之無才也。午課後記事畢，陪妻車遊山上一匝，冀其精神能有安息也。晚宴美（卜瑞史可[2]）。晚課，廿二時寢，仍失眠也。

1　顧維鈞，字少川，1946 年 6 月擔任駐美大使，1956 年 4 月辭職獲准，轉任總統府資政。
2　卜瑞史可（Robert P. Briscoe），美國海軍將領，曾任第七艦隊司令，遠東海軍部隊司令，時任海軍軍令部次長。

三月二十四日　星期三　氣候：晴

雪恥：一、國大閉會詞要旨：甲、國大成就的偉大。乙、選舉公正民主與民主基礎在自由平等。丙、大陸人民水火與共俄殘暴，應從速滅共驅俄，復國救民。丁、憲法的寶貴與實現民主與自由的解釋，以及共匪所謂民主自由不僅不能理會，而且應一致排斥的，不過對於人民，任何不自由、不民主的控置〔制〕，我們應該接受與反省自責改過，決不延宕躊躇不前的。戊、反攻復國，建立民主的責任。

昨夜只在三時後沉眠二小時餘即醒，今晨按時朝課，記事如常，自覺精神亦並未因失眠而不振之象。入府辦公，召見八員後批閱。與少谷、孟緝談吳事。十一時回寓，陪妻車遊山上，妻病漸癒為慰。午課後到黨員（國代）大會茶點，致詞回，與妻車遊淡水。晚見曉峯、少谷後晚課畢。晚餐後散步，服藥，廿二時就寢，熟睡七小時餘。

三月二十五日　星期四　氣候：晴

雪恥：一、吳逆在美反宣傳，實自卅三年以來共匪毒竦〔辣〕反宣傳後之最猛烈之一次，如其美政府對我政策不能堅定，則必重蹈過去失敗之覆輒〔轍〕，初未料吳逆為其個人對美之準備工作，有如此深厚與廣泛也，廿年以來任其作漢口、重慶與上海各市市長，乃皆為其個人政治野心奠定其如此基礎，此實為今日罕有之大奸巨憝，幸於去年准其辭去，而暴露其今日叛亂之陰謀，不能謂非不幸中之大幸也。

朝課後即命秦秘書[1]草擬講稿，口授要旨四項後散步，記事。十時到國大致閉會詞講演二十分鐘，自覺稱意也。回寓修正講稿至十四時方畢。午課後重修

1　秦孝儀，字心波，湖南衡山人。1950 年 3 月，任總統府秘書。1954 年 8 月，任中國國民黨中央委員會第四組副主任。

第二次講稿後，到中山堂酒會，秩序紛亂，只有草草了事，以新聞記者與幼稚代表之表情過於迫切也。

聞緯兒在美開割冒〔盲〕腸炎甚念，惟據報經過情形良好也。

三月二十六日　星期五　氣候：晴

雪恥：昨晡回寓與妻散步後，車遊山上一匝。餐後散步，晚課，入浴畢，廿二時寢。

朝課後記事，自讀報中閉幕詞，甚為自慰，此乃臨時之心靈所發，雖有充分準備者亦非所及也。入府辦公，會梁鴻楷[1]等國代八人後，召集財經會談討論改變外匯率問題，其提高比率甚少，認為無大危險，故原則照准，惟近日臺幣發行數增高，若不再改變匯率抵補不足之預算，則通貨澎漲〔膨脹〕又來矣。正午約青年與民社二黨各八人聚餐。午課後到中山堂，約華僑國代茶點。晡與妻散步車遊回。膳後獨自散步，讀詩。晚課，廿二時寢。

三月二十七日　星期六　氣候：晴

雪恥：一、復傑電，凡於法律有關問題，不可對吳逆遷就。二、青年節告書之修正。

朝課後記事，入府辦公，會客，召見調職人員，召集軍事會談，決定整編部隊與番號以及軍團司令名稱，對於第卅二師警衛部隊成績之不良，殊出意外。午課後記上周反省錄畢，與妻車遊山上一匝，對於草山公園外販攤之雜亂無

1　梁鴻楷（1887-1954），字景雲，廣東新興人。1947年參加國民大會代表競選，1949年往香港。1953年轉赴臺灣，遞補為國民大會代表。

狀,甚歎國人之無現代生活也,奈何。入浴,殲甲,膳之前後各散步一匝,接令傑與少川各電,皆報吳逆事,美友漸多覺悟吳逆之反動不法矣,晚課。

上星期反省錄

一、國大選舉總統、副總統後如期閉幕,此次大會比較順利,黨的指導有效,黨員能守紀盡職者為絕大多數,雖有少數分子與桂系反動者(共計不超過五十人)仍有倒〔搗〕亂行動,但其不能發生影響,此為本黨改組成功之效果也,四年辛勤並非枉然。

二、吳逆國楨在美反動邪惡之反宣傳,幾乎與國大會期相終始,在此期間妻受刺激最深,故其病加重,因之余亦受其不少之影響,但仍能努力奮鬥,始則國大對吳函之痛斥並不予受理,繼則余在閉幕詞作間接之制裁,使其奸計終難得逞。而此次閉幕詞之隨口演說毫不費力,竟博得全體之異口同贊,實為重大之成功也。

三、令傑來臺正在吳逆反動期間,協助解決問題不少,而對於明年度之美援計畫之進行策劃尤多,其後必補益更大也。

本星期預定工作課目

1. 軍團司令人選與發表期。
2. 第卅二師之裁併與進入基地。
3. 實踐學社學員之決定。
4. 約見適之、野聲、舜生。
5. 海軍修艦費與軍校改制費。
6. 對吳案之方鍼。

7. 行政院部改組之人選。

8. 聯合指揮機構與戰略研究會。

9. 三軍總部改制案之研究。

10. 科學與工業人才之選任。

11. 府秘長與副院長之人選。

12. 開計畫與美援之督導。

三月二十八日　星期日　氣候：上晴　下陰昏

雪恥：一、見吳文芝[1]與袁守謙[2]、許靜芝。二、至柔與立人之工作。三、軍長四員之裁撤。四、師部四個之裁撤的番號。

朝課後遊覽園圃，訪鳥問魚為樂。經兒來見，談劉峙[3]與龔德柏[4]事。膳後記事，記下周工作表。召見嚴[5]部長詢預算情形畢，禮拜如常。午課後修正青年節告書，等於另著。見美空軍部次長魯易士[6]等茶會。晡與妻車遊後，續修告書，至廿一時半方完。膳後晚課，廿二時寢。

1　吳文芝，四川宜漢人。1952 年 7 月，任陸軍指揮參謀學校教育長。1953 年 4 月，任第三軍第三十二師師長。

2　袁守謙，字企止，湖南長沙人。1950 年至 1954 年任國防部政務次長、代理部長，兼中國國民黨中央改造委員會委員、第五組主任。

3　劉峙，字經扶，江西吉安人。曾任第一戰區第二集團軍司令、徐州剿匪總司令等職，戰敗遭撤職赴香港、印尼，1953 年獲准來臺。1954 年 1 月，出任總統府戰略顧問委員。

4　龔德柏，從事新聞工作，以潑辣的作風針刺時弊、鞭撻權貴。1950 年 3 月 9 日遭政府軟禁，直到 1957 年 2 月 18 日方獲保釋。即遞補國大代表、光復大陸設計研究委員會委員。

5　嚴即嚴家淦。

6　魯易士（Oliver W. Lewis），美國空軍將領，1953 年 7 月任空軍發展事務副參謀長。

三月二十九日　星期一　氣候：雨

雪恥：一、美國會周以德[1]之東南亞調查團報告書之適時發表，以及其個人對吳逆之批評，乃與逆徒以當頭之打擊，對我之助力不小也。二、愛克派員來臺視察之計畫如能實現，則開計畫之成功乃有把握矣。三、中美互助協定之督促。

朝課後續修青年告書後，聽報。十時到忠烈祠主持革命先烈春祭典禮後，到三軍球場，對青年反共救國團致訓畢。入府與至柔討論陸軍整編計畫與人事，及與少谷討論吳案進行方針畢，回寓記事。午課後記上周反省錄，批閱文件，審核實踐學社第二期學員人選，決定展期開學，以待五月間整編時到選優秀將領也。晚召見孟緝後晚課，廿一時半寢。

三月三十日　星期二　氣候：陰

雪恥：一、鄭[2]對華僑組織制奸。二、經聯系合眾社。三、何浩若稿之審編。四、波多博[3]之招待與贈相。五、約見陳納得〔德〕。

朝課後記事，入府辦公，召見公超，談民航隊與陳納得〔德〕對兩航公司欠款案之交涉情形後，召見六員。召集一般會談，商談吳案注意之點。正午回寓，遊覽園圃，散步消遣。午課後約波多茶點，與于斌談話後，入浴。膳後散步半小時後，讀詩。晚課，廿一時半寢。

1　周以德（Walter H. Judd），美國共和黨人，1943 年 1 月至 1963 年 1 月為眾議員（明尼蘇達州選出）。

2　鄭彥棻，1949 年 1 月代理中國國民黨中央執行委員會秘書長，1950 年 8 月出任中國國民黨中央改造委員。1952 年 10 月起，任中國國民黨中央委員會第三組主任。

3　波多博，日華文化協會理事。

三月三十一日　星期三　氣候：陰

雪恥：一、美國務卿杜勒斯昨廿九晚，在紐約發表對未來日內瓦會議決不對俄共遷就出賣友邦之演說，是為其就任以來，反共最明瞭之第一篇文字，但其行動與事實如何，尚待證明。二、美國防部長宣布五月間訪問遠東，其內容乃必專為擴大我軍援與研討我開字計畫而來，令傑謀劃已生重大效力，惟結果如何仍須作保留態度，不能過分樂觀，但其國務卿與國防部長之言行同一日發表此息消，其對華意義當非偶然乃可斷言。

朝課記事後，到中常會畢。入府召集五院長商談總預算案，通過後即提立法院。午課後見左舜生。晚約適之單獨聚餐談話後，晚課。入浴，廿二時寢。

上月反省錄

一、美日共同安全協定在八日正式簽訂。

二、綏遠省名義由朱毛偽組織命令撤消，畫歸於內蒙自治區，此為俄寇蠶食與共匪零賣國土之伎倆也。

三、美國新貌軍事計畫立即報復主義（杜勒斯）與亞洲志願軍團（麥帥）之建議。

四、毛匪在其所謂憲法草案會（十八日）出現，可知最近尚能支持不致速斃，吾且望其能苟延一、二年，以待吾軍之反攻實施之時也。

五、美國在太平洋上一日與廿六日兩次試放氫彈。

六、越南鎮（奠）邊府攻守爭奪戰正在進行中。

七、英國國防預算為十六億餘萬鎊，實為其平時最大之國防預算，此乃第三次大戰接近之兆乎。

八、莫洛托夫在史魔忌辰（四日）對美發表攻擊性之宣傳，杜勒斯在紐約（廿九日）闡明其對下月日內瓦會議之決心，作澈底性對俄共之攻擊，可說其就國務卿以來，對中共不承認政策最明朗之演詞，美、俄雙方之態度露骨，已無保留預地矣。

九、美國下院遠東調查報告及周以德對吳國楨之評擊，以及杜勒斯之聲明，皆在吳逆反動宣傳於我不利之局勢中，前後相繼發表，此實對我最大之協助也，吳逆狂吠與奸計其將休乎。

十、令傑此來實於美援之成敗關係最大，而美國防部長聲明東來，乃益增強其信心矣。

十一、國民大會如期如計的圓滿閉幕，各次選舉皆用最民主之方式實施，尤其在會期中對李宗仁之罷免，對吳逆之斥毒〔責〕以及臨時條款之繼續，亦皆依民主程序進行，達成目的。此實為五年來對黨、對國苦心與毅力之效驗，能不感謝上帝佑華之恩德乎。

十二、在國大期中政治與黨務忙碌之中，加之吳逆乘機狂吠猛攻之際，而對於整軍計畫與人事之設計，仍能積極進行，甚覺自慰，但妻病時發，未免受到影響耳。

四月

蔣中正日記
Chiang Kai-shek Diaries

民國四十三年四月

本月大事預定表

1. 陸軍整編計畫之督導。

2. 軍團正副司令之發表。

3. 各軍、各師人事之研究與裁撤之部隊。

4. 海軍與聯總人事之研究。

5. 國防大學指派學員之研究。

6. 實踐學社學員之研究。

7. 新政院組織與人事之政策：甲、黨內。乙、黨外。丙、司法改革與陪審制度。

8. 總政治部與大陸工作處之人事。

9. 省政府主席與副院長之人選。

10. 財政、經濟、交通、內政、教育、司法。

11. 中央信託局長之人選、招商局長。

12. 府秘書長人選、參軍長、國防大學長。

13. 本年工作與總目標之研究。

14. 去年工作總反省錄。

15. 對美援開字計畫之進行與策劃。

16. 美國防部長來訪之準備。

17. 海軍登陸演習。

18. 日內瓦會議之研究。

19. 越南局勢變化之準備。

20. 杜勒斯所稱共同行動之意義如何。

21. 對吳逆法律案之進行。

22. 中美互助協定之督促。

四月一日　星期四　氣候：晴

雪恥：一、美芝嘉谷論壇報[1]今日社論為吳逆辯護，並反對美國援華最為邪惡攻勢之一次，此報主人本為吳逆之乾父，對吳反宣傳自然中毒最深，但其至現在此案尾聲時始發此社論，何耶，豈其果為作壓臺戲之預有定謀乎。二、俄國要求參加大西洋聯防公約，共產無賴與無恥至此乎。

朝課後記事，九時半入府召見陳納得〔德〕，面戒其過去航空公司失信不實之所為並慰之。召見十員後批示。正午宴國大辦事得力人員，加以慰勉。午課後看適之四十自述，頗有趣味。晡遊覽園圃，訪魚問鳥為樂。妻病又作矣，奈何。晚膳後散步半小時，晚課畢，廿二時寢。

今日為夏令時間，提早一小時。

四月二日　星期五　氣候：晴

雪恥：一、土耳其與巴基斯坦互助性的協定，已於本日在喀勒蚩簽訂。二、埃及政變相持二月之久，至今尚未解決，誠為怪事。

朝課後記事，十時入府，見少谷聽取其對吳案研究之報告後，指示要旨。召集情報會談，辭修初次參加，似甚有益。對法越軍在奠（鎮）邊府之防衛戰，

---

1 《芝加哥論壇報》（*Chicago Tribune*），由凱利（James Kelly）、惠勒（John E. Wheeler）、福里斯特（Joseph K. C. Forrest）創辦。

認為徒勞無益，將必為越共所攻陷，美、法主觀作用，對我十年剿匪作戰之經驗毫不之顧也，可痛。午課後召見國華[1]與少谷後，乃與妻飛屏東轉高雄，空氣晴朗，於妻養病較宜也。妻病昨夜起轉劇，晝夜皆難安眠也。晚膳前後各散步一次，晚課後廿二時寢。

四月三日　星期六　氣候：晴

雪恥：一、越南奠邊府攻防戰已達到頂點，法越軍已入混亂狀態，決不能持久固守，其失陷乃為時間問題而已。如果奠邊府失陷，俄共在亞洲又轉入優勢，美國更陷於困境，其對我之為利為害，尚不可逆料也。

朝課後散步，膳後記事，閱報，閱阿索浦[2]遠東視察報告，誇張共匪實力對美國已失去均勢之意，以警告其美國也。午課後批閱，審閱去年日記之預定工作表，甚覺有益。晡與妻在海濱散步，妻病仍不斷續發，苦不能安眠也。膳後散步三刻時，晚課，入浴，廿二時半寢。

上星期反省錄

一、越南奠（鎮）邊府爭奪戰已入於最後階段，默察戰況與地形，法越如欲固守此一懸隔基地三百哩以上之孤城，而又無有力軍隊打通陸上接濟之道路，則其失陷僅為時間問題，惟此戰實為美國在東亞戰略與政略之生死關頭，似乎不能不下決心之時乎？未知其果將何策，以持其後矣。

1　俞國華，浙江奉化人。1951 年 1 月，任國際貨幣基金會副執行董事。1955 年自美返國，出任中央信託局局長。
2　阿索伯（Joseph W. Alsop V），又譯艾沙普、奧薩浦、阿索浦，美國新聞記者暨專欄作家，以反共立場著稱，時在《華盛頓郵報》刊載「就事論事」專欄。

二、上周美國國防部長宣布來遠東視察，是其自動之所為而非出於被動，殊堪注意。

三、對吳逆法律進行案尚在審慎之中，但應照道理進行為宜。

四、俄共要求參加北大西洋公約，是誠想入匪匪〔非非〕，其滲透狡計不僅無孔不入，而且無所不為，其無恥與無賴一至於此，美、英當然深惡痛絕，加以拒絕也。

本星期預定工作課目

1. 對吳案之方針應決定。

2. 去年總反省錄之調製。

3. 本年工作預定表之調製。

4. 去年應作而未完之工作應補充。

5. 高級將領人事之決定。

6. 行政院改組之方針。

7. 各院部會人事之研究。

8. 對美國開字計畫要求進行之研究。

四月四日　星期日　氣候：晴　溫度：八十二

雪恥：一、留美學生之自由思想不足為慮，所慮者是多無國家意識，而且其所謂自由者只為個人自私之觀念，並非如英、美學者自治自立、守法知分之自由思想也，豈僅吳逆一人而已哉。惟吳逆亡國奴之觀念，只有美國而絕無中國之觀念為更甚，不禁為立人憂矣。

朝課後散步廿分時回。朝餐畢，接閱令傑電報，彼與霍華達談話，猶想吳逆

歸順之意，殊為幼稚，足見其事理尚未充實，須加磨鍊耳，覆電指正之。記事，閱報，記上周反省錄。午課後審閱去年日記大事預定表，得益較多。手擬本年軍事工作預定表。晡與妻車遊左營，散步，其病比昨日為佳，朝後且能熟睡為慰。晚課，入浴，廿二時半寢。

四月五日　星期一　氣候：晴

雪恥：一、對吳案之處理：甲、概置不理，以犯而不校，示以寬大，不使美援受其反動宣傳之影響。乙、從速依法起訴，以宣布其違法瀆職之罪，證明其反動之用意所在，使之宣傳無效。以上二項辦法，究以何種行動為宜，似應以理以法處置，但以速決為惟一要旨。二、對國際社覆電。

朝課後散步，朝膳，閱報。今日為舊歷清明節，想念古鄉廬墓不置，惟有對天默禱能早日反攻大陸，以盡子孫之職而已。記事，記本年外交與政治工作預定表。午課後記黨政工作預〔定〕表。妻病今日漸減為慰。晡與妻車遊，散步，入浴，晚課。

四月六日　星期二　氣候：晴　溫度：八十

雪恥：一、對吳逆暫置不理：甲、等待本年美援預算之通過，不使美國議會受其影響。乙、七月以後，如其再纏擾不清則再行起訴，使美友對我之處置更多諒解何如，以最近吳逆反宣傳已漸失效用，無人置信，若我政府此時起訴，重新引起美國注意，反增其另一反宣傳作用也，竟應如何決定，當加審慎。

朝課後記事，散步，指示沈[1]秘書擬復國際新聞社電稿要旨，閱報。十時後記本年工作預定表中之檢討項目，並審閱舊日記。午課後修正覆電稿，並續記工作預定表。晡與妻車遊半屏山煉油廠回。膳後散步，入浴。晚課，廿二時半寢。

四月七日　星期三　氣候：晴　溫度：八十

雪恥：一、美對越戰之積極行動似正在準備中，要求英、法等參加韓戰各國，發表其共同行動之宣言，但余認此並不能阻止共匪繼續攻取奠邊府與擴張之原定計畫，則美國不能不加以報復乎。二、吳逆又在美發表致余第四封信，專為攻擊經國，希望美國勒令經國離臺留美，直至我收復大陸以後，方放其回國之意，此乃教美國真以人子為其人質矣。彼逆狂謬荒唐，其更陷於蝸角尖之窮境，不如任其狂囈，使美國迷信叛逆者自動悔悟，為於我更有利乎，故起訴時暫緩發動為宜乎。

朝課後記事，與俞國華聚餐談話，彼對吳案不主張此時起訴，以免增張其反宣傳之機會也。上、下午皆審核去年日記，手擬去年總反省錄未完。午、晚課如常。晚傍車遊，散步，讀詩。

1　沈錡，號春丞，浙江吳興人。1952 年 4 月，任總統英文秘書，11 月兼機要秘書。1954年 8 月，兼任中國國民黨中央委員會第四組副主任。

四月八日　星期四　氣候：晴

雪恥：一、三個集團軍之方案查報。二、高級幹部增加修身與哲學課。三、英、法對美杜聯合行動之呼籲，皆以暫不參加之冷落態勢答之，此乃必然之事，美國外交之幼稚應又得一次之經驗教訓乎。而其所謂聯合行動之內容，最多亦不過是一聯合警告而已，美對共匪仍以為空言恫嚇可以阻止其實際行動，更是天真可笑矣。

朝課後散步，膳後記事，閱報。上、下午皆審閱去年日記，手擬去年總反省錄至十一月止。午課、晚課如常。晡與妻車遊左營，經海濱要塞公路而回，再在海濱並肩散步，水碧沙淨，在潮濕之沙上步行，夕陽初沉，潮聲寬和，乃覺無慮忘憂，為樂如此。入浴，觀月，晚課後寢。

四月九日　星期五　氣候：晴

雪恥：一、吳案綜核在美友人一般之一意見，皆主張不予置理為上策，而且美友多認為吳逆腦筋已有問題，若非有神經病決不致造謠自損至此。今日召見謝冠生[1]、林彬[2]與少谷來談吳案，準備仍未充足，尚須搜求有力證據也，故此事決定暫不起訴，惟仍積極準備，以待時機再動。二、美政府對東南亞不能不下決心，不能不決定明確之方針，其時機已到乎。

朝課時傷風，故未外出散步也。記事，審閱去年十二月日記完。十一時召見少谷等商討吳案司法問題，留餐。午課後批閱，與蒲立德談話，彼認為美對遠東問題之心理已改取積極矣。入浴，晚膳後閱讀唐詩，皆無氣魄雄偉之詞句，晚課。

1　謝冠生，本名壽昌，字冠生，浙江嵊縣人。1948 年，任司法院秘書長。1953 年任司法院副院長，1958 年 6 月升任院長。

2　林彬，字佛性，浙江樂清人。1948 年出任司法院大法官，1950 年至 1954 年間任司法行政部部長。同時任臺灣大學教授、總統府國策顧問等。

四月十日　星期六　氣候：晴

雪恥：一、美三軍各部編制再加研究。二、參議院軍委會對我國軍政工制認為將獲得其美援相反之結果，其惡意報告應加注意，但其眾議院軍委會報告對國軍報告甚佳，並認為美國對國軍政策應有特別之布置，乃認國軍為其美國在遠東最友好之軍隊，而且最有吸引力之力量云。

朝課後記事，前日對國際新聞社問答詞，不料赫斯脫系紐約鏡報竟未登載於顯著地位，其他各大報亦未登載，此於其對日和議以前，將我如無中華民國參加之和會，其不良後果應由美國負責之意，各報皆不登載之情形相仿，其對越共之共同行動必將我政府除外乎，此乃意中事不足為奇。惟此時我軍力已有自立基礎，對於國際之排我態度，未如過去之緊要矣。在遠東反共最後必難始終排除我於局外耳。

上星期反省錄

一、美總統對其國民之廣播指示其不要恐謊〔慌〕與焦急之情緒，可知其上下對氫彈之威力與經濟不景氣之憂鬱至如何程度矣。美國對戰爭之方針，尤其對越亂之共匪，不能不有所決策矣。

二、越南奠邊府第二次之爭奪戰共匪仍未得手，於是對攻城戰不得不暫時停止，以待補充後再作第三次之進攻，而另派匪部向寮國、高綿〔棉〕及河內三角洲四出竄擾，此乃必然之勢，使法、越兵力不能集中，以企圖其對奠邊府最後之奪取，余仍認為時間問題而已，美國對奠邊府之固守方針，實徒勞無功耳。

三、對國際通信社之問題答覆，美報未有重大之反響。

四、對吳案之方針決暫不起訴。

五、去年日記之審閱與總反省錄初稿已成。

本星期預定工作課目

1. 觀察兩棲登陸作戰。

2. 手擬耶穌受難節證道書。

3. 決定軍團司令人選與發表日期。

4. 美國三軍各部編制之研究。

5. 召見辭修,商討軍政人選與組織。

6. 對美兩院軍援案之研究。

7. 高級幹部修身課與哲學之督導。

8. 視察集訓基地。

9. 團長以上各級主官人選之審核。

10. 防大與實踐學社學員之審定。

11. 白[1] 回國前之商談問題。

四月十一日　星期日　氣候:上晴　下陰雨

雪恥:昨十日上午記錄去年反省錄之政治、外交部分。午課後記錄黨務與自修部分,初稿已大體完成。晡與妻車遊回,入浴。晚宴蒲立德等,聽取其眼科醫生對我軍晝夜盲醫治之計畫後,晚課畢,廿二時後寢。

本日朝課後記事,膳後海濱散步回。記上周反省錄與本周工作表,又記去年外交國際部分,研究反省錄美國一節。午課後復記總反省錄一節,回憶去年國際外交之艱難與奮鬥情形,不覺為之心寒膽裂,如無聖靈領導,豈能過此重重之難關乎。馬[2] 總司令來報明日登陸演習計畫與程序。晡與妻車遊於臺南道上。晚課,入浴,寢。

1　富田直亮,前日本陸軍第二十三軍參謀長,化名白鴻亮,1949 年 11 月 1 日抵臺,協助訓練國軍幹部,為實踐學社(白團)之總教官。

2　馬即馬紀壯。

四月十二日　星期一　氣候：晴

雪恥：一、去年國際局勢之變化當然以史大林之斃命為重點，而引起韓戰停火，由韓戰停火而引起韓李[1]釋俘與美、韓互助協定以及義俘自由歸臺之結果。在歐洲亦由史斃而引起東德之反共示威，以及西德政府大選勝利，最後由俄運送大量現金存貯倫敦，以吸引英、俄之擴大通商，打消美國禁運政策，挑撥法、德惡感，以孤立美國，挾持毛匪進入聯合國，以增高其國際地位。但因美國兩院全體一致之反對，俄共而卒告失敗，此乃邪惡陰險不敵真理公義之明證也。

朝課後記事，九時往鳳鼻頭參加兩棲登陸演習，至十五時回寓休息後，再往美第九十機動艦（威爾少將）隊麥金利號旗艦[2]，參觀登陸司令部之組織與運用，可謂複雜極矣，我國如無此等艦上之設備，其將何以指揮作戰耶。

四月十三日　星期二　氣候：晴

雪恥：昨晡與妻車遊沿海要塞公路一匝，散步回。入浴，膳後補記去年國際局勢之變化一段，自覺研究較能深入也。廿二時後晚課，寢。

朝課後研擬受難節證道文要旨，口授秦[3]秘書起稿後，出外散步，回記事，續記去年總反省錄國際之俄共部分。午課後批閱，召見至柔、振〔鎮〕球等，聽取陸軍改編計畫，惟第卅二師是否取消問題須待解決也。晡與妻車遊後，約白鴻亮聚餐道別。入浴，晚課，寢。

1　韓李即李承晚。
2　麥金利號旗艦即 USS Mount McKinley。
3　秦即秦孝儀。

四月十四日　星期三　氣候：晴

雪恥：一、召見張其和、江叔安[1]、吳文義[2]等。二、召見陸戰隊司令[3]、參長[4]與梁序昭。

朝課後修正證道文稿畢，往左營聽取成功演習講評三小時，有益於我甚多。十二時舉行兩棲作戰訓練結業典禮，訓詞半小時，自覺此次訓練與演習皆有很大進步，周雨寰與梁序昭二員皆堪用之才也。在四海一家邀約美國海軍及陸戰隊謝維思與普爾小〔少〕將[5]等聚餐，彼等答謝詞中皆表示願為我共同反攻大陸，尤其陸戰隊師長普爾表示更為露骨難得。此在去年以前，美員絕對不敢道其隨余並肩反攻大陸，只能說助我防衛臺灣為止之前後形勢完全不同也。午課後續修證道文稿第二次，至夜深方完，惟車遊、會客、晚課如常，廿三時寢。

四月十五日　星期四　氣候：晴　悶熱

雪恥：一、美杜勒斯訪英、法，結果已獲得訂立東南亞與西太平洋共同防衛體系之籌組的協議，但此不過是一種口頭協議，而並未有具體之組織，而且對中、日、韓三國除外，仍是英國東南亞勢力範圍為限，菲律濱僅是為美國

1　江叔安，福建長樂人。1952 年 3 月調任海軍登陸艦隊司令部總教官，1954 年 3 月調任海軍兩棲訓練司令部參謀長，7 月調任總統府高級參謀。1955 年 3 月出任國防部第一廳副廳長。

2　吳文義，吉林長春人。1952 年 3 月出任海軍陸戰隊幹部訓練班主任，1953 年 2 月調任海軍陸戰隊學校教育長。

3　周雨寰（1912-1955），字艾芹，四川忠縣人。1950 年 1 月調任海軍陸戰隊副司令兼第二旅旅長，8 月升任海軍陸戰隊司令，並成立陸戰隊學校。1955 年在海軍陸戰隊司令任內病逝。

4　于豪章，安徽鳳陽人。1953 年 1 月，任海軍陸戰隊司令部參謀長。1955 年 1 月，任海軍陸戰隊副司令。

5　普爾（Chesty Puller），曾任美國海軍陸戰隊第一陸戰師代理師長，1952 年 6 月任海軍陸戰隊太平洋部隊訓練單位負責人。

關係不能不為之點綴而已，余不信如此協議而能防制俄共在越南之擴張侵略計畫，故決不能以此空言唬詐所能收效，不過美國又受英國一次利用與欺詐而已，可笑之至。

本日朝課後記事，海濱散步回，續修受難節證道文稿。午課後批閱公文，令儀大甥由香港來訪。晡廣播灌片錄音後，與妻及儀甥車遊左營回。膳後散步，晚課，廿二時半寢。

四月十六日　星期五　氣候：晴

雪恥：一、此次整編最重要人事為立人問題之安置，如何研究其內容與心理：甲、彼恃美自驕，已成為有恃無恐。而美副團長且為其保鑣〔鏢〕作有力之後盾，並已為其宣傳有參謀總長非其不可之勢，但蔡、藍[1]等已知其過去行為與態度，認為不當矣。乙、彼不自知其愚拙已為共諜間接利用，顯與國防部、政治部為敵，且對余無形中亦加威脅，惟其尚有忌憚，非如吳逆之狡橫而已，但其陸軍總部環境與心腹之心理，暗中已受匪諜之操縱而不可救藥，非令其完全脫離不可，故先以精誠告之，冀其覺悟，調就參軍長、隨從學習，勿使自棄，則公私兩全。如其不然，乃只有依法理處治，不能放任也。使用法律之前，應先告知蔡、藍以事實，不使誤解，此案萬不能再處被動地位也。

1　蔡、藍即蔡斯（William C. Chase）、藍欽（Karl L. Rankin）。

四月十七日　星期六　氣候：晴　下半夜大風雨驟起
溫度：八十六

雪恥：昨為耶穌受難節。朝課後記事，獨在海濱散步回，批閱公文。證道文英譯稿交妻修改，但妻昨夜為病為累，幾乎終夜未能安眠，余勸其不必詳改，只修飾文字可也，惟其仍欲詳改，至十六時方完，恐其病將加深矣。今日禁食至未刻方進食，妻亦如此。午課後批閱畢，約見于斌主教，相談一小時餘，彼對宗教與孔學皆有心得，惟其政治活動太劇，故教廷對之不快為憾。晡與妻車遊鳳山回，膳後在陽臺納涼觀月，以解妻之病苦耳，晚課。

本日朝課後記事，閱報。上、下午皆研究將領調職審核成績工作。午課、晚課如常。晡約見孟浩〔治〕[1]以後，與妻及儀甥車遊左營。以本日氣候在八十六度以上，乃妻病更為激刺不安，痛苦甚憂。膳後散步納涼，入浴，廿三時寢。

上星期反省錄

一、本周妻病更劇，尤以周末為甚，幾乎晝夜皆不能安眠，百藥用盡皆已失效，奈何。

二、共匪變相之正規部隊已證明入越，其越共之骨幹皆為毛匪中共無疑，所差者惟服裝、徽號僅用越共之標幟而已，美、法不敢揭穿其事實。本周末共匪又在奠邊府以坑道戰術發動第三次之攻勢，余認為不久必被其攻陷無疑，若在日內瓦會議期間陷落，則美國更難為計，乃當觀其如何決策矣。

1　孟治，山東人，亞聖孟子後裔。早年參與創立華美協進社（China Institute in America），主持社務長達三十七年。

三、杜勒斯分訪英、法，僅得到其空洞之聯合談話聲明，杜且認此為滿足得意，而對中、韓二國則排除於東亞集體防衛之外，隻字未提，此雖英國作祟，但美國不敢提及中、韓二字，是其外交之無能無主，僅為英國體面打算而不為其美國本身計，可卑極矣。

本星期預定工作課目

1. 新編師長名單。
2. 實踐學社名單。
3. 美國氫彈與原子彈不會用於越南與中國大陸，亦不會用陸軍參加越戰，此乃俄共所深知，故美尼克生[1]之談話不能唬倒俄共。
4. 兩軍團司令與軍長整編人選之發表。
5. 國防大學展期一個月開學。
6. 研究院優生參加行政之人選。
7. 約宴諮〔資〕政顧問聚餐。

四月十八日　星期日　氣候：陰

雪恥：一、觀尼克生以不願出名的高級官員的名義，對美記者發表其對越南戰事，如法國退出越南，則美願單獨入越對共匪作戰，決不再蹈過去對中國問題讓步之覆輒〔轍〕之聲明。乃知美國政府對俄共戰爭之政策似已決定，現正入於指導其國民認識其政策之時期，此或比從前空言恐嚇之宣傳不同矣。

1　尼克森（Richard M. Nixon），又譯尼克生，美國共和黨人，曾任眾議院、參議員，1953 年 1 月至 1961 年 1 月為副總統。

朝課後記事，記反省錄。審核高級軍職人選與實踐學社第二期學員人選後，召見石覺[1]、羅又倫[2]、龔愚[3]等，詳詢其工作情形。正午送妻往屏東機場後回，午課畢，召見海軍各校長錢懷源[4]、鄒堅[5]等，甚有望也。約見美太平洋總部霍華德[6]參謀長後，召見許朗軒[7]等軍長畢。晚餐，與蒲立德談話，晚課。

四月十九日　星期一　氣候：陰　晚雨

雪恥：一、俄電臺稱越共對越戰，只要法有誠意可望恢復和平云。此乃其必有之詭計，在日內瓦會議誘騙法國，以牽制美、英，不使有決定性之行動或決議，使越局進入和談拖延之局。余認為即使美國參加越戰，俄亦無所顧忌，只要其不公開加入，一如韓戰在其內中主持，則彼將以為其不能牽入其戰渦，而又可使中共為其犧牲，但彼亦不須強逼中共明白參戰乃可達到消耗美國之狡計，但美必不能僅以越南為限，其必對中共揭破其參戰之秘密，公開報復，此或共匪未能計及，但其即使計及，亦不能自主避戰耳。

朝課，記事，召見劉寶亮[8]後，巡視要塞司令部與南部防區司令部。與石為開

1　石覺，字為開，廣西桂林人。1950 年 6 月，任臺灣防衛總部副司令兼北部防守區司令，1952 年兼南部防守區司令。1954 年 5 月，調任第二軍團司令。1956 年 12 月，調任金門防衛司令官。

2　羅友倫，原名又倫，號思揚，廣東梅縣人。1950 年 8 月，出任陸軍軍官學校校長。1954 年 9 月，接任憲兵司令部司令。1955 年 9 月，調任國防部參謀次長。

3　龔愚，字樂愚，時任陸軍步兵學校校長。7 月調任陸軍總司令部參謀長。

4　錢懷源，浙江上虞人。1951 年 11 月出任海軍參謀研究班主任。1953 年 9 月調任海軍指揮參謀學校校長。

5　鄒堅，字統亞，又名統球，時任海軍永泰艦艦長。

6　霍伍德（Herbert G. Hopwood），又譯霍華德，美國海軍將領，1953 年至 1955 年任太平洋艦隊參謀長。

7　許朗軒，號永洪，湖北沔陽人。1953 年 4 月，升任第七十五軍軍長。1954 年 5 月，調任第九軍軍長。1955 年 4 月，調任國防大學校學員、國防部戰略研究會主任委員。

8　劉寶亮，1953 年 2 月至 7 月，任陸軍步兵學校教育處總教官室總教官，時任第八十軍高參。

同飛嘉義，至中莊〔庄〕巡視九十二師基地訓練後，回嘉義。午課，膳後
飛臺北。

本日體重一百二十五磅，比上月底加重一磅。

四月二十日　星期二　氣候：雨

雪恥：昨未刻回寓，妻病仍未減輕為憂。閱報後見曉峯畢，遊覽蘭圃，參觀
展覽各種名蘭解憂。晡與妻車遊山上，決勸其飛美養病，並計畫航程與飛機
等務，屬儀甥同行也。入浴後見至柔，聞麥唐納主張破壞我整軍計畫，力主
取消政治部，此人只〔至〕少已受共匪間接運動影響矣。晚再研整軍人事問
題，晚課畢，廿二時後寢，服安眠藥。

本日七時後方醒起床，朝課，記事。十時入府辦公，召見前九十四師長朱敬
民[1]及前九十師長周士瀛[2]，詳報其大陸失敗經過，可歌可泣之事甚多，周固被
俘，但其心可原，如此可知被俘將領中甚多忠節之士也，故特令李文[3]與鄒軫
善[4]來見，期再任用也。召集一般會談，對國際形勢之檢討後，批示。午課後
閱各報社論，多有可取者。召見藍卿，托其辦理余妻飛美養病飛機之交涉，
並討論越南戰局與日內瓦會議之預期如何。

本日經兒四十五歲生辰，夫人畫「松風濤聲」祝之。

1　朱敬民，貴州平壩人。1948 年 12 月，任第九十四軍軍長。1954 年 7 月，任總統府高
　　級參謀。1955 年 12 月，任國防部聯合作戰計劃委員會委員。
2　周士瀛，1949 年 12 月任第九十軍軍長。後任陸軍總部供應司令部司令。
3　李文，字質吾，號作彬，湖南新化人。1948 年 12 月，任第四兵團司令官兼華北剿總副
　　司令，1949 年 9 月，任西安綏靖公署副主任兼第五兵團司令官。年底在成都被俘。1950
　　年 3 月逃離歌樂山監獄，4 月到香港，1951 年到臺灣。1954 年 4 月任國防部高級參謀。
4　鄒軫善，1949 年任第五兵團司令部高參兼警備團長。

四月二十一日　星期三　氣候：雨

雪恥：昨晡與藍卿討論國際近情，明告其美副總統所說，法國如退出越南，美將派陸軍赴越單獨作戰之政見一事，此決不能唬倒俄共之理由與事實，屬其轉達其政府，使之有所覺悟，彼美如不能加強臺灣實力或運用國軍政策之決定，則共匪對美決不有所顧忌也。晚再審核將領人事，膳後聽霍華德致妻與顯光二函，乃知美國人心理之幼稚，誠出乎想像之外，彼仍為吳逆吹噓，要求重用吳逆，惟此中國乃有希望也云。事之至可笑未有甚於此者，可知吳之所為所言，皆為此等糊塗美友所造成也，美友誠不易交也。晚課，廿二時後寢。本日朝課，記事，聽報。到中央常會討論副總統宣誓詞及方式等案。午課後見嘉義隆治〔嘉治隆一〕[1] 與何浩若。晡與妻車遊淡水，回入浴。美參議員真納[2] 提議增強我軍援案。

四月二十二日　星期四　氣候：雨

雪恥：一、愛克派符立德[3] 代表其個人來中、韓考察軍援計畫，此或為其受議會要求對臺灣派代表先來視察，以決定我開字計畫之先聲乎。

朝課後記事，入府辦公，召見石志泉，勸其調解民社黨內部糾紛，重新和偕〔諧〕工作。另見長谷川[4] 老人，其精神體力皆甚康健為快，並召見唐守治[5]、

1　嘉治隆一，日本政治評論家。1945 年 9 月任東京《朝日新聞》社論「天聲人語」主筆至 1946 年 4 月，1947 年任出版局局長。之後任獨協大學講師、文部省大學設定審議會委員、東京市政調查會評議員等職務。

2　晉納（William E. Jenner），又譯真納，美國共和黨人，1947 年 1 月至 1959 年 1 月為參議員（印地安納州選出）。

3　符立德（James A. Van Fleet），又譯菲列德、符理德、菲列塔、菲列得，美國陸軍將領，曾任第八軍團司令、駐韓聯合國軍總司令。

4　長谷川如是閑，日本大正、昭和時期記者、社會評論家山本萬次郎的筆名。

5　唐守治，字浩泉，湖南零陵人。1952 年 2 月，調任臺灣北部防守區司令官。1954 年 5 月，調任第一軍團副司令。1955 年 3 月，調任海軍陸戰隊司令。

劉玉章[1]、袁樸[2]，垂詢其所部各將領成績。又見李文、鄒軫善二員，彼等自川被俘逃來臺灣後，以其情可原，故特慰之。午課後辦公，約見花旗銀行董事長後，與妻車遊山上一匝回。入浴，膳後散步。晚課，廿二時後寢。

四月二十三日　星期五　氣候：晴

雪恥：一、大專預備軍官中考選工兵留學生。二、廿七師班長行兇案之追究。三、通信譯碼之迅速辦法。四、辦事與人事手續之簡化辦法。

朝課後整理人事調動計畫，軍長以上之主官皆由國防大學與指參學校畢業者調充，且依其成績為任用之準則，乃可使立人等無所藉口為不公乎。入府召見至柔與公超，聞蔡斯等以金門調防與軍援為由，阻礙整編計畫與日期，乃令公超轉向藍卿警告，其顧問團麥唐納之態度勢將重蹈史蒂華[3]之覆輒〔轍〕為戒。並決下令如期整編，聲明金門部隊即使不允軍援，亦不能妨礙整編之計畫也，又召見將領與顧問十餘人畢，召集財經會談。

四月二十四日　星期六　氣候：晴

雪恥：昨午課後召見至柔，指示調動陸軍、整編人事之計畫與方針，及軍長以上名單，決於明日軍事會談發表也。召見叔銘後，乃知中美號座見〔機〕

---

1 劉玉章，字麟生，陝西興平人。1953 年 3 月，任臺灣中部防衛區司令官。1954 年 5 月，任金門防衛司令官。

2 袁樸，字茂松，湖南新化人。1952 年 2 月出任臺灣東部防守區司令官。1953 年 3 月調任預備軍團司令官。1954 年 5 月調任第二軍團副司令官。

3 史迪威（Joseph W. Stilwell），美國陸軍將領，曾任駐華美軍司令、盟軍中國戰區參謀長，1944 年蔣與史迪威發生衝突，史被羅斯福總統撤回，史稱「史迪威事件」。

可飛美國，其油箱雖漏無妨也，故決定辭謝美機送至關島須轉商機飛美之辦法，以其國務院不願直送夫人至美國，可知其對我之態度如舊也，惟藍卿之意頗誠耳。入浴後宴于斌等畢，續閱霍華德致夫人與顯光函，甚歎美國人之天真可怕，但其意亦可感耳。晚課，廿二時半寢。

朝課，記事，召見國華後入府辦公，召見十員，召集軍事會談，聽取陸軍整編計畫後，宣布軍團正、副司令與新編八軍軍長，此乃一大也。午課後召見胡璉與美西方公司竇根[1]及姜斯登[2]等，謝其準備為夫人借用飛機好意，現決乘自備座機中美號飛美就醫也，晚課。

上星期反省錄

一、顧問團忽反對陸軍整編太快，要求延緩至四個月整編完畢，究為何意，誠令人莫名其妙。余嚴詞斥責，命葉公超轉告藍卿，顧問團無理取鬧，且余已明告蔡斯，整編陸軍以六月卅一日[3]為完成日期已有三次之多，而彼皆同意，今忽反案，且在余下令之前夕，殊所不料，余決心照預定計畫下令實現，寧使不要美援武器部隊調防金門也，最後仍遵照余意實施，不加阻鬧，此仍為孫[4]與麥唐納之作祟也。

二、陸軍整編部隊高級指揮各員已發表。

三、為夫人飛美就醫使用飛機之交涉甚忙也。

四、愛克派符立德來中、韓視察軍援計畫。

五、美國為日內瓦會議與對共之政策表示似甚積極。

1　竇根、杜根（J. Patrick Dugan），美國西方公司駐臺代表。
2　約翰敦（Charles S. Johnston），又譯姜斯登、摩斯頓，曾在中美合作所工作，時任美國中央情報局政策協調處轄下西方公司總裁。
3　原文如此。
4　孫即孫立人。

本星期預定工作課目

1. 煤價與公價不同。
2. 軍營、道路、陽溝、飲水、廁所、衛生，勤務兵當僕傭、養小孩以及管理安置物品與倉庫之無知識。
3. 檢查機場、車、船之情報人員有否統一。
4. 各地情報人員之組織行動有否檢查。
5. 夫人定星三飛美就醫。
6. 武官人選之決定。
7. 實踐學社學員人選之決定。
8. 與辭修商討行政院人選與行政方針設施各問題。
9. 宴顧問與諮〔資〕政及行政院、省政府。
10. 見何浩若。
11. 顧問團茶會。

四月二十五日　星期日　氣候：晴　悶

雪恥：一、劉廉一之父生日贈字。二、夜盲（命令）之醫治。三、老兵集體轉業生產部隊之督導。

朝課後獨在園圃遊覽，訪魚問鳥為樂。膳後記事，經兒由高雄回來，報告其半月來視察近情後，記反省錄與本周工作表，禮拜如常。午課後審閱皮宗敢[1]論將才稿，多作取者，略加修正付印。與宗南討論其所部將才如何。晡與妻車遊淡水回，審閱。晚膳後散步半小時，晚課畢，廿二時半寢。

1　皮宗敢，字君三，湖南長沙人。曾任駐美大使館首席武官，1954 年 3 月調任總統府侍衛長。1955 年 10 月調任國防部聯絡局局長。

四月二十六日　星期一　氣候：晴

雪恥：一、美國對亞洲共禍之政策，所謂十國聯防的建議是捨正路而不由。
二、此次美國在日內瓦會議失敗時，乃是失敗為成功之路，以其今日已有新
貌，軍事計畫與對俄共立起報復之政策決定，故其必不願如往時之失敗到底，
最後其必遵循正路，以圖實現其對中共匪黨之報復政策，如此除非援助我反
攻復國，並無其他道路，但其政府最近對我國美援態度之表現，毫無此種之
意圖耳，惟有自強與待時而已。

朝課後記事，準備本日講稿大意與要旨，到研究院紀念周講「日內華會議之
分析及想定」約一小時半畢，照相。午課後批閱，召見何浩若談吳、孫[1]事。
晡與妻車遊山上一匝，妻將於後日飛美，依依不捨之情，老而彌篤也。聞郭
寄嶠私生活不良，甚為懊喪。散步，晚課，寢。

日內瓦會議今日開場。

四月二十七日　星期二

雪恥：一、新政府組織之機構職掌、法規之革改、研究委員會之組織派辭守
〔修〕主持。二、對本月軍務會議訓詞：甲、品德修養，不說謊，不牢騷，
知足盡職。乙、用人方針：子、公私品德。丑、學術成績能力與戰績。寅、
研究發展與實踐工作之多寡。卯、驕矜跋扈，不知謹慎克己，對人處事不知
分限，不分敵我，無三信心，只會怨天尤人者，不能重用。辰、虛偽應酬，
不能負責盡職，尤其是借公濟私，憑勢洩恨報復者，不能重用。己[2]、辦事手
續繁複，延誤效率。庚、行車規律。辛、組織與管訓及讀訓。

1　吳、孫即吳國楨、孫立人。
2　原文如此。

朝課，記事，入府召見可用人員六人後，召集宣傳會談，余認為美國將在日
內瓦會議失敗，不能不對東亞共匪有一正確方針與行動，此即失敗為成功之
路，故不必悲觀也。午課後研究美國防部組織完，電大維[1]。晚膳，散步，
晚課。

四月二十八日　星期三　氣候：陰

雪恥：一、侍從人員讀陽明傳習錄與信件及每月工作與研究心得。

朝課後記事，為夫人修改致婦聯會紀念會留書稿件，十時前到總動員會報指
示工作要旨。十二時半回寓，與妻共同禱告畢，即送其至機場上機，一切皆
準備充分，心甚安也。接報十五時已到琉球矣。午課後整理人事。晡獨在園
圃散步遊覽，經兒來靜觀（新客舍）室報告家鄉慈墓安全無恙情形，以其派
員在清明節後二日視察回報也，此心為之大慰。晚武、勇二孫來陪餐，散步，
晚課。

夫人今日飛美就醫。

四月二十九日　星期四　氣候：雨　夜晴

雪恥：今日思念夫人不已，有時似為其出國已久時，忽想到其明日方可到達
舊金山目的，而昨日纔離此也。乃知古人一日不見如三秋矣之文義，並非為
形容詞耳。

1　俞大維，浙江紹興人。1950 年 1 月赴美養病，4 月 1 日至 1951 年 3 月 1 日出任國防部
部長，兼任行政院美援運用委員會副主任委員及駐美大使特別助理。1954 年 9 月 20
日再度出任國防部部長。

朝課，記事，九時到保安司令部，對國防部軍務月報會議致詞一小時半，未知果能生效否。十一時後視察內湖鄉工兵學校，並觀「貝力」橋型之架橋演習，工校規模已漸具備為慰。午課後批閱公文完後，到研究院召見第二期（黨政軍聯合作戰班）學員開始。武、勇二孫來陪，勇孫報告其今日對幼稚園老師告假，稱其下午不能來校，因須侍陪祖父，師問其何故，勇稱因祖母往美就醫，祖父在家寂寞之故，師乃允之云。余教其祖母飛美，未到目的地，尚守秘密，你將家中秘密洩露了，以後家中事不可對外人說明為要，彼已能了悟其錯矣。

四月三十日　星期五　氣候：晴

雪恥：昨晚膳後與兒孫在附近公路散步，二孫以捉螢火蟲為樂也。晚課後寢。本日朝課後記事，聽報。入府召見蔡斯與米勒[1]（陸戰隊編組顧問），蔡又提陸軍整編時間太匆促，希望展延日期。余總不了解其意何在，或以其國防部長威爾生[2]與總統代表菲列塔將來臺解決明年度軍援與我開字計畫之問題，蔡等不能自決，故有所待乎，此亦非意外之事，如其果為此則其於我整編計畫並不衝突，隨時可以修正。余仍告以命令已下，計畫已定，不可再有改編，乃彼亦無異議，以知我決心甚堅也。會客後再〔召〕集情報會談，至十三時方完。午課，辦公，手擬五一勞動節告書。聞妻已於上午安抵舊金山，直入醫院為慰。與仁霖、孝鎮[3]準備明日慰勞顧問團官兵與陪客宴會等事，召見學員回。散步，兩孫來陪，晚課。

1　米勒，美國軍官，駐華軍事顧問團第二組組長、陸戰隊編組顧問。
2　威爾生（Charles E. Wilson），美國商人與政治家，曾任通用汽車公司執行長，1953 年至 1957 年間，擔任國防部部長。
3　蔣孝鎮，浙江奉化人，蔣中正族侄孫。從北伐時期追隨蔣中正，西安事變時背負蔣中正逃離荊棘險境。時任總統府第六局內務科科長。

上月反省錄

一、日內瓦會議俄共退讓，將成立停戰協定之可能，決不致絕對破裂之預計。

二、法國必要保守其越南各海口與河內、海防、西貢等權利，決不退出，而要美國負越戰主要責任。

三、美對俄敵氫彈襲擊之恐怖心理，與俄決不放鬆東亞戰場，其拖住美國之政策決不改變，此乃為引起大戰之可能因素。

四、對韓國是否策動其日內瓦會議之惡化。

五、日內瓦開會之前，美國總統、國務卿、副國務卿[1]、聯合參謀總長[2]對越南共匪態度之積極，可說無以復加。而其開會之後，英國專謀與俄共秘密交涉，乘機做他買賣。法國則專求停戰，只要能與俄共妥協，則其他概非所問。而美總統對記者表示，其可劃線停戰和談以保持資源一語，以為其保持體面下臺之暗示，此乃必然之結果，幾乎為其不可變易之原理。可憐美國僅供英國之利用與俄帝之玩弄，然而只要越南停戰成立，則解決問題絕無可能，徒使俄共鼻張，增強其侵略行動而已。如其此時越戰擴大，則我軍準備未妥，於我並無利益，以勢以理而論，必待我國軍明年底準備完成，而後韓、越與共匪以及遠東問題，方有決定性之行動，則吾何憂乎？

六、顧問團拖延我整軍計畫究為何故，誠使人莫明其妙，但余決依照原定方針與日期發布，明令如期實施，以彼無理取鬧耳。

七、夫人赴美就醫。

八、美宣布其國防部長與菲列脫分別來臺。

1　史密司（Walter B. Smith），又譯史密斯，美國陸軍將領、外交官，曾任歐洲盟軍最高統帥部參謀長、駐蘇聯大使、中央情報局局長，時任國務次卿。
2　聯合參謀總長即雷德福（Arthur W. Radford）。

五月

蔣中正日記
Chiang Kai-shek Diaries

民國四十三年五月

本月大事預定表

1. 政府機構（情報與司法教育等）政策及改革之設計。

2. 教育、交通、經濟、內政、財政之人選。

3. 中央與中國銀行之人事準備。

4. 府秘長、參軍長、行政與監察各院副院長、國防部長等人選。

5. 就職宣言文稿：甲、中國文化歷史（四維八德）之保衛。乙、道心與人權之保障，博愛、自由、平等、三民主義為立國之目標並求其實現。丙、反共抗蘇宗旨與意義之說明。

6. 陸軍第一期整編完成。

7. 士兵晝夜盲療治命令。

8. 情報與大陸報紙之注重。

9. 符立德與威爾生來訪之準備。

10. 國防大學與實踐學社之開學。

11. 黨政軍聯合作戰班第三期之學員人選。

12. 三軍聯合指揮部之籌備組織與人選。

13. 老兵集體轉業生產部隊作為預備兵計畫（水利、林、礦、路政等業之人工開發計畫，自食其力）或以新兵入伍而以老兵代替其原工作。

14. 香港南方執行部工作加強與人選。

15. 去年黨政工作成績總評之預備。

16. 國防部決依照美國制式澈底改組，非如此不能掃除軍閥自私惡習與建軍之障礙也。

五月一日　星期六　氣候：晴

雪恥：一、大陸民眾運動指導綱領。二、香港執行部人事與經費加強。

朝課後發妻電，記事，聽報。入府主持國父月會後，召見許孝炎[1]畢，召集軍事會談，研討顧問團再三反對陸軍整編，主張其延期之原因何在，豈為越南軍事即將使用國軍，若一整編必致延誤時間妨礙調動乎，抑其不願將在本島美械部隊調赴金門，更不願將金門國械部隊調來本島以妨礙其使用之計畫乎，此皆非真正之原因，三思終不得其解。惟余仍本既定方針實施，不為其所阻也，決定各軍師調整方案。午課後召見學員十六人後，主持顧問團三周年紀念酒會回，散步。晚宴蔡斯、藍卿等，以酬其勞也，惟蔡又提美械部隊調赴金口〔門〕已請示其陸軍部云，可歎。晚課，廿三時寢。

上星期反省錄

一、星一對日內瓦會議之預計及分析之講詞與五一勞動節文告均係臨時之作，幸無大誤。

二、日內瓦會議一周來之形勢，越南劃分停戰線雖未議及，但已成定局，而英國與俄共在會外已作公開性的秘密交易賣買，毫不掩飾，此會全為英國利用與共匪宣傳之場所，徒為共匪提高其地位，亦即徒損美國之威信，以表現其孤立而無領導能力而已，何苦如此。

三、共匪與印度簽訂西藏偽約。

四、共匪在西藏建築飛機場與大修公路，聞「後藏」日則克[2]至「噶大克」間一千五百華里之公路，業已修通。

1　許孝炎，字伯農，湖南沅陵人。曾任國民參政員、制憲國大代表，時任立法委員，於1949 年創辦《香港時報》，主持香港文化宣傳工作。
2　日則克即日喀則。

本星期預定工作課目

1. 村幹事、國民兵隊附、戶藉〔籍〕員應進入各村內辦事，不應集中在鄉公所辦事。

2. 軍政府與戰地行政管理職權之研究。

3. 行政三聯制必須與科學管理實施一致。

4. 蒙疆邊區專題之研究。

5. 共匪注重策略與創造發展之訓練。

6. 召見高惜冰[1]、成蓬一[2]與地政處長[3]。

7. 旅行社整頓與新計畫。

8. 黎玉璽[4]入國防大學。

9. 與辭修商討行政院改組方針與人事。

10. 國防部改制問題之研究與準備。

11. 巡視大陳等島。

五月二日　星期日　氣候：晴

雪恥：一、省政府機構之調整。二、中央銀行副總裁人選。三、實踐學員人選。

朝課後巡視侍從人員各室後，在靜觀室休息，靜觀自得。九時半辭修來談，

1　高惜冰，名介清，字惜冰，以字行。曾任安東省政府主席、國民大會代表。1949 年到臺灣，和吳拯瀾共同創辦彰化紗廠。此後，歷任中國紡織建設公司董事、光復大陸設計研究委員會委員。

2　成蓬一，熱河寧城人。曾任軍政部第七會計處處長、熱河省會計長、熱河省政府委員。1948 年在熱河省選區當選第一屆立法委員。1949 年隨政府來臺。

3　沈時可，江蘇海門人。1946 年任臺灣省行政長官公署民政處地政局長。1949 年受命草擬土地改革條例；並與美國林肯學會合作成立土地改革訓練所，任執行秘書。

4　黎玉璽，號薪傳，四川達縣人。1949 年 4 月，任太康艦艦長，曾護送蔣中正來臺。1952年 4 月，調任海軍總司令部副總司令兼海軍艦隊指揮部指揮官，1955 年 9 月免兼。1956 年 10 月，兼海軍六二特遣部隊指揮官。

問其對今後行政院人事及其是否仍兼院長問題，彼為公私利害得失計不願再兼，余允之。明示其：一、如彼兼職，提名立法院時，將起副總統可否兼職之法的問題，如果以此成為問題，則對公私皆多不利。二、如其再兼行政職務，即不能襄助余策劃政策與研究重要問題，則其任副總統仍於公私無益也。彼亦同意，故決另定人選，詳商人事及軍事機構改革方針。十時三刻辭出後，禮拜。正午記事，午課後記上月反省錄。經國來報海生衛[1]是一八六〇年八國聯軍條約[2]後，正式割讓於俄也。

五月三日　星期一　氣候：陰

雪恥：昨晡與武、勇二孫車遊山上回。約董[3]大使與葉[4]部長晚餐後，與兩孫在園中散步、捉螢為樂。晚課後寢。

朝課後記事，召見鴻鈞，徵詢其任行政院長與省主席繼任之人選問題，屬其作一日之考慮後再定。十時半到研究院紀念周，中央直屬黨部、各智識黨部委員就職宣誓致詞後，召見曉峯與唐乃建，報告其此次臺北市與嘉義縣縣市長選舉，本黨之失敗情形，乃令其對當選之非黨員高玉樹[5]應加祝賀，表示本黨支持之意，切勿因其稍有違法選舉之嫌即加以訴訟，務養成民主精神，本黨應負其責，一面應澈底檢討失敗之因素，以為今後之教訓。午課後批閱公文，召見學員。晚宴長谷川閑老者[6]，加以敬意，晚課。

1　滿人命名「海參崴」，意為「海邊的小漁村」，沿用至今。
2　「八國聯軍」為「二次英法聯軍」之誤，中俄北京條約中割讓。
3　董即董顯光。
4　葉即葉公超。
5　高玉樹，1951 年競選臺北市第一屆省轄市民選市長落選，即赴美參加美國經濟合作總署訓練，1953 年返臺任聯勤第四十四兵工廠技術顧問。1954 年以無黨籍身分再度競選，成功當選。
6　長谷川如是閑。

五月四日　星期二　氣候：陰

雪恥：一、臺北市長選舉之失敗原因最應注意者：甲、臺省阿海派之態度與今後方針。乙、惟才是用，不能偏重半山派。丙、人民對本黨之心理與態度，以及今後之政策與宣傳方針。丁、政治鬥爭之策略與方法太不研究。戊、對敵觀念與要領之研究。己、戰術與技術之研究。

朝課，記事，入府辦公批示，召見孟緝，聽取其對選舉所以失敗之報告，可知黨的中央毫無政治鬥爭策略與方法，對我幹部只歎奈何而已。又據至柔報告，胡璉對第一軍團司令之任命不滿態度，及其不願就職之言行，此殊出意料之外，較之吳國楨叛變情形，對余精神打擊更大。以胡為一手造成，而乃其竟專為地位與權利惟視，如此則尚有何言，此人不能再寄有希望矣。

五月五日　星期三　氣候：晴　陰

雪恥：昨上午召集一般會談，指示選舉失敗之教訓，並對民社黨之方針，決支持徐傅霖而不理張君勱[1]一派，以張之卑劣無恥甚於徐之頑固執一耳。午課後審閱學員自傳後，召見學員畢，與岳軍談政府改組方針，勸其任府秘長也。晚經兒來陪膳畢，在附近散步。晚課畢廿二時寢。

本日朝課後記事，聽報。九時半到中央常會指示選舉失敗之教訓，中央應檢討政策部分四點，語意不免又起褊急，應切記多言必失與守口如瓶之箴語。但對於革命幹部，勿為自私分子之民主自由繼續不斷的宣傳所迷惘，認為本黨行動皆自認不是之錯誤觀念，應切實注意，勿為所惑，以革命行動與政策皆應以革命原則與總理遺教為準則，不可自繳其革命之武器也。

1　張君勱，名嘉森，字君勱，以字行，江蘇寶山人。中國民主社會黨主席。1952 年自印度到美國後曾參與香港成立之「中國自由民主戰鬥同盟」活動。

五月六日　星期四　氣候：晴

雪恥：昨午課後整理人事小冊後，訪丁鼎丞先生之病，頓起生老病死之苦痛感想。召見學員十八人回，帶武、勇遊覽散步。晚約蒲立德便餐，與辭修談鴻鈞任行政院長與家淦任省主席案之決定。膳後散步，入浴，晚課。

本日朝課，記事，召見至柔與永清[1]後，九時經兒陪同出發，至淡水登小輪船出口登峨嵋艦。十時半後開船，即在海圖室外觀海自得。午膳後以寢室後旋輪鐵索不斷聲擾，以致未能安眠，直至十六時後起床。午課畢，再至圖室外觀海自娛，間與哨兵談話為樂。晚膳前後觀月認星，今適為舊歷初四日，又值立夏節，風平浪靜，星稀月明，時念古鄉墓廬，未至浙境亦已四年餘矣。晚課後廿二時寢。

五月七日　星期五　氣候：晴　陰

雪恥：六時醒後起床朝課畢。七時半已抵大陳之陽拋錨停泊，登海圖室外，經兒指告各島名稱，積穀山約離錨地九海里，此島為匪所踞，上、下大陳航道皆暴露無餘，停泊時海鷗成群撲面來迎，其狀親愛無比，一至浙境百物皆親，豈止海鷗靈物而已哉。十時後方入港，以風浪較大也，由關帝澳登岸，乘吉普車上「高山谷」駐所，甚覺氣候宜人，更覺古鄉可愛，以此間氣候全與普渡相同，舊歷四月上旬溫度適在六十度，所謂春冷時節，尚着棉袍不寒不冷之時也。山邊偶見菜花與蠶荳，尤覺可親，以此非臺灣所能見也。在室外，面下大陳休息，春光明眸，留戀不忍離此矣。手草四言感懷十餘句，另錄。午課後由劉廉一司令報告大陳區防務與敵情，約一小時後，自十六時至

1　桂永清（1900-1954），字率真，江西貴谿人。1948 年 8 月任海軍總司令。1950 年授海軍上將銜，後轉任總統府參軍長。1954 年 7 月升任參謀總長，視事僅四十五日，於 8 月 12 日逝世。

十九時巡視上大陳全島防務與演習，再至司令部參觀心理戰資料。

越南奠邊府已被共匪攻陷。

五月八日　星期六　氣候：陰霧

雪恥：昨晚召集大陳區校官以上將領百餘人聚餐、致訓與點名畢，回「高山谷」。晚課，入浴，寢。

一、防空作戰中心之軍士，應加級待遇與特准深造。二、大陳砲兵指揮官李策勳與江雲[1]應調中央砲指官或金門防區。三、象頭岙火點集中射擊與高梨樹砲兵集火射擊之演習，皆值嘉獎，可知廉一組織與指揮甚強也。

六時起床，朝課，記事，召見駐大陳之美顧問及西方公司主任後，以霧重微雨故中止「一江」之行，乃至防衛部聽取三軍種聯合作戰中心之組織與任務之報告畢。即渡海至下大陳，由漁師廟附近碼頭登岸，先視察反共婦聯分會後，至漁師廟午膳。午課，十四時起視察南田（省府所在地）、五虎、元寶各山至黃夫礁小浦威武廟醫院，復遊覽甲午岩，最後到「南坑街」縣政府後，經沿街至天后宮小學與修船所，民眾夾道歡欣之精誠，令余熱淚盈眶。由此推想大陸人民之望余心切，豈啻大旱之望雲霓而已哉，青年與少學生之可愛及其表現之天真，更使余對大陸青年幾千萬之至寶被匪壽化，更不自安矣。

1　江雲，號伯堃，湖南湘鄉人。1954 年 11 月任第四十一師砲兵指揮官。

上星期反省錄

一、日內瓦會議開始，美國記者報導皆認為俄共莫、毛之言行態度如響斯應，十足雙簧〔簧〕，毫無分裂期望，因之對毛匪可成狄托之幻想又消失一次，然而彼等仍認為俄與毛之利害必衝突，決不願放棄此一幻想也，可憐。

二、越南奠邊府被共匪攻陷，則更增強俄共之氣餤，越南問題美必失敗無疑，但因此亦減少其妥協之成分，余認為越局無論其如何解決，對於我反攻準備計畫只有益耳。

三、行政院長與省主席人選已商定矣。

四、胡璉不明事理，不識大體，一如關麟徵[1] 其人，乃知陝西人士器度不能有大人物也。

五、共毛之東，有南韓六十萬大軍之李承晚，其西之法、美勢力，在越南者，亦將有六十萬人之勁敵，則其三百萬之匪軍雖大，而其能單獨對我之兵力尚有幾何哉？

六、巡視上、下大陳二日，殊為五年來使余最快慰之日也，特以「萬物皆親室」留書以紀之。

本星期預定工作課目

1. 就職宣言。
2. 與符立德交涉開字計畫。
3. 各部長人選，電大維回國。
4. 國防部組織與人事。

1　關麟徵，字雨東，陝西鄠縣人。1949 年 8 月，升任陸軍總司令，11 月退隱，留居香港。1950 年 3 月仍留居香港，蔣中正復行視事，改任孫立人為陸軍總司令。

5. 行政制度改革案。

6. 胡璉問題。

五月九日　星期日　氣候：微雨

雪恥：昨晡由南坑碼頭啟碇時，民眾老幼婦女以及可愛之青年、中小學生滿山遍岸，歌唱歡呼之聲，直至不能見其形影，而猶聞其歌聲，誠令余感動，乃為平生之第一次也，未知將何以報答此兆民愛戴之赤忱矣。其親愛之情，即古鄉家族亦所未見耳。十八時回峨嵋艦，入浴後聚餐，廉一與劉司令廣凱[1]皆隨行也。晚課後廿一時半寢。

本日朝課後，八時抵南麂島之北海面，停泊於「馬祖岙」外，登馬祖岙視察，該岙與南面之「大沙岙」相連，共長約二百公尺。余本想來此勘定飛機場址，由廉一指告地址，即在沿山腳之岩石山邊，使余大失所望，如須建築完成必需絕大經費也，但余仍不灰心，必欲派空軍工程師測勘後再定。以此地機場之需要，對大陳之空援與將來之反攻皆不可缺也。

五月十日　星期一　氣候：陰

雪恥：昨在南麂視察後，進入游擊隊駐所與民居視察，其黑暗與污穢甚於地窖，殊非人的生活，不勝憂惶，應設法改正。但其人民面容與體格，並不過劣，尤其少女之健美有甚於大陸者，即前日在下大陳所見之小女學生，其體

1　劉廣凱，字孟實，遼寧海城人。1948 年至 1950 年為海軍海防第一艦隊代司令，1950 年至 1954 年任海軍海防第一艦隊司令。

健容美亦多比大陸為佳者，何哉。由王縱隊司令[1]報告防務後，巡視約二小時，即回峨嵋艦，經兒與廉一則至后澳視察矣。午膳約劉廣凱聚餐，加以指示與訓勉後別去。未刻啟碇回航，午課、晚課如常。晚膳後二十時即寢。

本晨七時起床，朝課，九時半抵基隆登岸，與經兒回士林，途中報告一般文武幹部之惡習與心理，令人感歎。記事，閱報後遊覽園圃，問魚訪鳥，至靜觀室自得，致妻與儀甥電。午課後約檀島華僑茶會畢，往研究院召見學員十八名，與岳軍談時局與人事後回。晡與辭修談人事，晚課。

五月十一日　星期二　氣候：晴

雪恥：自覺思慮不能深入，視聽毫不知警覺，此為一生處世不能成功之所在也。

一、督促中美互助協定速即成立。二、美國所謂第一階段之東南亞反共聯盟臨時行動，究竟如何。三、我政府應以沉機靜觀以待其變，不必急於要求參加也。

朝課後記事，入府召見胡璉，問其是否接受命令，彼答現在接受，殊有將來辭去之意，余未加斥責也。會客六人，召見今年參加美參校受訓二員，皆不甚中意也。召集財經會談，指示對符理德商談軍援要旨，應直接提出開字計畫付之討論，以此為中心也。午課後審閱對符氏軍事報告，加以指正。召見強斯登，為截留接濟共匪船艦也，召見學員十八人。晚課，膳後與武、勇散步，廿二時後寢。

1　王生明（1910-1955），字至誠，湖南祁陽人。1950 年 2 月輾轉返臺，入國防部政幹班受訓後，調任大陳防衛部一江山地區副司令，繼任南麂地區副司令。1954 年升任司令，同年 10 月晉任一江山地區司令。1955 年 1 月，率領七百多名守軍奮戰共軍三晝夜，殲敵二千餘，壯烈殉職。追晉陸軍少將。

五月十二日　星期三　氣候：晴

雪恥：一、第四期研究員人選：甲、邊疆。乙、現任各級黨務主幹。二、楊勃[1]、汪貫一[2]召見。

朝課，記事，約見蒲立德，提示與倪克生談話記錄，彼認為應交菲立德密閱也。十時到中央常會解決司法、考試二院長應否對新任總統辭職之問題，余認為依照五權憲法之精神，該二院長應與前任總統同進退，以其為行政長官，故決議應辭也。午課後審閱學員自傳及批閱公文，清理積案，召見研究員十八人完。晡散步回時，夫人由美來電話，其病狀似已漸佳，以聞其聲，精神尚好也。武、勇與經兒侍膳後散步，晚課，廿二時寢。

五月十三日　星期四　氣候：晴

雪恥：一、六十師軍援計畫之重新研究。二、臺省府卅一與卅二兩年政績之比較表。

朝課後記事，九時半在府接見符立德與麥卡尼爾[3]等，僅提起開計畫與外圍島嶼之重要，使其特別注重而已，約談半小時別去，批閱公文。十一時後回寓，整記優生名冊。午課後審閱開字計畫完，再審閱與尼克生談話記錄，自覺欣慰，以今日韓、越之形勢變遷，以及共匪、俄帝之行動策略，均於半年前所說者幾乎完全一致也。晡約符立德談話一小時（另錄）。宴會後與麥卡尼（國防次長）談話，甚相投為慰。晚課，經兒來談寧波共匪飛機近日對我大陳與南麂間不斷搜索，是匪已偵知我已赴大陳視察矣。今又截獲波蘭輪一艘。

1　楊勃，字君勃，號品森，廣西容縣人。1951 年 1 月任國防部軍事幹部教導團團長，1956 年 1 月任國防部聯合作戰計畫委員會委員。

2　汪貫一，字道善，1952 年 6 月起歷任軍官訓練團政治教官、國防部總政治部設計委員會主任、國防部總政治部第三組組長。1954 年 5 月升任陸軍指揮參謀學校政治部主任。

3　麥克尼爾（Wilfred J. McNeil），又譯麥卡尼爾、麥克尼，1949 年 9 月至 1959 年 11 月任美國國防部主管主計次長。

五月十四日　星期五

雪恥：一、廣播公司人選。二、駐美黨務主持人之指定。三、與符談開案原則。四、電顧[1] 催中美互助協定之速即進行。

朝課後記事，審閱與尼克生談話紀錄完。入府與公超談話，召見顯光、道藩談廣播公司人選，新設電播可於就職日開始播音矣。召見十員後，召集情報會談，研究共匪故作有二億人缺糧之宣傳用意，乃使美國對俄共鬆懈備戰乎。午課後，審核國防部組織體系案後，到研究院視察聯合作戰演習。回寓辦公，散步，與武、勇車遊淡水，膳後散步，晚課。

五月十五日　　星期六　　氣候：陰

雪恥：一、張秘書長[2] 任命之發表。二、中央銀行總裁與財政部之關係如何。

朝課後記事，聽讀符立德建立亞洲軍隊計畫之主張，乃感其人之精明遠大，殊為美國其他將軍所不及，此誠傑出之將才也。九時後祭丁鼎丞先生之喪畢。入府辦公，會客與召見十員，有余作民者，乃可造之才也。召集軍事會談後，審閱美國防部組織及其改革研究之報告書，甚有益也。午課後往研究院參加聯戰演習之報告與講評。晡約記[3] 符立德隨員五人茶會後，獨自散步，在靜觀室消閑，入浴。武、勇陪膳後，散步觀月。晚課，廿二時半寢。

1　顧即顧維鈞。
2　張秘書長即張羣。
3　原文如此。

上星期反省錄

一、巡視大陳、南麂各島畢回臺。

二、與符立德談話相投。

三、麥克尼爾次長態度友善為慰。

四、召見黨政軍聯合作戰班第二期學員完。

五、第二期學員畢業。

六、任張岳軍府秘長。

七、重審與尼克生話談為慰。

八、重審上年建軍計畫有益。

九、研究國防部組織與職掌甚費心力。

十、截獲波蘭接濟匪輪一艘。

十一、胡璉軍團司令已遵命就職。

十二、大陳附近匪海軍活動甚烈，海戰增多。

本星期預定工作課目

1. 貿易外匯管制政策之利弊如何。

2. 周德偉[1]方案。

3. 就職典禮之準備。

4. 約宴僑領之名單。

5. 臺灣省議會議員之約宴。

6. 與威爾生美國防部長談話之研究。

---

1 周德偉，字子若，湖南長沙人。1950 年至 1968 年擔任財政部關務署署長，並在臺灣
   大學、政治大學兼任教授。1955 年 2 月兼任行政院外匯貿易審議委員會副主任委員，
   致力於外匯貿易改革方案。

7. 行政院長、司法、考試院長之提名。

8. 行政院各部會長及委員人選。

9. 省主席決定嚴家淦。

10. 院（行政）、省府各主管之宴會。

11. 咨〔資〕政、顧問等之宴會。

12. 評議與常委之宴會。

五月十六日　星期日　氣候：晴

雪恥：一、實踐風氣。二、責任感。三、企圖心。四、雍容寬厚的器度。五、無私無我的精神。六、冒險無畏的膽識。七、雪恥復仇的志節。八、殺身成仁的決心。九、養成偉大人格，準備負重任，決大難，定大計，臨大節而不變。十、都市地權方案之速提。

朝課後約見符立德與麥克尼談話，以雷州半島登陸牽制越南共匪，威脅南寧之計畫要領為重點加以說明，約談一小時別去後，修正就職宣言稿，禮拜如常。午課後記事，續修文稿初次成後，約見少谷，談行政院與省政府去年工作成績之檢討與發表，以資宣傳。入浴後帶武、勇二孫車遊山上。晚觀碧血黃花影劇甚佳，廿三時寢。

五月十七日　星期一　氣候：晴

雪恥：一、對威爾生談話要旨：甲、中美互助協定。乙、東亞一般情勢（中、日、韓、菲）。丙、越南前途與東亞、南亞之關係。丁、遠東反共聯盟組織之方式。戊、美國軍事政策與主官應多聽取東亞反共有經驗人之意見，且有簡單而無危險性之辦法。己、開字計畫。庚、對越南計畫。二、招待威氏之組織與日程。

朝課後修正文稿，十時半到研究院舉行第二期結業典禮，訓話約一小時，分院婦女訓練班同時舉行開學典禮也。據周、馬[1]報告大陳附近匪艦近日活動積極，彼我均有損傷，日內恐有大戰也，聚餐。午課後記事，重修文稿與兩孫車遊山上，晚課。

五月十八日　星期二　氣候：晴

雪恥：一、對威談話應着重我復國後的農工發展建設與交通水利開發工作，可以增加美國機器、技術人才之出路，與中、美經濟合作為世界和平之力量，真能消除人類戰爭之禍患，望其特加注意與努力。二、約宴行政院與省政府人員日程。三、相對基金速即用完之計畫。四、召見劉子蕃（設委）。
朝課後重修文稿，十時聽取美國防部組織之報告至十三時止，據空軍報告，今晨利用濃霧在大陳北方襲炸，匪艦一沉一傷，其沉者為一千五百噸級之驅逐艦，我機廿四架安然返防也。以匪近來不斷以海、空軍向我大陳挑釁，將於二十日就職之日予我打擊，以達其政治宣傳與心理作戰之效用也。余先此一反打擊，或可阻制其奸計，但其海、空軍力大過我數倍，今後必來報復無疑矣。

五月十九日　星期三　氣候：晴

雪恥：昨午課後與儀甥談話畢，重修文稿至夜方成，散步。晚課後廿三時寢。
朝課後記事，就職文告定稿，在寓考慮明日就職應準備各事及與威爾生談話

1　周、馬即周至柔、馬紀壯。

方式與順序，故未到中央常會。午課後閱報，與鴻鈞談行政院組織之人選，惟考試[1]、內政與交通各部長尚未決定也。據報今日大陳附近空戰，我螺旋槳 F47 擊落敵噴射機一架，而昨日被炸起火之敵艦八百噸者，今亦見其沉在海中，可知敵匪海、空軍之無能，故我士氣益旺盛矣。晚與儀甥及兩孫車巡市內，祝賀就職之社會燈彩情形，晚課。

五月二十日　星期四　氣候：晴

雪恥：一、本日與威爾生談話二次，第一次彼此影響，和偕無間，情意相投。第二次對反攻大陸俄寇不敢正式參戰一點，威仍抱疑慮，但其對於我開字計畫，允與其總統必詳細研究云，其態度尚佳，余亦不再多說。

朝課後八時，接見威爾生部長，談話一小時後，十時到中山堂舉行第二任總統就職典禮，宣誓如儀。宣言畢，先接見威爾生等受賀，再接受各國使節祝賀後，入總統府接受群眾歡呼畢，再受文武僚屬祝賀後，到中央黨部常會提名俞鴻鈞為行政院長，通過。回寓已十三時矣。午課，記事，審閱廣播擴大紀念稿後，安排座席。十七時入府，酒會後，與陳副總統夫婦及令儀閒談後回寓，與威爾生第二次談話至廿時半，晚宴畢。晚課，廿三時寢。

五月二十一日　星期五　氣候：晴　溫度：九十

雪恥：一、威爾生為一工業經濟家出身，舉凡養牛、餵豬以及機器管理等事，則無一不用腦筋思慮，而其對軍事與政治則茫然無趣，此乃美國政治之精神，以如此軍事大權在握，籌決世界軍事與戰略之重要職位者，而其對軍政隔閡，

1　「考試」應為「教育」之誤。

誠所謂門外漢者如此，難怪國際共禍猖獗，無法收拾，非以致引起世界大戰，必不能解決一切，然而人類無謂之浩劫，不能避免矣，奈何？二、各院部會長人選。

朝課後記事，十時在圓山忠烈祠遙祭總理陵寢，對中山陵之影象在遙祭時更覺深刻印入在目也，嗚呼。祭畢回寓，記上周反省錄，批閱公文。午課後清理積案，審閱覆美耶教聯合會稿畢，須加修正。晡車遊山上，晚約威爾生便餐，談至廿三時半方畢，另記錄。晚課後廿四時寢，今夜為最晚寢息之一日也。

五月二十二日　星期六　氣候：晴　溫度：九十二

雪恥：一、秦[1]秘書晉級。二、國防大學與實踐學社之學員選定。

朝課後記事，批閱公文。十時入府，召見浙海、空戰英勇軍官鄭永達[2]、連廷華[3]、何建彝[4]、徐廷傑[5]炸沉匪之驅逐艦者，及金華[6]、李忠立[7]等以螺旋槳機擊落噴射機者二十八人，獎勉後到中山堂，主持立法院黨員大會，提名俞鴻鈞為行政院長案，一致舉手通過後，回寓，辦公。午課後到中山堂，接見菲列濱、泰國張萊〔蘭〕臣[8]、姚廂坤〔廼崑〕[9]等各僑團後，請各僑團六百

1　秦即秦孝儀。
2　鄭永達，籍貫山東，時任空軍第二聯隊第十一大隊大隊長。
3　連廷華，籍貫四川，時任空軍第二聯隊第十一大隊第四十四中隊參謀。
4　何建彝，籍貫廣東，時任空軍第二聯隊第十一大隊第四十四中隊飛行員。
5　徐廷傑，籍貫四川，時任空軍第二聯隊第十一大隊第四十四中隊隊附。
6　金華，籍貫山東，時任空軍第五聯隊第五大隊第二十七中隊分隊長。
7　李忠立，籍貫上海。時任空軍第五聯隊第五大隊第二十六中隊分隊長。
8　張蘭臣，時任泰國中華總商會主席，率領泰國華僑慶祝總統、副總統就職致敬團來臺。
9　姚廼崑，菲律賓華僑，祖籍福建晉江。1954年3月，任菲僑華商總會副理事長，5月組織致敬團訪臺。1961年6月，返國參加陽明山第一次會談。

餘人茶會畢，與香港影劇界王元龍[1]等七十餘人攝影紀念。晡與藍卿、蔡斯等談話，研討蔡斯此次由其眾議院電召回國，對中國軍援問題作證時之要領，約談一小時半後，與儀甥車遊山上回，晚課。

上星期反省錄

一、此次就職之氣象，與各地、各國來賓之踴躍以及一切進行之順利，尤其是港澳自由團體與主要明星，幾乎全體自動來臺參加慶祝，其所表現之情態，正可代表大陸民心望余往救之迫切意念，不勝感愧。此為自來所未有之形勢，故時刻戒懼，甚恐自大疏忽，因之轉成失敗也，能不敬慎克制乎？

二、廿日以前匪海、空軍集中大陳以北地區，將予我就職時一大打擊，滿擬攻陷我大陳，而我空軍英勇反先予匪海、空軍不意之大打擊，竟使匪計不逞臨時中止，而且近日大霧瀰漫無法來犯，是亦天賜予之轉危為安，豈非今後反攻必成之朕兆乎。

三、越共攻陷奠邊府後，乃以其全力向河內急進，其計非攻陷河內、海防決不停戰，美、法其將如何耶。

本星期預定工作課目

1. 設立全臺旅館檢查與登記准許辦法。
2. 旅行社之澈底整頓與新計畫。

1　王元龍，著名演員、編導，原名王秉鈺，出生於天津。1954 年 5 月首度帶領香港影劇界慶祝總統就職回國勞軍團來臺。

3. 召見陳光甫與嚴、江[1]。

4. 召見谷正綱與張曉峯。

5. 決定各部會長人選。

6. 國防大學學員指派人選。

7. 各部會次長必須研究員一人。

8. 第三期研究員人選之審定。

9. 實踐學社學員之審定。

10. 考試院部人選之研究。

11. 宴會日程。

12. 符立德談話。

五月二十三日　星期日　氣候：晴

雪恥：一、實踐學社開學日期之研究。二、影劇界參觀婦聯會與婦訓班。三、陳桂華[2]履歷之查明。

朝課後巡視畢。膳後聽報、記事。召見曉峯，屬其擔任考試院長或教育部長之一職，准其考慮一日，復見鴻鈞商各部會人選與對立法院之態度畢。禮拜後，與儀甥遷住後草廬午膳。午課後審核國防大學應指定之學員二十名及實踐學社學員，甚費心力。經兒來報李彌有關之冒領護照不法案，李已不能挽救乎。晡與儀甥散步於「後公園」後，車遊山下一匝。膳後令經兒注意女情報員之訓練辦法及女明星之招待事，晚課。

今日體重一百廿四磅餘。

1　嚴、江即嚴家淦、江杓。

2　陳桂華，廣東東莞人。1951 年 2 月出任第七十五軍第十六師第四十六團團長，1952 年 10 月調任總統府侍從參謀。

五月二十四日　星期一　氣候：晴

雪恥：一、蒲立德君約星五回臺北。二、國防部編制須催俞大維早回。三、谷正綱如不願就內政部時，應改派余井塘¹繼任。四、新陳代謝之方針。

朝課後記事畢，重審核改「防大」第三期指派學員之人選。十時約見符立德談一小時餘，所談者為軍事與政治普通問題後回去。晚間忽覺其本日要求來見之目的是為要閱讀余與尼克生談話記錄，但彼未明說，余亦遺忘此前約為憾，應待其回臺北後再交其參閱，當不致誤會。正午宴山田²，午課後審核黨政軍聯戰班第三期學員人選一百五十人，最費心力也，召見孟緝。晡與儀翔車遊山下一匝，晚觀中製傳統影劇。本日為吸收香港影劇界，使之傾向革命甚切也。晚課，廿三時寢。

五月二十五日　星期二　氣候：晴

雪恥：一、考試院長人選之方針。二、中央秘書長人選之方針。三、審計與銓敘、考選三部人選之考慮與考試委員之人選。四、河北、山東藉〔籍〕次長之人選。五、省政府各廳、處之人選。六、現任地政局長應升廳長或次長，沈時可。

昨夜服藥片後始入睡，今晨起床後朝課，記事，審核行政院各部會主官人選。九時半入府，召見臺省新選出之各縣市長，訓示約半小時後會客畢，召集一

---

1 余井塘，1950 年 3 月出任內政部部長，同年兼蒙藏委員會委員長，1952 年 2 月免兼。1952 年 4 月任行政院政務委員。1954 年任國民大會主席團主席。1963 年 12 月升任行政院副院長。
2 山田純三郎，惠州起義烈士山田良政之弟，繼承兄長事業，追隨孫中山參與中國革命。1953 年 3 月，將所藏孫中山與先烈先進墨蹟及文件，交張羣帶回，贈與中國國民黨。

般會談，研討制度與用人方針。辭修欲留賀衷寒[1]連任交通部長，余明告其此人不識大體，好造派系且挑撥爾我間是非，決不可用也。午課後批閱公文，核定行政院部會長人選，立法院以四分之三以上票決鴻鈞為行政院長也。

五月二十六日　星期三　氣候：陰

雪恥：昨晡約見美軍醫四人後出外散步，車遊山下一匝。晚約鴻鈞、岳軍、曉峯、道藩、少谷等，商討行政院部會與政務委員之人選，作最後之決定也。晚課，寢。

本（廿六）日朝課後記事，清理案宗。九時半入府，召見我國參加亞洲運動會選手，加以獎勉。十時後到中央常會，提出行政院各部會長及省主席人選名單，一致通過，深信此次人選實為歷來行政院改組中最合理想與眾望之第一次也，但並非無缺憾耳，回廬清理案宗。午課後批閱公文，覆妻電，閱讀黨史，三月二十九發難前之黨史。召見嚴家淦後，到後公園與臺港影劇與平劇界攝影後，在研究院聚餐畢，餘興後即回，膳間與王元龍談影劇改正之點約半小時，晚課。

五月二十七日　星期四　氣候：晴

雪恥：一、與符立德談別要旨，注重於美國遠東政策之二大難點：甲、在亞洲與共匪集團謀妥協。乙、在東南亞與英、法要求其放棄殖民地政策，而順

1　賀衷寒，號君山，湖南岳陽人。1950年3月，任行政院政務委員兼交通部部長，1954年5月卸交通部部長職，6月改任總統府國策顧問，仍任行政院政務委員。1962年11月，任中國國民黨中央設計考核委員會主任委員。

從美國政策，是皆與虎謀皮、徒勞無功之舉，即使英國將來願意參加東南亞聯防，亦徒為美國遏制東南亞共禍戰略之累贅，適得其相反之結果而已。二、約土耳其大使談話。

朝課記事後，入府召見鴻鈞，令匯機密費直寄瑞士，以免間接轉手多引起美反對派注目也，並召見吳三連[1]畢。審閱與符談話錄後，與辭修、岳軍商討考試院長人選問題，如夢麟[2]堅辭，則決推莫德惠、王雲五為正、副院長，以其無黨派且莫為東北藉〔籍〕也。午課後函妻並審閱談話錄。

五月二十八日　星期五　氣候：晴

雪恥：昨晡車遊途中，忽腹瀉不止，是為平生最難熬而苦痛之一事也。回寓入浴，膳後體倦，乃即晚課畢就寢。近來夜間睡眠恍惚，有似醒非醒之狀，而且半夜逐醒後即不能深沉酣睡，甚覺苦悶，但能存養省察，修身工夫似又進一步矣。

朝課後記事，入府約見蒲立德、黃〔王〕元龍等後，召集情報會談，對鄭介民[3]之處理疏忽，不能保密自重，以致鍾生歸誠之要案被匪察覺破案，其他工作亦多處理失當，加以訓斥。午課後審閱威爾生談話錄畢，與曉峯談話後，到後公園散步回。約見符立德、藍卿等長談時局一小時作別。昨膳後經兒來談電影工作進行辦法後，晚課。

1　吳三連，字江雨，臺南學甲人。第一屆國大代表，1950 年出任官派臺北市長，1951 年至 1954 年為第一屆民選市長。
2　蔣夢麟，原名夢熊，字兆賢，號孟鄰，浙江餘姚人。曾任北京大學校長、教育部部長、行政院秘書長、國民政府委員。1948 年 10 月，任中國農村復興聯合委員會主任委員。
3　鄭介民，原名庭炳，字耀全，廣東文昌人。1952 年 10 月，任中國國民黨中央委員會第二組主任。1954 年 8 月，任國家安全局局長。

五月二十九日　星期六　氣候：陰　晴

雪恥：一、審閱吳案卷宗。二、明日軍事會談。三、發元龍照片。四、審核與符談話錄。五、准麥克尼爾參閱與尼談話錄。

朝課後記事，入府批閱公文，召見九龍、墨西哥各僑團以及立法院熱心黨員等卅餘人。十時半忽聞警報，約有五批敵機盤旋於澎湖附近地區，直至十一時半始逸去消失目標後，聞馬尼拉亦有警報，乃料其為偵察臺灣與馬尼拉間海面之船艦與示威行動，而並未有所轟炸也。正午宴行政院與省政府將交代之高級主官等畢，午課後審核整編師長名冊完，召見土耳其大使[1]，約談一小時後，車遊山下一匝。晚約道藩等便餐後談吳案，彼等急欲宣布吳案罪證，是將小不忍而亂大謀也。晚課後寢。

上星期反省錄

一、共匪已允英工黨領袖艾德諾[2]與比萬[3]等在七月間前往大陸內訪問。

二、近日自認天理可以戰勝人慾與邪念，自矢復國責任一日未盡，即不能有一日逸樂，故苦修蕭寂自比於野僧，如余苟一放肆，則革命歷史與國家前途皆將付之東流，而一生之志節亦將毀滅於一旦，能不戒懼乎哉。

三、本周慎選行政院各部會首長，提出發表後，中外輿情協悅，認為自有行政院以來，其人選之整齊未有如此次之盛者也。

四、審核新任各師長人選完畢，甚覺費力也。

1　阿克薩勒（İzzettin Aksalur），土耳其駐日大使兼駐華大使，1953 年 8 月 14 日到任，1955 年 5 月 29 日離任。
2　艾德禮（Clement R. Attlee），又譯愛達雷、艾德立、艾脫力、艾德理，英國工黨黨魁。
3　比萬（Aneurin Bevan），英國工黨政治家。1945 年，出任衛生大臣，1951 年 1 月，為勞工及國民服務大臣。

本星期預定工作課目

1. 職員體操與軍事校閱之查報。

2. 政策機構之建立。

3. 吳案之研究組會。

4. 考試院部會人事之協商。

5. 游建文[1]與屬志山[2]准假令（採購服務團）。

6. 儀甥回美之準備。

7. 諮〔資〕政、顧問宴會。

8. 聯戰系人選之核定（黨政軍）。

9. 國防大學三期開學。

10. 思想信仰與力量。

11. 新任師長人選之發表。

12. 國防部新編制之審核。

五月三十日　星期日　氣候：陰

雪恥：一、約見張蘭臣。二、發曾寶蓀[3]、孫沂芳[4]節金。三、發辭修機密費。
朝課後記事，記本周工作表，審閱吳案之報告書，往蔣林堂禮拜如常。正午
召見胡璉後，在臺北賓館召宴各地僑領，分別垂詢意見。午課後審閱吳案完，

1　游建文，號亦錚，福建林森人。曾任駐美大使館公使銜參事、駐聯合國代表處公使銜
　　顧問，1957 年 9 月任駐紐約總領事館公使銜總領事。
2　屬志山，浙江寧波人，抗戰時期任戰地服務團成都區辦事處主任，勝利後任勵志社副
　　總幹事與特種勤務署副署長。時在美國負責與西方企業公司聯絡工作。
3　曾寶蓀，字平芳，號浩如，曾國藩曾孫女。1947 年當選第一屆國民大會代表。歷任光
　　復大陸設計研究委員會副主任委員、國民大會主席團主席。曾編校《新舊約聖經提要
　　偈子》行世。
4　孫沂芳，宋美齡之英文秘書。1959 年 6 月任西北航空公司臺北分公司副總經理。

帶武、勇二孫車遊淡水。晚約辭修、道藩、希聖等十餘人，研究吳案處理方針，因道藩不能詳審其此案之時間與環境，而一以主觀是尚，故要求辭修於行政院長未卸職以前，答覆其在立法院之質詢，余恐其神經有病，故先表示此案應待七月以後，美國議會閉會時再定進行辦法，而且必須法律手續同時並進，方不予敵以間隙，否則如在此時答覆，則必引起吳逆在美以重起攻訐之機會，對我軍援將有不利之影響也，道藩未作反對而止。晚課。

五月三十一日　星期一　氣候：晴　未刻雷雨

雪恥：一、派武官陪士大使參觀。二、與尤〔劉〕紀文[1]談話。

朝課後記事，考慮今日訓詞稿要旨。十時到國防大學舉行第三期開學典禮，致訓約半小時畢。入府召集軍事會談，審度共匪優勢之海、空軍被我襲擊大受損傷後，不敢向我大陳海軍報復之故，再無其他理由可索，或其對美海、空軍協防之性質與程度未識究竟之故，所以不敢冒險還攻乎。自符立德來臺考察以後，美援對我軍款協助放寬甚大也。午課後，最後審定黨政軍聯戰班第三期學員之名單完，此亦一要務也。與儀甥車遊淡水回，接閱洪自誠[2]著菜根譚原本，如獲至寶。晚課後廿二時半寢。

1　劉紀文，祖籍廣東東莞，生於廣東順德。曾任南京市市長、廣州市市長、審計部政務次長。1949年流亡日本，後遷居臺灣，被聘為總統府國策顧問。1954年7月，並任光復大陸設計研究委員會委員。

2　洪自誠，明朝人。師承宋儒性理之學，而深得釋、老之精髓。為人坦蕩恬淡，能放懷於名利之外，而以敦品勵德、篤學自適為志。著有《菜根譚》一書。

上月反省錄

一、俄共運輸軍械接濟中美洲「危地馬拉」國之共黨，已引起美國朝野之大不安，與共產集團對美洲之陰謀始得一深切之教訓，此必於東南亞共禍之險惡情勢，更能使美國又進一步之認識，或有助其反共與戰俄之決心乎。

二、菲共「泰勒克」本月向其政府自首歸降矣。

三、匪印對西藏已訂新約，此乃印度之遷就。

四、匪對西藏公路與飛機場修築甚速。

五、越南奠邊府果於七日被共匪攻陷。

六、日內瓦會議一月餘來全為英國利用與操縱，且為共匪大事宣傳之場所，其收獲不少，法國求和不得，而美國孤立得可憐，徒顯其毫無領導能力之醜態，何苦如此。

七、法國對越南形態，自其參謀總長巡視越南回法後，似已決定派其大軍增援，將其越南各地法軍撤退，而固守河內、海防、西貢幾個海口據點，以待後援與時勢發展。如此策果能實施，未始非應急之道，但未知果能貫澈此一戰略否，全視美國之決心如何矣。

八、將來越南停戰問題必無法解決，惟暫以劃分地區求得一時之喘息，而寮、高二邦匪軍之撤退絕不可能，只有以不了了之。但此種苟安之局勢，決不能有半年時間之持久，最後其必引起大戰無疑也。

九、本月對符立德等談話，貢獻美國對亞洲政策之意見，可謂盡我心力，如其政府果有領導反共世界之氣魄，與求保世界和平之決心，其必不能河漢斯言耳。

美國軍援之態度自符來後大為好轉矣。

十、第二次總統就職之盛況，與海內外同胞及友好對余信心之表現，實為從來所未有，甚恐氣象太好，名不副實，無任惶恐戒懼，惟亦時能克制自反耳。

十一、行政院改組高級人事與省主席等人選皆已決定，自認其整齊有力亦為從來所未有，吳逆得悉時其必後悔莫及，而又將痛憤洩恨乎。

十二、巡視大陳乃為五年來第一次回至浙土，其歡樂等於回武嶺故鄉，精神上不自覺其為何如此愉快也。大陳區域自中旬以來，我海、空軍皆能以劣勢戰勝匪部，舊機戰勝新機，以打破匪軍預定對大陳攻擊之野心，我士氣高漲亦達頂點，此為就職前後軍事最佳之現象也。

十三、整編軍師長人選皆已慎重決定矣。

蔣中正日記
Chiang Kai-shek Diaries

六月

蔣中正日記
Chiang Kai-shek Diaries

民國四十三年六月

本月大事預定表

1. 國防部編制注意各點：甲、三軍政策委員會之性質。乙、戰時指揮系統與參謀總長之關係。丙、各機構組織須彈性，可隨時修正。丁、後勤消耗業務之管理。戊、組織之靈活性、合作性與責任性之注重。己、立法組是否專對國會提出法案，抑或部內修改法規之審定等事。
2. 越南停戰問題之爭執：甲、軍事與政治問題同時解決。乙、劃界分治與聯合政府。丙、越南問題不牽涉寮、高二邦，共匪在二邦撤退。
3. 三軍聯合指揮部之籌組與人選。
4. 老兵集體轉業生產組織之督導。
5. 南方執行部之整頓與人選。

六月一日　星期二　氣候：陰雨

雪恥：一、考試院長人選之決定。二、中央副秘書長人選。三、國防部編制之決定。四、審計部長人選。六[1]、駐美大使與外交人事。

朝課後記事，九時半入府辦公，十時舉行行政院新任院、部、會長就職宣誓

1　原文如此。

典禮致訓，以「紂有臣億萬，惟億萬心，余有亂臣十人，惟一心」之武王語勉之。並解「亂臣」二字，以亂為戰亂，亦革命戰時之意，所謂「亂臣」者乃革命戰亂時代之幹部也，舊注以「亂」字解「治」字之意，實太牽強，故特正之，認此為正確之解釋也。召集宣傳會談，共匪在日內瓦會議宣傳頗有效力，此必然之事，但其將來事實證明後，恐歸失敗耳。正午宴諮〔資〕政、顧問等，午課後審閱與符立德談話稿後，與儀甥車遊山下。晚宴蒲立德，談二小時辭去，晚課。

六月二日　星期三　氣候：陰雨

雪恥：前、昨二夜睡眠已入正常，此乃陳酒之效也。

朝課，記事，到中央常會，通過行政院、省政府各廳、處、局與各部次長人事，研討韓國鎮海亞民〔盟〕反共陣線會議，與對招待阮文心[1]等應注意各點，對菲化零售商案亦有決定抗議與設法取消之方針指示。午課後修正與符立德談話第五次稿，甚費心力。晡與儀甥車遊山下一匝。晚讀唐詩與菜根譚後，晚課，廿二時寢。

一、對副總統特別費應予津補。二、國防部組織方案應速核定。

六月三日　星期四　氣候：晴

雪恥：一、駐泰之中國銀行雇用僑領顧問，或增加僑領為中行董事。二、對南洋航輪應增加定期航行。三、國防部次長人選之速定。

1　阮文心，越南國民黨黨員。1952 年 6 月 25 日至 1953 年 12 月 16 日，任越南國（南越）首相，君主是保大帝。

朝課後修正對符立德、藍卿之談話稿後，以防空演習未能下山，乃在廬中記事。十一時仍入府接見張蘭臣，批閱公文。午課後對臺省基層訓班致訓畢。與儀甥往遊烏來瀑布，前後徒步走路十餘華里，且試坐小軌運貨之腳踏平車，此為來臺後第一次之試坐，惜妻未能在此同坐為憾。途遇警報，回廬時已廿一時餘，入浴，晚餐。晚課後即寢，今日步行略疲，今夜或能酣睡乎。

六月四日　星期五　氣候：晴　未刻大雷雨，農田甚有益

雪恥：一、整編陸軍手續與計畫，立人延緩拖牽不知究為何意，恐將誤事，應自來督促審閱，方能如期完成，否則將無結果矣。二、國防部長代理人應速選定：甲、至柔。乙、黃杰[1]。丙、永清。三、國防部編制速審核。

朝課，寫夫人信及修正與藍卿、符立德談話錄。十時前入府，約會阮文心、武鴻卿[2]等，相見甚歡。召見向賢德[3]等六員後，召集財經會談，指示外匯與貿易管理方針，以及計畫與發展工作機構之重要。午課後記事，對藍、符談話錄再作補充完，與儀甥車遊與散步。晚觀國製影劇慈母心，甚劣，中途停止。晚課，閱菜根譚，寢。

1　黃杰，字達雲，湖南長沙人。1953 年 8 月，任臺北衛戍司令部司令。1954 年 7 月，接任陸軍總司令部總司令。1957 年 7 月，升任總統府參軍長。
2　武鴻卿，本名武文講，或為武文簡，是越南獨立運動革命家、越南國民黨領導人。1952 年支持同黨阮文心擔任越南國首相。1955 年 10 月，越南共和國成立，越南國民黨轉至地下活動。
3　向賢德，號亦庵，湖南寧鄉人。時任經濟部中央標準局局長。

六月五日　星期六　氣候：晴　未後雨陰

雪恥：朝課後審閱黃埔軍校卅年概略，未完。九時後送儀甥至機場口，乃入府會客，並召見盛漢恢[1]、方志祥[2]等六員畢。召集軍事會談，甚以共匪噴射機與螺旋槳機並用，且以八對我 F-47 螺槳機二，被其擊落一架為慮，以後我空軍僅以舊式 F-47 機應敵，實無以為計，惟美海軍第七艦隊於一、二兩日，在大陳與漁山外海對匪示威，表示其匪如進攻大陳，則必助我防護之意，且匪機亦曾與美機在當地上空望見，必以美海、空軍可能干涉之作用矣。問及各兵團司令編組情形，乃知其尚未着手，以孫立人對指揮權必待六月卅日交接，故其部隊無法整編，此乃立人為人之拖延觀望，得過且過之惡習，難怪所部對其毫無信仰也。乃面令其各防區指揮權即日轉移於各兵團司令，以期如計編成也。午與經兒全家過節。

上星期反省錄

一、行政院改組完成，惟俞大維病，尚未能回國就職，代理人選亦頗為難。

二、與符立德、藍欽等各次談話錄已修正完成，第五次記錄對雙邊安全協定意見甚重要。

三、美海軍在大陳附近對共匪示威，使其對大陳之進攻奸計有所顧慮也。

四、法國派其參謀總長艾雷[3]為越南軍政長官，並決派大軍增援越南，是對越南積極之表示。

五、美、英、法、紐、澳五國在華府舉行軍事會議。

1　盛漢恢，1953 年 9 月出任聯合勤務總司令部財務署研究室主任，1954 年 6 月調任財務經理學校校長。

2　方志祥，1954 年 6 月出任財務經理學校教育長。

3　艾雷（Paul Ély），法國陸軍將領，1953 年 8 月出任法國參謀總長，1954 年 6 月被任命為印度支那全權代表兼總司令。

六、共匪對陳毅[1]、劉伯誠〔承〕[2]、高崗[3]、葉劍英[4]等免除職務已經半年，而我未得情報，殊為可歎。如果此一消息證實，則其內部組織與實力更為強固，而過去朱、毛最大制〔致〕命之病根完全消除，對於我反攻計畫發生重大之不利影嚮〔響〕，此乃韓戰停止後，對匪內部整頓與充實能如計實施，是其最大之勝利也。

本星期預定工作課目

1. 宴評議委員或府中職員。

2. 國防部組織系統與業務案。

3. 情報機構與職權系統案。

4. 考試院長及其部會人選。

5. 國防部次長與代部長之人選。

6. 駐美大使之人選。

7. 中央黨部人事案。

8. 政策機構與研究發展機構之組織。

9. 中央銀行副總裁人選。

10. 中、交二行董事長與總經理不能兼任。

1　陳毅，原名世俊，字仲弘，中華人民共和國成立後，歷任上海市市長、國防委員會副主席、中央軍委副主席、國務院副總理兼外交部部長等職。

2　劉伯承，名明昭，字伯承，以字行。1949年10月後，歷任中共中央西南局第二書記，西南軍政委員會主席，中國人民解放軍軍事學院院長兼政委等職。

3　高崗（1905-1954），原名崇德，字碩卿，陝西米脂人。中華人民共和國成立後，任中央人民政府副主席、東北人民政府主席。1953年，出任國家計劃委員會主席，後與饒漱石密謀取代劉少奇和周恩來而遭批判。1954年8月自殺身亡。

4　葉劍英，原名宜偉，字滄白。中華人民共和國成立，歷任中共中央華南分局第一書記、廣東軍區司令員兼政治委員、中央人民政府委員、廣東省人民政府主席、廣州市市長等職務。

六月六日　星期日　氣候：陰

雪恥：昨午課後電妻，佳節未能團聚，更覺寂寞為苦。修正黃埔建軍卅年概述未完。晡帶武、勇散步，乘車回寓，經兒陪膳。晚課，讀詩。

朝課後修正黃埔建軍卅年概述未完，聽報後往管理局，禮拜，回續修概述。午課後記事，續修概述稿完，召見白鴻亮、帥本源[1]日藉〔籍〕教官，聽取其日本重整軍備情形畢。帶領武、勇散步，來往於後公園。晚觀影劇「太太風波」，演員仍多不自然也。晚課，廿二時後寢。

六月七日　星期一　氣候：晴

雪恥：一、光字計畫與復興計畫之準備。二、前年交雷計畫為「定」計畫或D「地」計[2]。

朝課後對黃埔概述作最後之定稿。九時半入府，與葉[3]部長談話後，到軍事情報會議，致訓約半小時畢，回府聽取陸總部整編計畫報告，對各軍團司令與陸總彼此磨擦之情形作一總結束，使能各負其責，如期完成計畫也。午課後記事，記反省錄與本周工作預定表後，審閱國防部組織體系意見書後，散步，車遊。晚公超來報，本日與麥克尼爾、藍卿長談之結果，美國在遠東實地調查之結果，認為惟臺灣軍力可用，且云除余之外，遠東無其他可信之領袖也，信乎。

1　山本親雄，化名帥本源，日本帝國海軍少將，參與白團協助海軍訓練計畫。時任圓山軍官訓練團、實踐學社副總教官。
2　原文如此。
3　葉即葉公超。

六月八日　星期二　氣候：晴

雪恥：一、國防部次長或中信局長人選：江杓？

朝課，記事，入府召見孟緝後，會韓、土各大使，聽取美醫對我軍營養不足與改正辦法之報告，全軍缺乏維他命營養者約有百分之六十以上，人數殊堪驚駭，幸已有改正辦法，此為國軍自來之重弊，亦為現在國軍之幸福與進步也。指示至柔修正國防部組織體系之要旨與方針。午課後審閱情報機構之統一與職權之規定，使之合法化各方案，此亦為政府重要之案件也。晡與兩孫散步，車遊。晚觀影劇（小鳳仙），晚課。

六月九日　星期三　氣候：晴

雪恥：一、光甫之世界公司案與上海銀行案。二、國防副部長黃杰、趙家驤[1]、黃占魁。三、中、交二行董事長。四、中央銀行副總裁。五、中信局長人選。六、國防部組織體系之決定。七、約張厲生[2]來談，副秘長鄧傳楷[3]、張寶樹[4]、張泰祥[5]。

朝課後記事，到中央常會。午課後審核情報機構體系，批閱公文後召見香翰

1　趙家驤，字大偉，曾任東北剿匪總司令部參謀長。1951年至1955年任陸軍總司令部參謀長。
2　張厲生，字少武，河北樂亭人。1950年3月，出任行政院副院長，輔佐陳誠規劃地方自治，實施耕者有其田，完成土地改革。1954年8月，改任中國國民黨中央委員會秘書長。1959年3月，出任駐日本大使。
3　鄧傳楷，江蘇江陰人。1953年4月，任臺灣省政府委員兼教育廳廳長。1954年8月，任中國國民黨中央委員會副秘書長。
4　張寶樹，1950年9月任中國國民黨中央訓練幹部委員會委員，1953年7月任中央第五組副主任。
5　張泰祥，字太翔，湖北黃岡人。原任中國國民黨中央委員會主任秘書，1954年7月改任第五組副主任。

屏[1]畢。帶二孫散步，車遊，經兒來陪膳。晚讀唐詩望薊門一首，晚課，廿二時後寢。

近日養心悟天工夫在靜坐時似又進一步乎。

六月十日　星期四　氣候：晴

雪恥：一、考試委員與考試院各人選須於星一提出。二、國防部組織法速催提。朝課，記事，九時後入府，與至柔討論國防部組織體系問題，彼以研究結果多持異議，認為現行組織與體系為合理，彼不明以政領軍之實質與今日實際情勢也，乃令其與陳副總統詳加研討。上午約見越南阮文心、武鴻卿及派赴韓國鎮海會議谷、黃[2]等代表六人。正午宴中、越二國參加鎮海會議代表團，午課後約見美牧師賀伯烈夫婦，彼在韓國致力於我反共義士傳教工作甚有效也，並觀在韓義俘營中各種幻影，甚為感動。晡在後公園應法記者照相。晚膳後與兩孫車遊，晚課。

六月十一日　星期五　氣候：雨

雪恥：一、軍士制度準備否。二、人生觀與氣節。三、軍事性質：甲、求精而不求多。乙、純一而不複雜。丙、精神重於物質。丁、必有捨而後有所全。戊、有整體而無個體。己、犧牲小我成全大我。庚、有主義而無自私。辛、先責任而後權利。壬、重氣節而免恥辱。癸、重信義而戒謊妄。

1　香翰屏，號墨林，抗戰期間，率部參加淞滬會戰和徐州會戰。1947 年當選第一屆國民大會代表。1949 年 2 月任廣東省政府委員，夏，移居香港，時任國民大會代表。
2　谷、黃即谷正綱、黃少谷。

朝課後記事，九時半入府召見公超，嚴令其通告美國限期撤消所謂曼谷中、美、泰三國撤退滇、緬邊境，李[1]部游擊隊之委員會切勿延長，以免長受聯合國與緬甸無稽之指責與罪累。會客，召集情報會談。午課後寫妻信，以顧維鈞已願任考試院長，而其駐美大使遺缺，投機者多爭此缺，外交當局不知輕重，保荐非人，乃決請夫人暫任此職也。

六月十二日　星期六　氣候：晴

雪恥：昨午評議會談，晡召見藍卿與蔡斯，以蔡初自其美眾議院作證，回報對於其政府援華政策與內容，彼乃茫然無知且表示悲觀，不能有何增援之希望也，可憐。獨自在後公園散步回，入浴，文孫來陪餐。晚讀唐詩，晚課，廿二時寢。

本晨朝課，記事，九時後到劍潭志清堂，對高級情報班點名訓話畢。入府辦公，會客，研究國防部組織體系後，召集軍事會談。美第七艦隊要求我大陳海、空軍在預約時間及區域範圍之內停止活動，以便其海、空軍之行動免致誤會，是其為參加大陳防衛戰之準備乎，至符立德調查團所提問題，多半與我擴軍無關，而且幼稚可笑，可知美顧問團之供給其材料多不明瞭臺灣情勢也，是其仍受共匪間接之影響耳，可歎。

上星期反省錄

一、國防部組織體系已審核決定。
二、情報機構之轄屬體系亦已決定。

1　李即李彌。

三、黃埔建軍三十年概述已修訂完成。

四、法國蘭尼爾[1]內閱〔閣〕由不信任票倒塌後，歐洲局勢惡劣非常：甲、建立歐洲軍之計畫更為渺茫。乙、西德政局動搖，親俄政黨（自由民主黨）抬頭。丙、越南之法軍必然失敗，此實為俄共陰謀政策最大之勝利也。

五、中美洲各國共黨猖獗，其勢日盛一日，此為美國心腹之患。

六、顧維鈞表示願任考試院長，是駐美大使問題可以解決，但繼任人選頗難，似不能不由妻暫任矣。

本星期預定工作課目

1. 楊亮功[2]為考試委員。

2. 中央副秘長人選，張寶樹或張泰祥。

3. 李白虹[3]、秦孝儀，第四組副。

4. 中央人事馬星野[4]、鄧傳楷，又港部加強。

5. 在鄉軍人（身份）法令之催訂。

6. 黃埔卅年紀念之訓詞。

7. 國防會議提出國防部組織體系案。

8. 情報機構組織系統之合法化。

9. 高級將領之調職案作最後之決定。

10. 考試與司法院長提名之延期。

1　蘭尼爾（Joseph Laniel），法國政治家，1953 年 6 月至 1954 年 6 月任法國總理。

2　楊亮功，1945 年 10 月調任閩臺監察使。1947 年發生二二八事件，奉命來臺灣調查。1950 年任監察院祕書長。1954 年改任考試委員，兼任考試院職位分類計畫委員會主任委員。

3　李白虹，1949 年任《臺灣新生報》社副社長。1953 年 4 月，與卜道明、邵毓麟等發起國際關係研究會，研究中共及國際問題。1957 年 3 月調任中國國民黨中央委員會第六組副主任。

4　馬星野，原名允偉，筆名星野，浙江平陽人。1952 年 8 月轉任中國國民黨中央設計委員會副主任，1954 年 8 月調任中國國民黨中央委員會第四組主任，主管宣傳。

11. 中央黨部人事案之研究。

12. 陳光甫之召見及招商局韋煥章[1]、李仲陶。

六月十三日　星期日　氣候：晴

雪恥：昨午課後到聯勤總部，聽取工業與醫務動員演習之報告，並視察動員演習之醫院，比前自有進步也。十九時回，入浴，膳後審閱黃埔卅年紀念訓詞稿。晚課。經兒來見，嚴令其從速休息，以據醫生檢驗其體力，因糖尿病其體力〔重〕已減輕十四磅之多，憂甚。

本晨朝課後修正黃埔訓詞稿，並與經兒討論政治部主任受其同級參謀長之指揮事，彼以為此時不宜變更原有法規，以吳逆復在美國大肆詆毀宣傳，適足示弱以長其兇燄，並動搖全軍對政工之心理也。禮拜回，與辭修、至柔檢討國防體系與高級人事之調動。午課後記事，重修訓詞第二次完，散步，車遊。晚觀風塵劫影劇，此乃臺製國片中最自然之藝術也。晚課後廿三時睡，令經兒宿於後草廬。

六月十四日　星期一　氣候：晴　溫度：八十七

雪恥：本日為先慈[2]逝世卅三周年忌辰，仍依常例朝餐禁食，以紀念養育劬勞之恩，回憶往事忤逆不孝之罪，誠終身莫贖矣。

朝課後重修黃埔紀念訓詞稿第二次完，幾乎費盡半日心力也。正午經兒全家來廬團聚跪禱，惜妻在美養痾，未能參加耳。午課後記事，記上周反省錄，

1　韋煥章，1949 年 6 月代理招商局總管理處總經理，1954 年 6 月，繼任董事長。

2　王采玉（1864-1921），蔣中正之母親。十八歲前夫故去，二十歲再嫁蔣肇聰為繼配，1887 年，生蔣肇聰次子蔣中正，後又生一男兩女：蔣瑞蓮、蔣瑞菊、蔣瑞青。

重修訓詞第三次稿完。帶領兩孫散步,車遊,回入浴。膳後獨臥陽臺納涼,重讀訓詞稿畢,晚課後廿二時半寢。

六月十五日　星期二　氣候:晴

雪恥:一、電顧[1]回臺。二、國防部代部長人選黃振〔鎮〕球?

朝課後重修訓詞稿。九時半入府批閱,召見蔡斯、鄧傳楷等,與蔣謙[2]司令討論大陳海軍作戰要旨,批示師長人選等要公。十一時後召集國防會議,討論國防部組織體系,至十三時半方畢,說明國防體系必須以政統軍方針,軍令與軍政必須一致,指揮系統業務必須純一,凡非作戰指揮有直接關係之業務皆應歸屬於軍政機構也,眾無異議通過。

六月十六日　星期三　氣候:晴　乍雨

雪恥:昨午課後記事,十七時由松山起飛,十九時半到高雄澄清樓住宿,入浴,晚膳,經兒同住也,納涼後廿二時寢。

朝課後審閱軍校訓詞印品,錯誤甚多,並閱卅年建軍概述。九時前到鳳山軍官學校,聽取新制課程報告,加以指示畢,即開始閱兵與分列式,較往年進步矣。主持校慶典禮後,對全校各期師生訓話,先口頭說明本校創辦時形勢約二十分時,但仍未盡意也,繼宣讀訓詞全文,禮成後,觀榮譽制度演習畢,巡閱新制各教室之設備,甚覺難得為慰。聚餐來賓千人,餐畢致詞,詳述本

1　顧即顧維鈞。

2　蔣謙,字士鵬,號孝先,江蘇宜興人。歷任海軍永勝、太平、峨嵋等艦艦長。1952 年 9 月任海軍後勤艦隊司令,後任特種任務艦隊司令。1955 年 10 月升任海軍總司令部參謀長。

校三遷經過與革命演進之關係，並派員朗誦廿三年手著之十年來革命之回顧一文，亦覺自慰也。

六月十七日　星期四　氣候：晴

雪恥：昨午課後記事，修正答美國基督教聯合會問題十一條，晡獨自車遊。晚約敬之[1]、辭修，晚餐畢，見王元龍君談電影事業後，晚課，入浴，廿二時半寢。

朝課後記事，九時由澄清樓往左營中山堂，舉行海軍參校第三期學員等畢業典禮，訓話後攝影，在海總禮堂點名，召見海軍顧問組作戰與補給二組長，垂詢其意見完。召見海軍各校長垂詢詳情，多以學生營養不足相告，應加副食。正午回樓，約蔡斯與卜蘭地組長[2]便餐。午課後四時由岡山起飛，經臺中農教電影公司製片廠，視察其機器，皆甚新式，乃令經國速定整個充實計畫，此實宣傳之要具也。晡回後草廬入浴，膳後獨自納涼，晚課後廿二時寢。

六月十八日　星期五　氣候：晴　溫度：九十

雪恥：一、伐木植茶之山地應嚴禁，並定具體實施辦法。二、警務處副處長陳孝強[3]不行。

1　何應欽，字敬之，貴州興義人。1949 年 3 月任行政院院長，同年來臺，擔任總統府戰略顧問委員會主任委員。1950 年 10 月兼任中國國民黨中央評議委員。

2　卜蘭地（Robert Brodie），又譯白蘭達、卜樂迪，美國海軍軍官，曾任密蘇里號艦長，時任駐華軍事顧問團海軍組組長。

3　陳孝強，號義貴，廣東蕉嶺人。1952 年任臺灣省保安警察第一總隊總隊長，1954 年 12 月任臺灣省警務處副處長。

朝課後記事，研究陽明傳習錄中「講求事變」與「下學上達」各條。入府召
見六員後，批閱公文，清理積案，電顧少川回臺，與岳軍、鴻鈞、曉峯、公
超等談話。午課後修正答美基督教會問完，重研陽明大學問，最為有益，在
此天人交戰未決之際，惟此方是靈丹耳。晡帶兩孫散步，回入浴，經兒、文
孫亦來陪，膳後觀影劇「父親大人」畢，晚課，廿二時半寢。

六月十九日　星期六　氣候：晴　半夜大風

雪恥：一、王公堂[1]、李惟錦[2]、董信武[3]等召見。二、約寶根講解情報局之組織。
朝課後記事，入府會客青木喬[4]、梁寒操[5]、衣復得[6]等，召集軍事會談，聽取
D 字計畫修正報告。午課後審閱國防部組織法，核定美國基督教聯合會問答
稿並批閱公文，致妻電。晡與兩孫散步，車遊山下一匝。入浴，膳後獨自納
涼，讀唐詩（李白[7]登金陵鳳凰臺）。晚課，今日研讀陽明大學問與朱子晚年
定論，皆甚有益也，廿二時寢。

1　王公堂，字鳳來，山東高密人。1953 年 5 月入國防大學校聯合作戰系受訓，1954 年 7
　月任第二軍第五十七師師長。1955 年 1 月調任國防大學校教官。
2　李惟錦，四川成都人。原任陸軍軍官學校教育處處長，1952 年 9 月，調任第三軍第十
　師師長。1956 年 5 月，調任澎湖防衛司令部參謀長。
3　董信武，字治亭，1952 年 7 月出任第八十七軍第九師副師長，1953 年 11 月升任師長。
4　青木喬，日本帝國陸軍少將，參加侵華戰爭，歷任第二十一軍參謀、航空總監部第四
　課課長、第八飛行團團長、第六航空軍參謀副長。
5　梁寒操，號君默、均默。原籍廣東高要，生於三水。1948 年任第一屆立法委員。1949
　年赴香港，出任香港培正中學、新亞書院教員。1954 年赴臺灣，任中國廣播公司董事
　長。1957 年 10 月，當選中國國民黨第八屆中央評議委員（第九屆連任）。
6　衣復得，山東濟南人。時任國防部駐曼谷代表，參與四國軍事委員會議。
7　李白（701-762），字太白，號青蓮居士，唐朝詩人。

上星期反省錄

一、法閣藍尼爾倒塌，法郎士[1]起而組閣，西德意志動蕩漸向俄方，而且歐洲軍公約批准難望，此為美國對歐外交最大之失敗乎。

二、日內瓦會議應法新閣急於求和，故美、英又不能不作無謂之遷就，乃又延長其會期，但美、英要員皆已回國，美國已斷定其越南停戰，無論法郎士求和政策是否貫澈，但越南問題（必為共匪侵佔）已經絕望，故其對中、韓、菲、泰四國特示善意，並將其在華府五國會議之結果通告四國，是其對東亞積極準備之表現乎。

三、中美之危地馬拉已為其反共革命軍由其鄰邦向危進攻，此當為美國所主動也。

四、黃埔建校卅年紀念文，甚覺自得。

五、國防部組織法已修正完成。

六、對立人及各主要人事之方針，甚費心力，惟不能不下決心，再不能重外輕內，危害國家前途，故寧無軍援亦所不顧也。

七、重習陽明傳習錄，對於修養有益為慰。

本星期預定工作課目

1. 星一發表桂[2]為參謀總長令。

2. 星四發表陸總與海總、參軍長等令。

3. 對中美互助協定諒解問題之決定。

4. 對 D 字案之提出。

5. 安全局、國防副部長、動員局各主管人選。

1　法郎士（Pierre Mendés France），法國政治家，1954 年 6 月至 1955 年 2 月任總理。
2　桂即桂永清。

6. 憲兵司令與衛戍司令之人選。

7. 陳光甫之召見。

8. 符立德答案之審核。

六月二十日　星期日　氣候：晴　下午雨

雪恥：一、浙海海戰劉廣凱敘獎令。二、任劉為海軍副司令。三、海、空協同訓練之加強。

朝課後批閱公文，審核國防部組織法草案。禮拜如常，接妻電話，聲音宏朗，精神似已復元矣。記上周反省錄與本周工作表，記事。午課後批閱審閱復興作戰計畫，對雷州半島與海南進攻方案。辭修來談，至柔對陸軍總司令事似無意接受云。晡帶兩孫散步，車遊山下一匝。晚觀「流鶯曲」影劇，實為國製五彩之第一片也，有此成績亦云難矣。晚課後，廿二時半寢。

六月二十一日　星期一　氣候：晴

雪恥：一、菲總統[1]昨已批准其另〔零〕售商菲化案，此乃菲律濱狹窄民族主義之表現，亦是無智能、無政治、無常識之表現，可痛可笑，亞洲民族短識無知至此，安能不為白種人之輕侮蔑視耶。

朝課後記孫[2]事，十時到三重鋪〔埔〕憲兵學校，舉行開學典禮，訓話畢，入府下令任命桂永清為參謀總長，並以非正式、用間接方法通知美使，免其誤會，以彼等甚望孫立人調任此職也。召見劉廣凱等八員，批示完後回。午課

---

1 麥格塞塞（Ramon Magasaysay），又譯麥帥山、麥獅山，菲律賓政治家，曾任國會議員、國防部部長，1953 年 12 月至 1957 年 3 月任總統。

2 孫即孫立人。

後重閱朱子晚年定論全文完，比前更有益矣。晡帶兩孫散步，車遊，晚觀「春回人間」影劇後，晚課，廿三時寢。

六月二十二日　星期二　氣候：陰雨

雪恥：一、對俄輪油船決下令截捕，第七艦隊本允與我協助，但最後又聲明不能參加，必其政府有令阻止也。余仍獨自下令照預定計畫單獨進行截捕，即使其油輪有武裝抵抗，決予戰鬥，此乃為俄共十年來資匪物資第一次之截獲，亦為第一次對俄寇侵華之報復行動也。二、黃振〔鎮〕球與黃杰二員任為陸軍總司令誰較相宜，對外聲望皆無上下，惟杰則在越被俘，外人皆知，但其始終忠貞不二，且仍能率其所部（最後）回臺聽命盡職，實為難得之事，而其對內關係則杰優於振〔鎮〕球耳，故決任杰為陸總司令。
朝課記事後，到政工學校對政工會議訓話後，召見政工各顧問，詳示其政工主任直屬其指揮官，而不能受其參謀長指揮之理由，並示其工作調正之方針。

六月二十三日　星期三　氣候：晴

雪恥：昨午入府召集情報會談，至十三時後方畢，對韓鎮海亞洲反共會議之經過，甚以李承晚之狹小而不開誠相予為憾，奈何。午課後批閱要公，並閱吳逆在美展望雜誌攻訐我父子之全文，惟有置之一笑而已。約見宗南後，見鴻鈞與孟緝，晚見桂率真談參謀部組織與三軍人事問題。晚課，讀唐詩，廿二時寢。
本日朝課後記事，考慮對俄油輪是否截捕之方針，美雖不允協助，但我決然單獨行動，得報俄輪已在巴士海峽被我艦發見，乃即下令截捕，該輪始則破壞輪機不允開行後，經修復強迫其行駛向高雄前進矣。上午到中央常會，午

課後研究美國安全會議之組織與運用，頗有心得，約見辭修、至柔商人事。晡帶二孫散步，晚獨自納涼，閱傳習錄有得，晚課。

六月二十四日　星期四　氣候：陰晴

雪恥：朝課後記事，手擬陸、海、空軍各總司令之調任命令，總政治部主任蔣經國亦同時調任，以張彝鼎[1]繼其任，此皆為半年餘來不斷考慮，而於今晨始決定實施，此為今後軍事與國事成敗之最重要關係，不得不慎重其事也。俄油輪已駛入高雄港矣。入府召見十員後，乃宣布命令。午課後召開研究院院務會議畢，召集立法院黨員訓話，勉其協助政府如期通過所提七案也。晡車遊，散步，晚召見黃杰，指示其用人方針，客去，讀詩。晚課，廿二時寢。

六月二十五日　星期五　氣候：晴　溫度：八十六

雪恥：一、經國任國防部政次。二、吳文芝、汪奉曾[2]調陸總參副長。三、羅奇[3]調憲兵。四、珍吾[4]調衛戍。五、參次余伯泉[5]、羅機[6]、馬紀壯。六、羅

1　張彝鼎，號鑑秋，原任國防部總政治部副主任，1954 年 6 月升任主任，1955 年改任國軍退役官兵輔導委員會副主任委員。

2　汪奉曾，湖南長沙人。1954 年 6 月，任第八軍第六十八師師長。1955 年 2 月，任國防大學副教育長。

3　羅奇，字振西，廣西容縣人。1949 年 9 月出任陸軍副總司令，來臺後仍任陸軍副總司令。

4　黃珍吾，字靜山，廣東文昌人。1949 年到臺灣，任東南地區憲兵指揮官，1950 年 2 月任中華民國憲兵司令。1954 年 9 月任臺北衛戍司令。

5　余伯泉，字子龍，廣東台山人。1952 年 5 月，任國防大學教育長。1954 年 8 月，任國防部副參謀總長。1958 年 8 月，兼任計畫參謀次長。

6　羅機，字之綱，1952 年時任國防部常務次長。

列[1]調陸副司令。七、黃振〔鎮〕球調副部長。

朝課後記事，十時到情報檢討會議，訓話各點約卅分時後，入府召見張莫京[2]等學員，召集國防部與國防組織法檢討會，作最後之修正，余主張國防會議委員至多不能超過十二員，否則不能機密，亦無法決策也，又副參長堅主二人皆通過，已十三時矣。午課後審核新編師長名單畢，與江杓談俞大維病狀與國防部內主要人選後，研究最近世界大局。晡散步，指示後公園整修與設計事。晚讀王陽明傳習錄數條，並溫習唐詩，晚課後廿二時半寢。

六月二十六日　星期六　氣候：晴

雪恥：一、林祥光[3]、趙善蔭[4]、易國瑞[5]調訓。二、葉枝芳[6]調補易[7]缺。三、方朝俊案之速辦。

朝課後記事，經兒赴金門視察，手擬妻電。十時前召見羅列、賴名湯、石覺等十餘人畢。召集軍事會談，聽取 D 字計畫修正案似過龐大，辭修以為不宜向美提出，余亦為然。午課後審閱人事制度修正案後，見霍寶樹[8]報告其在美辦理經援情形。晡帶兩孫在後公園散步，晚課，廿二時寢。

1　羅列，原名先發，號冷梅，福建長汀人。1953 年 1 月，出任國防部第一廳廳長。1954年改任國防部參謀次長。1955 年 7 月，升任副參謀總長，並前往美國陸軍指揮參謀大學特別班深造。
2　張莫京，湖南醴陵人。時任第六十七軍第八十四師師長。後任中部警備司令。
3　林祥光，號耀丞，福建林森人。曾任海軍總司令部高級參謀，時任國防部第二廳副廳長，1955 年 5 月出任海軍第一軍區司令。
4　趙善蔭，1952 年 1 月出任陸軍總部第四署代署長，1953 年改任第六十八師第二〇二團團長。後任第三十二師師長、第二軍團參謀長。
5　易國瑞，1951 年時任空軍警衛旅旅長，1954 年 7 月出任國防部總政治作戰部副主任。
6　葉枝芳，1951 年 7 月出任空軍高射砲兵司令部副司令。1957 年 12 月升任司令。
7　易即易國瑞。
8　霍寶樹，字亞民，抗戰勝利後任行政院戰後救濟總署署長、中國銀行副總經理。1949起派駐美國華盛頓任中國技術團主任。

上星期反省錄

本星期國際問題關係有甚大之改變，內政以國防參謀人事之根本改革亦甚大也。

一、參謀總長與陸、海、空各軍總司令之調動，實為人事問題最大而最難之事，今已解決矣。

二、國防體系組織法亦已核定提出矣。

三、對立法院黨員之集合致訓，重要七件立法案務於本屆會期內通過，當可得到結果。

四、俄國油輪「陶夫使」號（一萬七千噸）扣留，事前事後皆作嚴重之考慮與激烈之奮鬥。[1]

五、日內瓦會議美、英、俄首席代表皆已回國，此會已等於無形瓦解，法新總理（法朗士）與周匪密會，越南已等於無形斷送共匪，而法猶得意忘形也。

六、續讀傳習錄，得益不匙也。

本星期預定工作課目

1. 參軍分組工作之速定。

2. 國防部副部長、次長之發表。

3. 參謀次長與陸總參長之決定。

4. 各總司令布達式日期之決定。

5. 聯勤總司令人選。

6. 陸總參謀長與內部之整頓。

1　陶普斯號（Tuapse），蘇聯油輪，於 6 月 23 日在國際公海上被海軍攔截，並帶回臺灣扣押。

7. 新任師長人選之發表。

8. 實踐學社與黨政軍聯戰班之開學。

9. 參謀部各廳長之人選。

10. 與符立德談話之準備。

11. 憲兵司令與衛戍司令人選。

六月二十七日　星期日　氣候：晴

雪恥：一、吳炳忠〔鍾〕[1] 調用。二、汪奉曾調訓。三、吳文芝調步校長。四、胡炘[2] 調一軍團參長。五、鄭為元[3] 調訓。

朝課後閱讀傳習錄中卷始，膳後聽報，禮拜如常。十一時後分別召見黃杰、王叔銘等，記事。午課後批閱公文，清理積案。召見孟緝，商定實踐學社調訓名單，符立德將軍自韓來談約卅分時。晡帶兩孫散步，車遊，膳後三孫同車遊一匝回。晚課，讀唐詩，廿二時寢。

六月二十八日　星期一　氣候：晴　夜雨

雪恥：一、胡炘調四十六師長。二、趙善蔭調第五廳長。三、三軍聯合作戰研究會之人選。

朝課後寫妻長函，記事。九時半入府，見藍卿大使，以彼回國省親，屬其轉

1　吳炳鍾，曾任職國立編譯館，時任陸軍總司令部秘書處英文秘書，擔任英語口譯。

2　胡炘，字炘之，浙江永嘉人。1953 年 8 月，調任大陳防衛司令部參謀長，1954 年 7 月，調任第九軍第四十六師師長。1955 年 9 月，調任裝甲兵司令部司令。

3　鄭為元，安徽合肥人。1953 年 5 月，入國防大學校聯合作戰系受訓。1954 年 7 月，升任第一軍團參謀長。1957 年 2 月，調任國防部第三廳廳長，兼中興計畫室副主任。

達愛克等時局意見三點，說明越南、法國、日本情勢，以及中美互助協定，余願訂約後，關於軍事行動皆由兩國共同商決而後行動之意，以釋其恐我單獨行動之疑懼也。召見十餘員，核定重要人事數則。午課後批閱公文，審核通信組織之條陳，頗費心力。晡帶兩孫巡視竹子湖電臺與衛兵住所，回入浴。晚課，讀唐詩，廿二時寢。

六月二十九日　星期二　氣候：晴

雪恥：一、愛克與邱吉爾[1]在華府會議之公報（第一次）最無精神亦無內容，可知其此次會商之失敗，此乃無疑的對俄共採取共同行動之計畫，又一大失敗也，共匪在越南與東南亞更肆無忌憚矣。二、周匪恩來在印度三日，其與尼黑魯[2]之會談公報，亦與美、英公報並無任何內容，不過共匪又在印、緬作一次之宣傳而已。

朝課後記事，閱讀傳習錄二則，甚有益也。入府召見應調人員七人，今日全為國防部及聯勤總司令等人選為忙也，召集一般會談。午課後批閱公文，召見振〔鎮〕球、仁霖與江杓各員畢，帶兩孫散步，回入浴。膳後經兒由金門歸來，同車遊臺北市一匝，晚課，廿二時寢。

1　邱吉爾（Winston Churchill），英國政治家，保守黨成員，國會議員，曾任首相，1951年 10 月至 1955 年 4 月再任首相。

2　尼赫魯（Jawaharlal Nehru），日記中有時記為尼黑魯、印黑，1947 年 8 月至 1964 年 5月任印度總理。

六月三十日　星期三　氣候：晴

雪恥：一、開學講稿以一月十五日提要各項為準則。

朝課後研閱傳習錄，寫妻與儀甥信，由王海林[1]帶去，得報湯恩伯[2]在東京病故。十時入府，召見桂、羅、汪[3]、吳（文芝）各員，又決定人事一批，下令後到中央常會，對於此次韓國之鎮海會議，認為韓李[4]太不開誠，令人沮喪，乃決定下次在臺北會議，如不能達到中、日、韓合作共同參加此會之方針，則不能在臺北召集此會也，吾人以推舉李為東亞反共領袖之至誠，而彼反疑忌叢生，惟恐中國與其爭位，此何故耶，可歎。午課後記事，剪報，考慮時勢，麥克尼爾次長夫婦來辭別茶會，對仁霖不知軍人禮節態勢，而代理聯勤司令為人所輕，甚以為慮。散步，晚帶兩孫車遊淡水，晚與經兒談話，廿二時後寢。

1　王海林，曾任王洞記營造廠代表人。
2　湯恩伯（1900-1954），原名克勤，浙江武義人。1948年12月任京滬杭警備司令，8月任福建省主席兼廈門警備司令。1950年4月任總統府戰略顧問。1953年，任駐日本軍事代表團團長，但數月後被免職，遷居東京。1954年6月因病去世，得年五十四歲。
3　桂、羅、汪即桂永清、羅友倫、汪奉曾。
4　韓李即李承晚。

上月反省錄

一、月杪愛克與邱吉爾會商結果,其第二次公報英國似遷就美國之原則,猶能保持美、英合作之形式,但其對反共與東南亞共同行動聯盟,並無明確結果,可知實際上英仍堅持其對共妥協一貫之主張,而並無讓步。

二、日內瓦會議散夥以後,周匪經印度、緬甸而回匪巢。此其全為對愛、邱二巨頭在華府會商之爭霸,並使印、緬不加入東南亞反共聯盟之作為,其效果究竟如何,當待將來再定。但法國藍尼爾倒塌,法朗士繼任,法國對越南放棄政策必將實現,此乃日內瓦會議之結果,自是俄共策略成功,而美國完全失敗矣。

三、英國操縱日內瓦會議對共匪一意姑息、竭力勾結,而其對美國之東南亞共同反共聯盟始終阻礙,以致美國一籌莫展,而英國所收獲者,以及共匪所允予之若干便利究能實現幾何,誠不可知,即使如約實現,則其對美國關係引起絕大之反感,是其所得不償所失,然而英則自有其打算耳,英實最不道德之偵探帝國也。

四、美國對東南亞政策失敗以後,其對遠東各國仍不積極領導其共同反共,而反贊成日本對共匪之通商。愛克廿二日在編輯人會上所發表之政策,是其明白宣布其對越南政策之失敗矣,殊堪注意。

五、華府五國參謀長會議之結果,美國特通告遠東各國知照,何故。

六、倫敦五國之裁軍會議破裂。

七、我截捕俄帝油輪(陶夫使)號,俄只對美提抗議,而不敢向我要求放還。

八、共匪六大行政區之六大軍閥似已整肅矣。

九、符立德調查團工作已告結束,似於我有利。

十、行政院改組完成各軍事首長調職令,至月杪亦已如期發表實施矣。

十一、國防組織體系已修正提出立法院。

十二、立院延會要求其完成七大案之手續。

十三、菲律濱另〔零〕售商菲化案竟已簽署成立。

十四、對中美互助協定及要求增加美援已竭盡心力。

十五、重習傳習錄，對修養大有進步，但並不確實。

十六、黃埔建校卅年紀念詞尚覺稱意為慰。

十七、吳逆在美瞻望雜誌發表其完全假造詆毀之論文，其用意全在破壞美援與毀滅反共力量，余信其凡愛護其國家之美國人稍有智識者，決不為其所欺蒙，但其文字技術之巧妙，凡反蔣之左派皆協助其一切，故其宣傳之影響頗大，幸其政府與國會皆未為其所動搖耳。

蔣中正日記
Chiang Kai-shek Diaries

七月

蔣中正日記
Chiang Kai-shek Diaries

民國四十三年七月

本月大事預定表

1. 海軍上尉梁天价[1] 應特召見。

2. 老兵集體轉業生產之方案。

3. 三軍聯合作戰機構建立之設計。

4. 香港執行部之加強。

5. 政策機構與研究發展機構之成立。

6. 中央黨部人事之速定。

7. 駐美大使問題。

8. 考試院人事問題。

9. 復興計畫（雷州）之研究。

10. 憲兵與衛戍司令以及參謀各廳人事。

11. 調職師長之考察。

12. 民防總隊十八萬名之具體方案。

13. 外交各國駐使之調整計畫。

14. 美援爭取之結果。

15. 四中全會之準備（反共會議）。

1　梁天价，1954 年 5 月 17 日的鯁門島海戰中，以艦長身分指揮雅龍艦擊沉、重創共軍
　　艦艇各一艘，並掩護鯁門島上的美軍顧問與國防部情報員撤退，獲頒青天白日勳章。

七月一日　星期四　氣候：晴　午後大雷雨

雪恥：一、對符立德談話：甲、裝甲師與北方戰區及戰略之關係。乙、政治部之意見如何。丙、戰略部隊臨時編成之計畫。丁、陸軍裝備要求與韓國同樣供給。戊、希望其指揮中、韓兩軍作戰。

朝課後讀傳習錄，答顧東橋「楊墨之為仁義」一篇，甚歎陽明之學簡易精博，願終身私淑之。入府處理人事，召見查良釗[1]等四員，又見沈瑞慶[2]等亞運足球隊卅餘人，批閱公文。午課後記事，剪報、省察時勢，晡符立德來寓同住，晚膳相敘甚歡，彼為一純正之軍人也。晚課，廿二時後寢。

七月二日　星期五　氣候：晴　下午大雷雨

雪恥：一、參謀部各廳室之清除與人事編制之調整。二、政府辦公地之擴張。

朝課後讀傳習錄啟問道通書等，聽報法、越軍已將河內、紅河三角洲南部要點完全放棄，雙手奉獻於共匪矣。十時入府接受西班牙大使[3]到任國書後，召見楊業孔[4]等卸職次長四人，召集財經會談，批閱公文。午課後記事，記上月反省錄未完，約見符立德將軍，晡獨自車遊一匝，晚與經兒車遊回，晚課，廿二時寢。

1　查良釗，字勉仲，浙江海寧人。1954 年任臺灣大學心理系教授兼訓導長，1954 年 8 月起任考試院第二至四屆考試委員。

2　沈瑞慶，廣東澄海人。任香港中華業餘體育協會會長二十年，1954 年出任中華民國國家足球隊領隊，獲亞洲運動會金牌。

3　單佐律（Fermín Sanz-Orrio），西班牙駐菲律賓大使兼駐華大使，1954 年 6 月 26 日到任，1956 年離任。

4　楊業孔，字聖泉，山東禹城人。1951 年 11 月，任國防部常務次長。1954 年 7 月，接任國防部軍事工程委員會主任委員。

七月三日　星期六　氣候：晴

雪恥：本日三軍各總司令就職與交代完畢，實為本月自二月召集國民大會以來政治、軍事重建工作告一段落之日，亦為五年以來在臺整政、整軍、重整革命陣營，奠立國民革命第三期任務初步工作得一結果之日也。尤其是陸軍孫立人軍閥形成之初期，乃決操刀一割，以絕後患，與海軍之複雜積重難返之勢，而亦斷然調換新人，不為其環境所阻，此實今後反攻復國最重要之關節也。感謝上帝使余如計完成此一步驟，但願一切榮耀歸於上帝，特誌之。

朝課後閱讀傳習錄，十時舉行各軍政首長就職典禮致訓，召見六員，巡閱總統府與參謀部各廳室。午課後記事，十六時符將軍來談二小時，晚宴會後晚課，寢。

上星期反省錄

一、陸、海、空勤各總司令等高級將領，皆於本周如期交代接事與宣誓就職，此為職期調任制度之更臻鞏固，亦為國家基本穩定之重大歷史也。

二、越南紅河三角洲南部各據點，法軍已全部撤退，此乃法國放棄越南，拱手讓匪之第一步驟，從此越南三邦順次淪陷，而東南亞為世界大戰之導線又接近一步矣。

三、自邱吉爾與愛克會談，及其兩次公報發表以後，據其未發表之內容，謂英國必將於九月間聯合國大會時，提議共匪參加聯合國之政策，美國議會與輿論幾乎一致評擊英國，認此為美國惟一大事。其實皆為英國賣弄共匪之一套故技，美國終是為英國所玩弄而不自知，可笑。

本星期預定工作課目

1. 軍法局長[1]之法辦。

2. 軍事各校與業務不得介紹參觀登報。

3. 無哲學信守，不能維持紀律與組織。

4. 參謀部各廳室之整潔必須嚴督。

5. 總統府各機構辦公室增添計畫。

6. 府中周報之舉行。

7. 僑校師資之儲備計畫。

8. 外交使領對僑胞應和愛，服務不帶官氣。

9. 預備軍官教育須測驗學能與集中使用計畫。

10. 留港殘廢軍人八百名之設法收回安置。

11. 士兵晉升官長之特殊辦法之擬定。

七月四日　星期日　氣候：晴

雪恥：一、哲學與人生及事業之關係。二、黨政軍任何事業必須以哲學與科學為基礎學問。三、今日幹部之病：甲、自私。乙、自是（自大）。丙、偏見主觀。丁、成見。戊、本位主義（狹小）（不合作、不聯繫、不協調）。己、客氣（意氣用事）（虛偽）。庚、妒功忌才、蒙上欺下、謊言妄報。辛、反制度、反紀律、反組織，必至反國家，此為爭權奪利、有我無國之軍閥、政客傳統惡習所致。四、致良知與知行合一哲學之重要。五、根本問題。

朝課後與符立德談話，共進朝餐，九時前作別，此為一純粹之良將也。讀傳習錄，十時禮拜如常，十一時後帶經兒乘車登大屯山，經鞍部徒步一刻後，

1 　包啟黃，江蘇邳縣人，1951 年 8 月出任國防部軍法局局長。1954 年 6 月，因貪污勒索被告發，8 月免職。1955 年 1 月 18 日，執行槍決。

再乘車經北新莊、淡水，回草廬正兩小時之久。午課後記事，記上月反省錄，見公超後，與經兒帶兩孫散步於後公園（陽明），再車遊山下一匝。膳後觀風蕭蕭影劇，中國影劇技術已大進步矣，晚課，廿三時後寢。

七月五日　星期一　氣候：晴

雪恥：一、美援對陸軍裝備與韓國裝備相等之要求。二、降落傘一萬至三萬套。

朝課後準備講稿陽明哲學之闡述，記事。十時半研究院聯戰第三期開學典禮，講述五十分時未完，照相後巡視新建宿舍畢回，續擬講稿。午課後批閱公文、閱報，晡獨遊後公園回，入浴罷，閱讀陽明答羅整庵[1]，闡明大學古本之理，幾乎不忍釋卷，惟以目力不支為苦耳。晚帶經兒、兩孫同車巡遊市中，晚課，廿二時寢。

勇孫晚日在幼稚園畢業典禮致詞，與今日廣播，聞皆自然也。

七月六日　星期二　氣候：晴

雪恥：一、民防總隊之編訓加強方法。二、憲兵司令之任命。三、吳淵明[2]受訓抵易[3]缺。

1　羅欽順（1465-1547），字允昇，號整庵，江西泰和人。明朝政治人物、哲學家，官至吏部尚書。晚年潛心格物致知之學，繼承、改造朱熹格物致知說。著有《困知記》、《整庵存稿》、《整庵續稿》等。
2　吳淵明，號琛，江西寧國人。1950年5月，任第二二一師師長，7月調任第八十七軍副軍長，10月調任總統府參議。1954年10月，任第八十七軍第十師師長。1955年3月任總統府高級參謀。
3　易即易國瑞。

朝課後閱讀傳習錄中卷完，更覺陽明哲學之緊要，且為醫治今日人心之惟一
良劑也。入府召見桂總長，指示工作要旨，召見陳光甫等八員畢，召集宣傳
會談對國際情勢之檢討，指示邱吉爾對愛克明告其英國必欲主持共匪參加聯
合國之用意，全為賣弄共匪對越南停戰之實現，以及其對共匪通商之期望，
又賣弄美國喧嚷反對，更使共匪以英為有誠意，其實英邱決不敢違反美國反
對共匪之方針，而堅持其主張也，此點惟希聖亦能見及於此也。

七月七日　星期三　氣候：晴

雪恥：昨午課後記事，記上周反省錄，批閱公文，帶兩孫散步車遊，喜見原
野稻穀已開始收成，年豐可卜，惟鄉婦負子提孩之苦，未能為之解除，時用
悲歎。回寓浴罷，仍閱傳習錄，晚納涼後讀唐詩，晚課，廿二時後寢。
本日朝課後閱讀傳習錄，聽報，入府指示桂[1]要務，召見袁樸等六員畢，到中
央常會聽取立法委員對都市平等地權法審議之報告，其質難甚多，討論二小
時半乃作結論與決議，並增加漲價歸公供應社會福利之用一章，此於社會政
策之宣示，對民心亦可鼓勵其擁護政府之措施也。午課後記事，批閱公文畢，
與令傑車遊桃園道上，聽取其爭取美國軍援開字計畫之報告，與邱吉爾在美
會談慘遭失敗之經過，彼甚樂觀也，晚課。

1　桂即桂永清。

七月八日　星期四　氣候：晴

雪恥：一、由我單獨反攻大陸有否引起世界大戰之危險。二、世界大戰如何之可能性。

朝課後閱讀傳習錄至黃修易錄完，傑甥對符將軍團體所問之答案，表示其裝甲部隊之戰術意見不宜反對，乃予以改正。入府召見周書楷[1]、王德溥[2]、劉廉克[3] 等八員後，批閱。正午總統府全體職員宴會，介紹副總統等新任長官加以慰勉。午課後記事，批閱，對符團之答案再加審慎後，與傑甥散步於後公園，車遊山下一匝，入浴，晚膳經兒來陪，三人閒談後晚課，廿二時寢。

七月九日　星期五　氣候：晴

雪恥：一、對宣威[4] 要求美國政治庇護案之嚴重，交涉其引渡。二、對吳逆之起訴應勸希聖緩提。

朝課後，閱讀傳習錄至夭壽不貳之問答止，手擬致符立德與麥尼爾之各函稿畢。聽報，入府召見陳裕清[5] 等六員後，召集情報會談，與公超談致麥尼爾函

1　周書楷，1950 年任駐菲律賓大使館參事，1953 年升公使銜參事，1956 年回外交部升任常務次長。

2　王德溥，字潤生，遼寧瀋陽人。時任內政部常務次長，6 月升任內政部部長。

3　劉廉克，字展一、蹤萍，蒙古卓索圖盟喀喇沁左旗（熱河凌源）人。歷任中國國民黨中央委員會邊疆黨務處綏蒙黨務特派員辦事處主任特派員、熱河省政府委員兼教育廳廳長。1948 年 7 月，任蒙藏委員會委員。1954 年 2 月遞補國民大會代表，5 月出任蒙藏委員會委員長。

4　海軍陸戰隊連絡官宣威，時在美國受訓，受吳國楨影響，決定叛逃，並向美國政府申請政治庇護。美國軍方將其逮捕，計畫遣送回臺。吳國楨等召開記者會，呼籲尊重人權。胡適則致函美國國會議員，說明宣威是貪圖美國的優越生活，若美方准許其留下，將會影響臺灣的士氣與紀律。結果，美國國務院表態不干預，隨後移民局作出對宣威有利的判決，宣威得以留在美國生活。

5　陳裕清，福建莆田人。時任《中央日報》駐美特派員、紐約《美洲日報》總編輯，《華美時報》董事兼執行秘書。

及答案要領。正午宴藤山愛一郎[1]等後，談日、韓合作問題，芳澤[2]與藤山皆邀余出而斡旋，方有合作之望，余答其日本對韓必須有以大事小精神，我中國願推韓李[3]領導東亞反共，亦望日本能如此也。又對藤山說現在余尚有兩個任務，亦可說是我的志願，第一是要恢復大陸，第二就是要中、日、韓三國團結合作，以復興東亞民族與東方固有文化，此乃余之責任也。

七月十日　星期六　氣候：晴

雪恥：一、憲兵司令袁[4]或羅奇。二、第五廳長胡顯〔獻〕羣[5]或劉德星[6]。三、指揮權之轉移時期。四、兩軍團統屬之軍數應重定。

昨午課後記事，批閱公文。晡與傑甥散步後公園畢，車遊淡水，各地收割稻穀已近半數為快，途遇少婦背負嬰孩，見余乃恭立道傍，思之悲傷，不勝惶恐。近年來，屢遇前抱一孩，背負一嬰，而且手上復牽一幼童者，不禁心傷，甚感未知何日得使我國社會真能實現育樂志願，而不復見此種慘象也，哀哉。晚課。

本日朝課後閱傳習錄，入府召見胡秋原[7]、趙聚鈺等，召集軍事會談，午約霍亞民便餐。午課後記事，批閱，讀傳習錄黃以方錄數則，與傑甥車遊，晚宴西班牙大使單佐律後晚課，廿二時後寢。

1　藤山愛一郎，1951 年起歷任日本商工會議所會長、日本經營者團體聯盟常任理事、經濟團體聯合會顧問、日本金屬公司經理、日本航空公司董事長等職。1957 年起任外相。
2　芳澤即芳澤謙吉。
3　韓李即李承晚。
4　袁即袁樸。
5　胡獻羣，字粹明，江西南昌人。1954 年任國防部第五廳廳長。1955 年 12 月調任陸軍總司令部參謀長。
6　劉德星，時任陸軍總司令部暨臺灣防衛總司令部副參謀長。
7　胡秋原，原名曾佑，筆名未明、石明、冰禪，湖北黃陂人。1948 年被選為立法委員。1951 年，到臺灣從事文化教育工作，歷任臺灣師範大學、政治作戰學校教授，中央研究院近代史研究所研究員。

上星期反省錄

一、陽明傳習錄重閱完畢，是於哲學上又一進步，但對致良知上並未能將不善之心理與行動克除也，可恥，所學何為。

二、傑甥回來對軍援交涉之進行補益甚多，此次返美或能有一具體之決定，此種微妙因素，自非中美當政者不能了然也，夫人之關係甚大也。

三、美國朝野對共匪混入聯合國問題之憂惶緊張，似無所措之形勢，此乃為正義與國策，無怪其然，但余認為不必如此恐慌，徒予英人玩弄譏刺，然而不如此，則英國陰謀真可出賣中國與聯合國，以達其自私與勾結俄共之目的也。

本星期預定工作課目

1. 調整參謀部編制與人事。

2. 發布各廳長。

3. 對俄油輪之扣放與美要求之利害如何。

4. 湯恩伯之喪事。

5. 總動員會報之準備：甲、旅行社整頓。

6. 憲兵與衛戍司令人選之決定。

7. 參謀次長任務之重新分配。

8. 參謀副總長任務之重訂。

9. 軍法局長問題之解決。

10. 國防會議組織條例之督促。

11. 廢艦清除之督導。

12. 考試院長人選之提出。

七月十一日　星期一　氣候：晴　風

雪恥：一、俄國油輪之方針應決定。二、憲兵司令由羅又倫與羅奇中選定一人。
朝課後寫妻與儀甥各函，與傑甥談軍援問題，葉公超認為開字計畫之軍援，
最多只能爭取百分之卅為最大限，彼實不知傑甥交涉內容，其實美國政府要
員中亦並不知其究竟也，何怪公超。聽報後禮拜回，再與傑甥研討軍援方針，
正午辭別。午課後記事，審閱上周一講稿，晡帶經兒與兩孫遊後公園，晚觀
紹興劇「香妃」，其與少年時所見者改良多矣。晚課後廿四時前寢。

七月十二日　星期一　氣候：晴

雪恥：一、黨政用人關係之制度化。二、直接稅（所得稅）制度之建立。三、
商品檢驗工作，新中國協記玻璃廠之玻璃杯及手電燈之乾電池與鉛筆等之檢
查。四、旅行社之整頓與各地招地〔待〕外人之旅店設備與特定。
朝課後準備陽明哲學講稿，手錄十條並研究講解順序後，約見西德記者畢。
十時半到研究院紀念周，講解時事與致良知學說，證明總理知難行易與陽明
知行合一之學說，一貫相通，且皆為心物合一論，而非唯心哲學也，約講二
小時半。午課後記事，批閱公文畢，與經兒、武、勇車遊後山上，經金山、
野柳、基隆，回寓已廿一時半矣，膳後會客，晚課，入浴，廿三時寢。

七月十三日　星期二　氣候：晴

雪恥：一、廢艦限期清除詳報辦法。二、直接稅制之建立與經常設計（各種
稅亦然）。三、考試院長與考試委員人選之提出。四、衛戍司令與憲兵司令
之任免。五、機密費提早匯出。

朝課後，閱習陽明全書答徐成之書二通（論朱陸異同），入府召見張果為[1]、曹文彥[2]等七員，召集一般會談，商討對俄船放還與沒收問題以及黨政用人關係等事。午課後記事，批閱公文，自審陽明與總理二哲學之綜合研究舊稿，甚覺平泛，不如此次所講陽明哲學之精到，認為此乃最安樂講述之一也，散步，車遊，晚課。

七月十四日　星期三　氣候：晴

雪恥：一、杜勒斯今日突飛巴黎，召開美、英、法三國外長會議，商討越南停戰條件之限度，最後仍使其副國務卿史米斯出席日內瓦會議，而杜則自回華府。余認為不能挽救全越之陷入匪區也，不過為美對英、法之關係計，是此巴黎之行自有其須要耳。

朝課後重習傳習錄後，審閱經兒所製「我的父親」小冊初稿第一章後，聽報，到中央常會，先對監察法在行政院所屬各部會之有關證件文書任其攜去之條文，詳加批評，認此為世界中最不進步之法律，勸告監察委員切勿輕用之意，再召集總動員月會，加以指示。午課後記事，批閱，車遊山下一匝，晚觀影劇香江夜譚後，晚課，廿二時寢。

1　張果為，號格惟，安徽宿松人。1949至1972年間任教於臺灣大學經濟系。著有《臺灣經濟發展》、《張果為教授財政稅務論文集》、《浮生的經歷與見證》等書。
2　曹文彥，字臥雲，浙江溫嶺人。時任中國國民黨中央委員會秘書處秘書。

七月十五日　星期四　氣候：晴　溫度：九十

雪恥：一、赴韓考察後勤人員應加入參校後勤教官。二、軍法人員訓練班與軍法教育之重要。三、軍法局長之撤換。四、發動機之製造計畫與造船廠之修復。五、美援降落傘之增加三萬具。

朝課後重習傳習錄（龍場教條）後，續審經國著作（一位平凡的偉人）章完，弔湯恩伯之喪後，入府召見孫克剛[1]、洪福增[2]等三員，召見孟緝、立人與岳軍後，審閱白鴻亮講義要目甚有益。午課後記事，記白講義要目數則，晡散步車遊淡水，晚課後入浴，廿二時後寢。

本擬今日乘艦巡視金門與澎湖，以事中止。

七月十六日　星期五　氣候：晴　溫度：九十

雪恥：一、海軍與商用之所有廢艦限三月內清理處置完畢，不得延誤。二、機密費提早匯出。三、孫[3]督導傘兵總隊令。四、科學管理制之研究與行政三聯制之配合教育。五、征求軍歌（分步、砲、騎、裝甲、交通、通信、工兵、兵工、陸海空各軍種之性能，與各兵種之性能等歌。）

朝課後，閱陽明五經億說十三條完，審閱經國著作抗戰勝利前夕之奮鬥一章，入府召見汪道淵[4]、陶振譽[5]等七員後，召集財經會談畢。辭修忽辭光復大陸研

1　孫克剛，原名孫至道，字克剛，號養吾，又號象乾，安徽廬江人，孫立人堂姪。時任陸軍總司令部辦公室主任。

2　洪福增，時任國防部軍法局副局長。

3　孫即孫立人。

4　汪道淵，字守一，安徽歙縣人。1952 年出任考試院考選部第一司司長。1954 年 11 月出任國防部軍法局局長，1955 年 3 月兼任國防部軍法人員訓練班主任。

5　陶振譽，安徽天長人。1940 年代初在武漢大學任教，後任臺灣省立師範學院史地學系教授。1955 年任中央研究院近代史研究所研究員，與郭廷以、張貴永等共同編纂「中國近代史料彙編」。

究委員會主席委員之職，其態度一如往日發神經時之情狀，見只有歎息而已。午課，膳前默禱靜坐廿分時，本在午睡後行之，今起改正，以未刻太熱也。午後批閱文件，審閱經國著作，晡散步，晚與經兒車遊回，晚課，致令傑電。

七月十七日　星期六　氣候：晴　溫度：九十

雪恥：一、美副國務卿史密斯已到日內瓦，聲言不參加任何停戰條約在內。二、美參院對華通過其非軍用援款九千萬元，而其軍援款數保密不正式公布，此當非符立德調查報告之根據，料其必有改更乎。

朝課後，閱讀陽明山東鄉試錄四書兩篇後，審閱經國著作侵略必敗一章，甚有意義，但此時應否發表應加考慮。入府召見七員，批閱公文，召集軍事會談，聽取報告後，指示要務十餘項。正午回途車中靜默，午課，午睡後審閱陽明哲學講稿，記事畢，散步，車遊。晚閱經著所受庭訓一章完，晚課畢，廿二時半寢。

上星期反省錄

一、邱吉爾在其下院宣稱「我看不出有任何理由，在今後某一時候，臺灣不應被置於聯合國的監管之下。」此時尚有此種謬論怪誕，除邱死期不遠之外，余確看不出其稍有理智與公義者而尚有其他任何理由存在也，老大英國最不道德，國家之沒落不其宜乎。

二、大陸水災嚴重，已超過民國二十年之水位，實為空前災害，此皆共匪殘忍暴戾，以致天人共怒之所致，吾民水深火熱之浩劫，不知何時果得拯救矣，悲乎。武漢水位二十八點十四公尺。

三、杜勒斯突飛巴黎召開美、英、法外長會議，以決定日內瓦會議對越南停
　　戰條件之限度，而使其副國務卿參加日內瓦會議，但不簽字於其任何調
　　戰條件。余認為此一措施甚合機宜也。

本星期預定工作課目

1. 張璘駿[1]，二署組長。羅文浩[2]，三署。郭東暘[3]，五署。召見（陸總）。

2. 楊錚[4]、邵正浩空業組長。

3. 考試院長與委員人選之決定。

4. 憲兵司令人選之決定。

5. 四中全會之提案與議題。

6. 匯機密費。

7. 越南停火協定，法國屈服條件之程度。

8. 美援數目之究竟如何。

9. 美國對東南亞與遠東之政策如何。

10. 巡視外島。

11. 三軍聯合作戰機構設置之督導。

12. 香港執行部之加強。

1　張璘駿，1953 年 7 月出任陸軍總司令部第二署第二組組長。

2　羅文浩，湖北黃陂人。1953 年 2 月出任陸軍總司令部第三署署長。

3　郭東暘，雲南晉寧人。原任陸軍總司令部第五署副署長，1953 年 11 月升任署長。
　　1957 年升任裝甲兵第二師師長。

4　楊錚，號又錚，河南登封人。1947 年 11 月當選第一屆國民大會代表。1949 年到臺灣
　　後仍任國大代表、光復大陸研究設計委員會委員。

七月十八日　星期日　氣候：晴　溫度：九十

雪恥：一、哲學要點：甲、天性心理氣道之解釋。乙、如何謂之人，人是如何做法，人為萬物之靈。

朝課後即着手修正哲學講稿，特錄「疑心」一段約千餘言。十時禮拜，陳[1]牧師指明我軍政治部對軍隊傳教工作，未能如所預定之條目實行，有失信用，並以吳國楨在外國詆毀政府為戒之意，公開宣傳表示其對政治部之不滿。禮畢，余特慰之，允其調查改正，惟其言有將遭外國人不能傳教自由之指責云，是其仍不免挾外自重，殊為可歎。

本日除午課、晚課以外，幾乎終日為修正講稿而忙也，惟晡刻仍至後園公[2]散步與車遊山下一匝，膳後觀美軍影劇。

七月十九日　星期一　氣候：晴　未刻雷雨

雪恥：一、日內瓦越南停戰會議，法、越對方之主角完全是俄、毛，而非越共，美國對於會議的精神是要暴露俄、毛為越南之侵略者一點，完全是成功的。一般輿論不明美國用意所在，徒以美國為怯懦與屈從英、法之主張，乃是膚淺之見，而且其決不共同簽字於停戰協定，更見其對俄共外交方針之堅定，余亦認為是勝利的。

朝課後續修哲學講稿，約三小時後，到研究院紀念周，續述革命哲學之要旨，回寓仍續修講稿。午課後記事畢，續修講稿後，與經兒、兩孫車遊淡水，巡視收割情形，晚觀影劇「嫦娥」，可說此片乃為國製中最優良之技術也。晚課，廿三時寢，今未入浴。

1　陳維屏，南京凱歌堂牧師、臺北士林凱歌堂牧師、中華民國基督教協會理事長。
2　原文如此。

七月二十日　星期二　氣候：晴　未刻雨

雪恥：一、人以天地萬物為一體者，非意之也，其心之仁本若是耳。二、人為萬物之靈。三、人之所以異於禽獸者，以其有仁心也。四、人能去其私欲之蔽，以自明其明德復其天地萬物之本，然而擴充之（本然之仁心），亦即至善之本體（良知）是即謂之人。五、如何能擴充此本然之仁心（體）（良知）在於致知。六、如何能擴此本然之仁心，而得此至善之本體不失，其必在於定靜安慮得耳。

朝課後續修哲學講稿，約三小時未完，入府會客，召見朱霖[1]等八人畢，批閱公文，召集宣傳會談，據健中[2]由日回報，日本朝野已覺日、韓關係之調正，決非美國所能為力，而皆以為非余莫屬矣。午課後記事，續修哲學講稿。晡顧少川來述職，美國乃認余為其真友矣。晚宴美機動艦隊司令哈定[3]，彼將調職回國也，晚課。

七月二十一日　星期三　氣候：晴

雪恥：一、越南停戰協定已於本晨在日內瓦簽訂成立，今後共匪東在韓國卅八度，西在越南十七度線以北，為其整頓休養之所，而何日重起其向南為俄帝擴張侵略之爪牙雖不可必，但俄共如此獲得意外之勝利，更將鼓勵其狂妄野心，決無疑問，預料其必不能出於二年等待其所謂公民投票之日，乃可斷言。寮、高二邦竟承認為中立區，而且要求共匪承認此二邦，此為英、法最大之錯誤，而美國未能堅持反對，是速東南亞之滅亡，可說此次協定已將東

1　朱霖，字君復，1946 年任空軍工業局局長，1948 年 9 月晉任空軍機械監，年底遷臺，空軍工業局改為空軍技術局，仍任局長，主持編纂技術命令。1963 年 7 月以空軍中將退役。

2　胡健中，原名經亞，字絮若，筆名蘅子。原籍安徽和縣，寄籍浙江餘杭。1948 年當選立法委員。1952 年任《中央日報》社長，1953 年 4 月任董事長。

3　哈定（Truman J. Hedding），又譯赫定，美國海軍將領，第七艦隊第七十二特遣隊司令。

南亞整個奉送於俄共矣，哀哉。

朝課後手擬哲學補充之講稿，到黨部處理要務一小時後回寓，續擬補稿，午課後仍續補稿。晡散步回，入浴，晚與經兒車遊山下一匝回，讀唐詩，晚課，廿二時寢。

七月二十二日　星期四　氣候：晴

雪恥：一、共匪在越南停戰以後，乃繼續大唱其亞洲和平協定與重開韓國和平會議了。

朝課後續補擬哲學講稿，聽報後入府辦公，召見瑞士記者赫格納[1]與謝壽康[2]等十員畢，與岳軍談考試委員人選等問題，批閱公事，清理積案。午課後續補擬哲學講稿，記事，晡與經兒、兩孫散步後車遊山下一匝，晚車遊市區回，晚課，廿二時後寢。今發妻電，切屬其勿與叛逆吳國楨會面。

七月二十三日　星期五　氣候：晴

雪恥：一、俄國在此越南停戰大得其便易以後，得意忘形，又唱其所謂四國會議解決德國統一問題了。

朝課後即續補革命哲學的基礎講稿，自朝至暮，除朝、午、晚三課靜默照常舉行以外，其餘時間幾乎全用於補充此一哲學講稿，前後足有八小時以上，工作本稿亦於今日完成矣，晚觀國製影劇（輕薄桃花逐水流），毫無意義，故觀至中途而止。晚課後廿二時寢。

1　赫格納，瑞士《世界週報》記者。
2　謝壽康，字次彭，1943 年至 1946 年、1954 年 10 月至 1959 年 6 月兩度出任駐教廷公使。

七月二十四日　星期六　氣候：晴　未刻雷雨

雪恥：一、近來每晨五時起床，黎明氣象常使我追念十歲前後趨塾中讀早書，並便道約國彥[1]同行時之情景。朝霞初現如火如荼，群動未起，萬籟無聲，而書聲破曉，四鄰驚醒之景福，今日不可復得矣。

朝課後續修講稿（天與心與人）一段之補充，九時到陸軍指參學校將官班第三期畢業典禮致詞後，入府修稿，召集軍事會談，實行軍士制度初步辦法與特種預備兵之訓練計畫，正午評議會談（顧少川參加）。午課後記事，續補講稿，晡散步，車遊。晚審定對講稿意見書，作最後之修正。廿二時晚課後寢。

上星期反省錄

一、英國之國泰航空公司客機，在海南島附近上空被共匪空軍襲擊，落海死亡者八人，其間有美國三人，此乃俄共對英國主持法國割讓北越之報酬也。美國特為之叫囂，何為耶。

二、越南停戰協定已於星期三晨在日內瓦簽訂，本由北緯十六度而爭至十七度為其界限，此不可謂非俄共讓步之餘惠，俄共竟能輕易獲得此重大戰果，不可謂非意外之重大勝利，今後席捲東南亞亦自如反掌不成問題，惟余以為此乃我消滅共匪之轉機也。

三、本周工作全力致於革命教育的基礎之講稿中，此乃對革命成敗與民族盛衰之最大關鍵，頗覺自慰。

1　蔣國彥，浙江奉化人，蔣中正堂侄。

本星期預定工作課目

1. 軍事教育禁止被俘或已降敵一次者，不得再任教官（師與道）。

2. 系統範圍（中心）組織綱領（精神）與現實之基礎。

3. 軍士制度之經費與日期再加考慮。

4. 國防會議組織大綱。

5. 憲兵與衛戍司令及軍校校長人選。

6. 實踐學社之主任人選。

7. 實踐學社學員任用表。

8. 預防共匪進攻外島與海南事件策略。

9. 越南停戰後之我軍戰略及今後世局。

10. 四中全會之準備與開會詞。

七月二十五日　星期日　氣候：晴　未刻雨

雪恥：一、聯合作戰組訓之督導。二、聯合通信教育與組織之督導。三、越南停戰後，對於我今後反攻大陸之戰略如何，加以檢討。

朝課後仍續修哲學講稿，十時禮拜如常，本日早擬休息旅行，徒以上星期日陳牧師在傳教時指責總政治部（經國）事，特中止旅行，照常到會禮拜，以祛除其誤會也。正午與經兒、兩孫重上大屯山鞍部，經水頭村轉折至小平頂新通公路而達復興岡，回寓，費時正二小時也。午課後記事，閱報，與兩孫散步、車遊。晚觀卅八年回鄉影片，已退光不能再觀，可惜。晚課後寢。

七月二十六日　星期一　氣候：晴

雪恥：一、美國海軍在海南島附近尋救其前被共匪擊落之死傷失蹤乘客時，匪機兩架又對美機攻擊，而反被美機擊落，美政府乃公布其經過，並要求匪賠償其美藉〔籍〕死傷之乘客。二、共匪對英國之抗議已承認賠償，未知其對美國作如何態度矣。

朝課後考慮越南停戰後世局變化之情勢：甲、俄共必大唱其和平攻勢。乙、英、法對歐局亦將軟化，法對歐軍公約且不批准。丙、印度必堅持中立，日本亦將唱中立。丁、美更孤立，東南亞聯合防共陣線不能迅速訂立。戊、共匪必向泰、緬滲透蠶食，二年完成。己、世界戰爭之起點，亞在日、韓，歐在德、奧乎？十時半到研究院紀念周，並舉行婦訓班第一期畢業典禮，致訓後朗誦革命教育的基礎之訓詞二小時，尚待修正也。

七月二十七日　星期二　氣候：晴

雪恥：昨午課後記事，批閱，補修講稿，晡帶兩孫散步、車遊如常。經兒往花蓮作橫渡中央山脈五日之團體旅行。晚觀去年校閱之五彩影片，尚好也。晚課，廿二時寢。

朝課後校正講稿，十時前入府召見十員，召集一般會談，商討反共聯合會議決暫緩召開，對於立法委員補充問題又重提矣。午課後記事，續校正講稿，晡帶兩孫散步回，入浴，晚觀影劇（萬紫千紅），此片當在大陸未淪陷時所製，本為共匪宣傳反對我政府之片，現在適為譏刺共匪矣，所謂滄浪之水清矣，可以濯吾纓，閱之感慨不已，晚課。

七月二十八日　星期三　氣候：晴　大熱

雪恥：一、革命戰爭特點之講稿優劣與機動之戰術。二、後勤基準數字表之調製。三、陸軍後勤部之專設或附設如何。四、步、砲兵團營長以上人員之計畫訓練。五、十二周基地訓練之課程查報。六、軍士制度緩辦。

朝課後續補修哲學講稿，九時半到中央常會，決定幹部制度之原則與人事制度之指示要領，以及亞洲人民反共會議組織與召集之方針，應以韓國同意日本代表參加，乃為臺北開會之準則，必要求韓國同意我中、日、韓合作之方針為主旨。午課後記事，審閱革命教育基礎講稿之全文並加修正，晡散步、車遊。晚校閱講稿全文完，晚課後廿二時半寢。

七月二十九日　星期四　氣候：晴　未刻雷雨　溫度：九二

雪恥：一、民間防空之加強與行政機關之疏散。二、民防隊人事與空軍之指導。三、對匪攻臺之宣傳與準備防務之加強。四、軍隊民主偏差與統御力減少之注意。

朝課後續補修哲學講稿（對偏差一節增補），十時入府，召見十餘人，批閱公文畢回。午課，途中靜默廿分時，膳後休息，十五時記事，氣候最熱，室中九十二度，批閱公文，閱各報社評，得益頗多。雨後帶兩孫車遊山下一匝，晚批閱，晚課，廿二時寢。

七月三十日　星期五　氣候：晴

雪恥：一、各指揮部限期組訓 JOC[1]，並定期考核。二、特種軍士制度先實施。朝課後手擬四中全會訓詞稿目，對美、俄戰略及其在越南停戰後之形勢。十時入府召見八員畢，召集情報會談，指示匪軍必將攻臺及宣傳要領，批閱公文。在回途車中靜默廿分時，午課，回寓後與兩孫打皮球百餘下，幼年藝技尚未忘卻，對兩孫歡笑不置，為近來最欣快之一事。午後續擬訓詞稿之大意二小時，晡帶兩孫散步、車遊如常。晚宴美駐泰大使唐努文[2]談話時，覺彼已衰退，不如往昔矣。晚課後廿三時前寢，服安眠藥。

七月三十一日　星期六　氣候：晴　申刻大雨

雪恥：一、戰時生活。二、時間認真。三、數字認真。四、集團工作（戰鬥體）。五、分工合作、聯繫協調之精神。六、制度化、紀律化、科學化、組織化。七、三聯制與科學管理之關係。八、哲學與宗教。

朝課後續擬訓詞要旨稿，十時入府召見七員，召集軍事會談。回途中靜默如昨，午睡後記事，續擬訓詞要旨稿，帶兩孫散步、車遊山下，遇大雨到士林寓內避雨，靜思時局有得。晚經兒由中央山脈旅畢回來，觀影劇（古樓奇案）。晚課後廿二時寢。

1　JOC 為聯合作戰中心（Joint Operation Center）之簡稱。
2　唐努萬（William J. Donovan），曾任美國戰略情報處處長，1953 年 9 月至 1954 年 8 月任駐泰國大使。

上星期反省錄

一、本周全力續修革命教育基礎之講稿，至周末始作最後脫稿完成，此一著作自信其於民族文化復興之精神必大有影響，惟由余在此時發表此一精神教育之思想，或能期其推動無阻，亦無負於將來世代人民乎。

二、共匪最近叫囂其進攻臺灣之廣播，是其對我將反攻大陸之恐怖心理反映所致，可知大陸民眾盼望我反攻之迫切，使共匪已無法再事掩飾其真相之表現。

三、共匪對美國賠償之要求抗議書原件退還不收，更激動美國之痛憤，此乃必然之勢。

上月反省錄

一、共匪在日內瓦對美、英、法等國提出其秘密建議，所謂整個解決計畫（亞洲）四點：甲、由美、英、法、印、日及其他亞洲國家與北平、莫斯科簽訂互不侵犯條約。乙、任何原子武器禁止在亞洲使用。丙、韓以卅八度，越以十八度為分界線，所有外國軍隊均自該兩國撤退。丁、臺灣將交由聯合國管理，於五年內作最後處置，由此使共匪在實際上進入聯合國。惟為美國完全拒絕，而英則消極無所表示，又俄帝在中美之瓜地瑪拉國共產叛亂之陰謀，已被美國及時削平矣。

二、日內瓦會議結果，越南以北緯十七度為分界線，俄共大獲勝利，惟美不簽字，表示消極反對之意。

三、越南分割後之第三日，共匪在海南島附近無端擊落英國商用飛機，其中美籍〔籍〕乘客死三人，美航空海軍機即在海南附近尋覓其死傷人員時，共匪二機又向美機進攻，美即當場擊落其兩架匪機，而美要求共匪賠償其死傷之美客二次，皆被共匪拒絕，原書交英代辦退還不理。

四、共匪積極宣傳其將進攻臺灣，以嚇止美國與我訂立協防盟約及其增加援華之款項。

五、長江大水災，其水位超過歷史空前之記錄。

六、美總統與國務卿皆宣布其將與我商訂互助協定，而其援華數量之增加似已確定政策矣。

七、英、埃對蘇彝士運河撤兵之交涉已經協議，此為越南分割後，美、英積極備戰之反映也。

八、陸、海、空各總司令已如期宣誓就職，各軍長新任命令亦已發布，整軍計畫至此已告一結束矣。

九、手擬革命教育基礎講稿，重習陽明傳習錄，對於哲學之修養又得一進步矣。

八月

蔣中正日記
Chiang Kai-shek Diaries

民國四十三年八月

本月大事預定表

1. 戰鬥團教育之督導。

2. 囚犯不得當兵。

3. 四中全會之指導。

4. 國防會議之組織。

5. 憲兵與衛戌司令之發表。

6. 軍事學校校長之調換。

7. 聯勤總司令方針之決定。

8. 爭取美援之指導。

9. 中美互助協定之督促。

10. 東南亞聯盟之注意。

11. 精神教育與思想領導之發表

12. 中央黨部人事與香港執行部之加強。

13. 設計與發展研究機構之督促。

14. 三軍聯合作戰機構建立之督導。

15. 中央黨部人事，第四組與二副秘書長。

16. 軍法局長之調換。

17. 任憲〔顯〕羣問題。

18. 考試院長與委員問題。

19. 各級指揮皆組訓三軍聯合通信。

20. 特種軍士制度先試行。

21. 漁民出海捕魚妨礙情形之查報。

22. 軍隊民主偏差與統御力減弱之關係。

23. 砲工兵營長以上人員訓練之整個計畫。

本星期預定工作課目

1. 四中全會之指導與訓示。

2. 中央秘書長之人選。

3. 精神動員與思想領導之綱要與辦法。

4. 革命教育與哲學之提出。

5. 基層組織與幹部制度之提出。

6. 國際形勢之報告。

7. 對匪情與外交報告之聽取。

8. 反共大陸方針與時期之研究。

9. 召見海外與高齡中委。

10. 美援增加部分之進行。

11. 國防會議組織條例之督促。

12. 憲兵與衛戍司令人選。

八月一日　星期日　氣候：晴　乍雨　溫度：八十四

雪恥：一、強調匪將進攻臺灣。二、東南亞聯防組織之性質與我之態度。三、中美互助協定之進行。四、中、日、韓、菲與美國之東亞反共聯盟。五、思想領導以科學為基礎。六、精神動員即變化氣質、改造風氣，以即知即行之哲學為基礎。

朝課後續擬訓詞要旨，禮拜如常，回寓記事畢，帶兒孫由復興岡登小平頂，經水頭、淡水回寓午膳。午課後閱報，研究國際形勢，審閱哲學講稿，讀唐詩杜甫「野望」一首。晚審閱條陳，晚課後廿二時寢。

八月二日　星期一　氣候：晴　申刻雨　溫度：九二

雪恥：一、世界反共的重點已集中在東亞。二、聯合國如被共匪參加，則其本身已無形瓦解，故決不至此。三、對區域聯盟反共之觀感與方針。

朝課後手擬全會訓詞要旨稿，九時到研究院全會，致開幕詞卅分時後，舉行全體會議主席畢，回寓記事，記本周、本月工作預定表後，午課，靜默。午睡後到全會，聽取大陸反共工作報告畢，修正幹部政策稿詞後，帶兩孫車遊山下一匝。晚觀影劇，美製（原子怪物）頗好。膳後晚課，廿二時寢。

八月三日　星期二　氣候：晴

雪恥：近夜睡眠一到午夜以後，即入恍惚糊塗狀態，似乎睡着、似乎未睡着之情形，不知何故為慮。

朝課後修正講稿要目，九時到全會聽取軍事、外交報告畢，回寓記事。午宴全會主席團與亮疇、右任、竹亭[1] 等高齡同志。午後到全會續整講稿，回寓帶兩孫散步。車晚[2] 遊山下一匝，讀唐詩，覆妻電，晚課後廿二時寢，廿四時後未能安眠為苦。

1　雲竹亭，號茂修，廣東文昌人，僑居泰國。時任僑務委員會委員、泰國曼谷中華會館主席。
2　原文如此。

八月四日　星期三　氣候：晴

雪恥：一、張厲生為黨部秘書長。二、邱昌渭[1]為考試委員。三、王雲五為考試院長。四、對於幹部政策要領之說明。

朝課後續整訓詞要旨稿，九時到全會，聽讀革命教育基礎（一名革命哲學入門）二小時餘後，討論者皆無重大意義，惟右任主張將引用曾文正[2]各節文字最好刪去，此亦存有成見之一種，其實學問不能分有界限，凡其於學術有關與有益者，皆不能以人廢言，而況曾在哲學上地位不可抹煞乎，至於其政治歷史之是非，則另一問題也。午課後到全會講述國際形勢與反攻大陸方針，約三小時餘，尚不覺疲乏也。晚車遊後晚課。

八月五日　星期四　氣候：晴

雪恥：據匪報，武漢水位前日已超過民國二十年水災時之七呎以上，不知大陸人民如何苦難過活。嗚呼，共匪惡貫滿盈為空前所未有，乃由天怒人怨之心氣，竟造成空前所未有之天災人禍，茫茫蒼天，其將如何假手以拯救我人民與國家？天父乎？究竟何日得救耶？盍不速救乎？

朝課後記事，九時到全會，聽取基層幹部制度之決議案，親自參加檢討，以此問題最為重要也。回寓審閱閉幕詞，及準備補充本次訓話未盡各點，正午約主席團商討秘書長與常委抵補吳[3]缺人選，決以張厲生為秘長，張其昀補常委。午課後到全會主席致詞閉幕，晚課靜默，晚聚餐後觀紹興劇（臥薪嘗膽）。

1　邱昌渭，字毅吾，1952 年春，任行政院設計委員會委員兼政制組召集人。1954 年 7 月，任政治大學行政研究所主任；11 月兼任光復大陸設計研究委員會秘書長。
2　曾國藩（1811-1872），初名子城，譜名傳豫，字伯涵，號滌生，湖南湘鄉人，官至武英殿大學士、兩江總督，同治年間封一等毅勇侯，諡文正。與李鴻章、左宗棠、張之洞並稱「晚清四大名臣」。
3　吳即吳國楨。

八月六日　星期五　氣候：晴

雪恥：一、考試院長、副院長以及考選部長人選之考慮。二、邱昌渭之任務如何。三、檔案事略主編之人選。

朝課後記事，令孝儀秘書編印陽明傳習錄年譜，以及清儒學案已入聖廟者十一人之學案。入府召見李萬居[1]及反共義士赴歐美宣傳者五人，與印尼僑團畢，召集軍事會談。午課後記上周反省錄及本月工作預定表。晡帶兩孫散步，准其脫鞋出腳步行及涉水，觀其心情為至樂無上之事，晚課。

八月七日　星期六　氣候：晴

雪恥：一、秦孝儀秘書調副組長。二、侍從秘書之人選。三、約見霍亞民。

朝課後召見柳元麟[2]，聽取其報告，在滇、緬邊區之游擊部隊尚有六千餘人云。九時前乘車出發，帶武、勇二孫同行，經大溪別墅稍憩，即乘原車直達角畈妙高臺寓所，共計二小時卅分也。遊覽院內，欣見手植樹苗皆已長成，靜觀山水，甚覺紅塵不到，別有天地之樂也。午課後記事，審閱去年總反省錄稿畢，散步，入浴，讀唐詩。晚在南廊下觀月唱詩，月白風清，心神怡然自得，晚課，廿二時寢。

---

[1] 李萬居，字孟南，1947年10月創辦《臺灣公論報》，1950年與雷震等研籌組中國民主黨，未成。1953年當選臺灣省議員，連任四屆。

[2] 柳元麟，字天風，浙江慈谿人。曾任第八軍副軍長等職。1951年1月起任雲南人民反共救國軍副總指揮及參謀長。1953年部隊撤回後，餘部組織雲南人民反共志願軍，擔任總指揮。

上星期反省錄

一、四中全會如期完成，其間最大之收獲為革命教育之基礎講詞正式宣布與通過，此實為對黨國平生重大貢獻之一，深信其於民族復興之影響，實為惟一之基本精神也。其次為本黨基層幹部之條規完成與通過，而對國際形勢與反攻方針之講詞，使幹部心理之加強及其安定力量實非淺尠，正在越南分割，俄共大吹勝利之時，非此不能轉移其動盪之情緒耳。

二、李承晚去月杪訪美完畢，視其情景大為失望，諒無結果可言，但此為當然之事，何足為怪。

三、伊朗與英、美油案調解完成，此為越南分割後，美國對俄共第二措施之勝利也。

本星期預定工作課目

1. 胡佛[1] 總統八月十日八十生日。

2. 第三期訓練十二周基地訓練課程。

3. 面的戰術教令之規定與普遍研究。

4. 核心幹部之人選。

5. 憲兵司令人選之決定。

6. 黨務人員之決定。

7. 國防會議之組織與人選。

8. 召見新任次級人員。

9. 考試院長與考試委員之提出。

10. 青年團信條之查報。

1　胡佛（Herbert C. Hoover），美國共和黨人，曾赴中國擔任礦業顧問，1929 年 3 月至 1933 年 3 月任總統，1919 年於史丹佛大學創立胡佛研究所（Hoover Institution）。

11. 對馬島與旅順之戰史（東鄉與乃木[1]）。

12. 美僑報之英文版促辦。

八月八日　星期日　氣候：晴　溫度：八四

雪恥：一、侍從人員守則與組織之檢討。二、中央亞細亞調查錄之查報。三、科學促進會之組織。四、復大維電。

朝課後在院中遊憩，記事畢，帶兩孫遊玩。朝餐後審閱去年總反省錄稿，略加整理。午課後記錄去年外交與國際變化章，約三小時之久，尚未錄完，甚為小蚊毒蟲所刺咬，面部、左手皆發腫，以專心錄稿，咬時未覺其痛養也，幸敷藥後漸癒。晚以孝鎮不假而私自下山回家為憤，立命其連夜回來。膳後在廊下觀月，唱詩，晚課。

八月九日　星期一　氣候：晴　溫度：八五　地點：角畈山

雪恥：一、公務員操課與檢閱及競賽方法。二、戰士授田制之檢討。三、土、希、南三國軍事協定有否簽訂。

朝課後，院中與兩孫遊玩，膳後續錄去年總反省錄之政治、黨務與軍事各部門。午課後記事，續錄去年總反省錄之修養部門完，對俄寇與共匪部門尚未記錄。晡指示植樹，與兩孫遊玩後入浴，讀唐詩，出外散步，晚在廊下觀月吟詩，廿二時前晚課後寢。

1　東鄉平八郎（1848-1934），大日本帝國元帥海軍大將。1905 年 5 月 27 日指揮對馬海峽海戰，大破俄國波羅的海艦隊。決定日俄戰爭中日本的最後勝利。乃木希典（1849-1912），1896 年至 1898 年任臺灣日治時期第三任總督。1904 年 2 月日俄戰爭爆發，出任第三軍司令官，晉升為陸軍大將，負責指揮旅順會戰。

八月十日　星期二　氣候：晴　申雨

雪恥：一、空軍大隊每月康樂費只有二百元。二、教育學、教會精神、國民道德教育。三、教育不是只為考試與文憑資格而教育，應注重生活與實用。四、職業教育與工人教育之特重。五、黨員以為民服務、為黨負責而不以權利與虛榮為餌。六、教育研究之推廣。七、不能解決與無法解決之俄共問題，只有拖延待其自然解決之一法乎？

朝課後記事，續錄去年總反省錄修養部門及共匪情勢之部完。午課後記重生與復興之道，即反共戰爭文武幹部所必具之性能等各節，記本年大事預定表後，十六時帶兩孫往遊內溪瀑布，以過雲霞橋後大雨，乃在王姓店外休憩後中途折回，未能往訪此瀧為憾。入浴後，指示建築師測量小學校禮堂地位與繪圖，讀詩，晚課。

八月十一日　星期三　氣候：晴　溫度：九十

雪恥：一、近日考慮中國復興民族，惟有提倡基督教，使之發展成為國教，方能使民族與世代子孫養成其為有博愛服務、奮鬥犧牲、互助團結、忍耐刻苦、袪私尚公、自強獨立之國民精神。至於佛教、道教之教理，只可作為一種哲學之研究，應澈底廢除其教義，使過去社會所有之消極惰性以養成民族之災禍者，拔其本而塞其源，方能復興中華民族。但儒家之精神必須重振，保持我民族固有中正仁義之天性，以補助基督教之不足也，以儒家並非宗教而是一種哲學耳。

朝課七時後，朝餐畢即下山，約二小時到臺北中央常會，處理人事。午課後記上月反省錄，批閱公文，經兒亦由大陳回來，接妻電知美援今年確已增加矣。晡散步、車遊，晚讀唐詩，晚課後廿二時寢。

八月十二日　星期四　氣候：晴

雪恥：一、長江、武漢水位昨已漲至廿九點五二公呎，未知大陸人民如何為生矣，天父乎，盍不早日拯救，使我人民能脫離此空前之浩劫耶。二、國防大學應設新武器性能解釋課。三、再講拿翁[1]戰史。四、應商之事：甲、傘兵裝備一個師。乙、麥唐納問題。丙、軍援交涉人選。丁、仁霖問題。戊、駐美武官人選。

朝課後記事，入府辦公，召見十餘人，批閱公文，與岳軍商討考試院長與考試委員人選，及中國、交通二銀行董事人選。午課後重閱四十一年日記總反省錄，甚有益，審閱國防會議組織規程。晡散步，晚膳後獨到後公園臨池觀月回，讀唐詩，晚課。

八月十三日　星期五　氣候：晴

雪恥：一、參謀總長桂永清昨晚十時後以心臟病突發逝世，今晨起床朝操後，經兒來報此噩耗，不勝驚異與悲哀，此一職務之人選，今日更難矣，茲擬處理方針：甲、暫由徐培根[2]代理。乙、即任黃振〔鎮〕球為總長或由薛[3]繼任。丙、派孫[4]兼代？丁、派彭[5]兼代，而調徐任國防大學校長，以余伯泉升調為副總長以補徐缺，則對外可補彭之不足也。

朝課後記事，心神甚為不定，可知修養不足也。九時後入府辦公，會客如常

1　拿破崙（Napoléon Bonaparte, 1769-1821），法國陸軍將領，法國大革命時崛起，1804年至 1815 年為法蘭西皇帝。
2　徐培根，字石城，曾任航空學校校長、軍事委員會航空署署長等職。1951 年起任國防部作戰參謀次長。
3　薛岳，原名仰岳，字伯陵，廣東樂昌人。1949 年任海南特別行政區長官，1950 年任總統府戰略顧問。
4　孫即孫立人。
5　彭即彭孟緝。

畢，召見辭修與至柔，再召集參軍長與秘書長及俞院長商討桂[1]缺人選，最後決定如丁案實施，並決定考試院正副院長人選莫、王[2]二人，提監察院同意。以此二人皆非黨員，余以考試院長應比較超然而無黨派者為方針，擬向監委黨員說明也。

八月十四日　星期六　氣候：晴

雪恥：昨午課後續審國防會議組織規程，加以批示後，乃帶兩孫出外散步如常。十七時在軍人之友俱樂部對監委黨員六十餘人致詞：一、副院長應速選出，不可再有糾紛。二、考試院正副院長，提出莫德惠、王雲五黨外人事〔士〕之說明，眾無異議乃退。晚與經兒帶兩孫車遊，晚課。

朝課後記事，九時半到空軍總部十五周年空軍節舉行典禮，與給獎英勇人員以後，並對先烈之親母十餘人親自加以慰問畢。入府召見香港青年來軍中服務者六十餘人，及與介民商討留緬境之殘部四千人處理方法，決予接濟，批閱公文。午課後寫妻函，交霍亞民帶去，記下周工作表。晡帶兩孫散步回，入浴，膳後帶兩孫車遊，並在頂北投南端觀月回，晚課。

上星期反省錄

一、十三日美參議院全體一致通過共黨為非法案，但此案必須由眾議院同意與總統批准，據報愛克不同意，此案則將延擱不能實行矣。

1　桂即桂永清。
2　莫、王即莫德惠、王雲五。

二、法閣議將其歐洲軍公約修改案通過其內容，雖未宣布，但可想像其對建軍原有精神完全喪失，並對德國加以岐視，不予獨立與平等之地位。果爾，則此公約等於取消，有不如無也。

三、長江水位已增高至廿九點五二公呎，哀我同胞不知如何為生矣。

四、桂淑貞〔率真〕逝世，殊為我軍事之重大挫折也。

五、去年總反省錄抄錄完畢。

六、十一日對國家宗教問題已有定見，以後只要如何設計實施而已。

七、英工黨領袖艾德禮經過莫斯科已到北平訪問，美、英輿論皆多痛憤。

本星期預定工作課目

1. 面的戰術應在參校與各校普遍研究。

2. 黨政軍綜核設施機構之籌設計畫。

3. 工業建設之準備計畫與人選。

4. 革命戰爭與國際戰爭性質之差別。

5. 核心幹部之人選與組織。

6. 公務員操課實施情形查報與檢閱。

7. 青年團之信條。

8. 侍從人員守則與組織。

9. 一廳董智修[1]與聯勤交通署長人事。

10. 由美考察回國之三人應令報告。

11. 警衛大隊應改組定計畫。

1　董智修，曾任華中剿匪總司令部第一處副處長，1951 年 8 月任國防部第一廳專員，時任第一廳第五組組長。

八月十五日　星期日　氣候：陰雨

雪恥：一、聯勤總部人選應考慮決定。二、憲兵司令應發表。三、星四聽講。
朝課後以咳嗽氣管為患，體溫已至一百度，乃即休息。九時前往祭桂淑貞〔率
真〕，以彼下午大殮也，觀其遺容如常，並無苦痛之象為慰，對其夫人以妻
名加其吊唁。回寓，閱讀論語類輯至為政篇完，記事，記反省錄。午課後審
閱實踐學社課程摘要有益，晚約顧少川大使便餐留宿也。晚課，醫療後廿一
時半寢。

八月十六日　星期一　氣候：晴

雪恥：漢口水位昨日又增漲至廿九點六三公呎矣，哀我同胞，何以為生。
本日以體熱未退，常在九十九度以上，故未敢入府辦公，乃終日在家休養，
整修當前國際形勢與我革命的環境稿，上、下午亦足有六小時之工夫也。
十一時約見美國遠東空軍司令派楚琪[1]上將半小時，其美國代辦[2]面懇我速放
美國[3]油輪陶普斯號，余答其俄國並未對我抗議，有所抗議亦未言我違反國際
公法之事，故何必放回也。今日朝、午、晚各課如常。

1　派楚琪（Earle E. Partridges），1954 年 4 月任美國遠東空軍司令。
2　郭可仁（William P. Cochran Jr.），又譯郭可任，美國外交官，時任駐華代辦。
3　「美國」為「俄國」之誤。

八月十七日　星期二　氣候：晴

雪恥：一、考試院正副院長與考試委員十九人提名後，昨日已由監察院投同意票，皆得通過，今後對於考選部長人選應速決定任命。邱昌渭本為桂系，且為李宗仁之秘書長，惟其才可用，彼且表示其以往所事非人，而近來對黨務設計委員事亦能盡職，故決遴選其為考選部長，一面亦可安定桂系在臺人員之心理也。

本晨體溫已減但未全退，而至晚間則升至一百度以上。朝、午、晚課皆舉行如常，上午寫妻與傑甥各函，繼修正國際形勢講稿完畢，午後修正聯合作戰思想之提示稿後，約朱仰高醫師來診，並約岳軍來談公事，彼言現在政治一切皆入順境，余言如稍有不利，則隨時可重演往事，不可不慎。讀詩自娛。

八月十八日　星期三　氣候：晴

雪恥：一、衛戍與憲兵司令人選應決定發表。二、聯合作戰通信機構應普遍限期成立。

本晨以體溫未退，故停止朝操，其餘朝、午、晚各課皆如常舉行。美太平洋海軍總司令史敦普[1]上將，昨日密往大陳視察，今晨回臺北。據其表示對大陳防務強固，並擬發表其往大陳觀感之聲明，此當然為對共匪聲張非「解放」臺灣不可之恫嚇加以打擊，但美對大陳之地位亦可知其已與琉球之存亡同一命運，故其再不肯放棄大陳矣。本日修正聯合作戰之指示完。

1　史敦普（Felix B. Stump），美國海軍將領，曾任美國大西洋艦隊航空司令，1953 年 7 月至 1958 年 7 月任太平洋司令部司令。

八月十九日　星期四　氣候：晴　申刻雷雨

雪恥：本晨朝課如常，惟停止朝操，以熱度尚未全消也。記事後孟緝來報其昨與史敦普談話情形，對我大陳軍事部署與民眾反共愛國之情緒特別感動，認為此等人民萬不能再使其陷於鐵幕之內，而我軍民合作之精神如此，亦為必勝之根基，決無失敗之理云。九時半，史來見，由余伯泉翻譯，彼重要談話：甲、雷德福與彼均要求其政府准他協防我臺灣之外衛島嶼，但至今尚未獲准云。乙、只要美航空母艦在大陳附近不斷操演或一旦參加防守，則大陳萬〔無〕一失云。而彼對余軍民反共情緒及對余個人之崇敬心理，則有情不自禁之自然表露，認為美友自來訪臺者，以史之表情為最深刻，而其興奮實不可言喻。本日重審當前國際形勢講稿未完，午、晚課如常。午間無溫度，而晚間約有二分尚未退盡也，晚觀影劇。

八月二十日　星期五　氣候：晴　申刻雨

雪恥：昨對史敦普談話，托其轉達愛克總統數語，稱「臺、澎及其外衛島嶼之防衛，一旦如有戰事，我全體軍民必盡其一切以保衛守土，決不愧為美國之朋友而使之受辱，而且我軍民皆知今日中、美之命運一體而不可分，無論為中國、為美國，皆必盡其職責，絕不辜負美友之期望也」云。

本晨仍略有熱度，故未朝操，其餘朝、午、晚各課皆如常舉行。記事後續審閱當前國際局勢講稿，直至晚傍始審核完成後，帶武孫車遊山下一匝回，入浴。自發燒以來，幾六日未入浴矣，今始入浴也。晚膳後與經兒車遊一匝，晚間體溫已復正常，熱度全消矣，廿二時寢。

八月二十一日　星期六　氣候：陰　雨

雪恥：一、彭[1]往大陳視察聯合作戰之組織。二、情報教範之編訂。三、軍犬之教養。四、孫[2]補助經費。五、衛生與法律常識。六、乘敵來犯外衛島嶼時之反擊計畫。七、疏散重要倉庫應設於外衛各小島上。

本日體溫復常，熱度全退，朝課體操亦照常舉行，午前接妻電話，催顧大使回美事。終日審閱研究院二階段教育第二期結業訓詞，關於攻勢戰術一段之內容要義重加修訂，因規定反攻戰爭之戰術原則特別重要也。午課後記事畢，帶武孫車至淡水巡視旱象後，便道遊覽空軍氣象總隊，面海而又對觀音山頭，其風景絕佳也。回入浴，晚與經兒車遊市區回，重修訓詞，晚課，廿三時前寢。

上星期反省錄

一、十日來為全省旱象，早、午、夕三次禱告時特別祈禱降雨，至本周末各地皆得甘霖，但雨量尚未能充沛為慮。

二、感冒足有一周，但至周末熱度全消。

三、本周因病未能入府辦公，但每日修正講詞，最近國際情勢與反攻戰爭的戰術原則二篇之重要文字，共計三萬言，皆已修正完成，亦一重要工作也。

四、美駐太平洋海軍總司令史敦普上將，奉命特來參觀大陳防務，乃是反共戰期之重要史料也。

五、美國國會兩院皆認共黨為非法組織法案可說完全成立，此為反共世界之重要進步也。

六、美宣布駐韓美軍撤退四個師，今後只留其不足二師之兵力在韓矣。

1　彭即彭孟緝。
2　孫即孫立人。

本星期預定工作課目

1. 總動員會報。
2. 軍事會談。
3. 宣傳會談與財經會談。
4. 國防會議組織綱要。
5. 衛戍與憲兵司令委任。
6. 通信字碼編組之講解。
7. 各指揮機構聯合作戰之組織。
8. 反擊準備之設計。
9. 情報教範與面的戰術教令。
10. 旅行休假計畫。

八月二十二日　星期日　氣候：晴　未申雨

雪恥：一、乘勢反擊之計畫：甲：轟炸長江以南基地，先炸東南區各基地。乙、擊滅其空軍主力與新生力。丙、佔據其東南空軍一個或二個基地，樟橋第一目標。丁、福州或汕頭為第二目標。

朝課全部恢復如常，補修反攻戰爭之戰術原則（關於組織陣地與構築工事之重要一段）頗費心力也。上午記事，記上周反省錄後，與經兒帶文、武二孫車經基隆轉野柳村，登舊氣象臺山上遊覽，即在臺上午餐後，與駐軍官兵攝影紀念畢，下山經村中至公路登車，由原路回來。勇孫以感冒未痊故未同行也。

八月二十三日　星期一　氣候：晴

雪恥：昨午、晚課皆如常，回廬入浴，召見鴻鈞院長與公超後，晚約顧少川大使便餐敘別，彼談卅八年英國情報人員「雷克塔」陰謀經過，足博一笑而已。英國早以〔已〕準備吳國楨為其臺灣傀儡，而吳至今所以其心不死者，蓋由此也。晚課後廿二時寢（今起未服安眠藥矣）。

本日朝課後記事，上午寫妻函，並審閱講稿，午課後清理積案，手令十餘通。晡帶武、勇二孫散步於後公園回，入浴，讀唐詩，晚與經兒車遊市區回，晚課，廿二時寢。

昨日共匪與其尾巴黨派發表其一定要「解放」臺灣的口號，此乃共匪獲得越南侵犯戰果後之第一目的。

八月二十四日　星期二　氣候：晴

雪恥：一、共匪在九日召開其所謂世界民主青年聯盟理事會，以「保衛和平」口號下組織民族統一戰線，再產生亞洲人民志願軍，這一陰謀是值得注意的。二、美援軍協項下應用之預算補充應速籌畫全部計畫。

朝課後記事，入府召見馮啟聰[1] 等派美學習兩棲訓練人員十六人後，召見高玉樹市長等三人畢，與岳軍、立人分別談公後，召集情報會談，指示情報運用之重要。午課後清理積案，晚召叔銘、孟緝商對共匪空軍為反擊計畫第一目標之準備，晚課後寢。

1　馮啟聰，字伯曼，廣東番禺人，曾任太平艦艦長等職。1954 年 3 月，任海軍兩棲訓練司令部司令。1959 年 3 月，兼任海軍六二特遣部隊指揮官。

八月二十五日　星期三　氣候：晴　溫度：八七

雪恥：一、退伍士兵安置經費之預算。二、開字計畫第一年優先軍協之設計。
三、退役輔導指導委會之成立。四、戰時生活方式及具體實施辦法之設計。
朝課後修正大陸水災之拯濟文告，閱報，到中央主持總動員會報，約三小時
半方畢。午課後記事，閱報後帶兩孫在後公園，觀其出腳入水坑捉蟹之興趣
無窮，又引起我幼時入溪捕魚之往事為感。晚在研究院觀話劇（新野玫瑰即
天字第一號），晚課後寢。

八月二十六日　星期四　氣候：晴

雪恥：此次大陸水災之慘重，中外人士多以為乘機反攻大陸乃時不可失，余
則認為不可，此時長江以南一片汪洋，軍事不易發展一也。哀鴻遍地，如無
救濟實施辦法，則經濟無以為計二也。至於政治與人心，則自有可攻之道，
但在此大水以後三年至五年之時間中，此因素決不致失去，故在此三年之內
開始反攻，必須對經濟與救助之道略有準備，方能見吊民伐罪之實功也。
朝課後批閱公文，入府召見十人，批閱後召集宣傳會談約二小時餘，對共匪
所聲張「解放臺灣」與救濟水災，以及取締黃色刊物與國際形勢指示頗詳。
午課後記事，整書藏文畢，五時後起飛。

八月二十七日　星期五　氣候：晴

雪恥：昨晡由新社機場著陸，乘車一小時半始抵谷關招待所休息，氣候清涼，
膳後仍在舊遊樹蔭下休息，頗覺自得。晚課後廿二時寢。
今晨七時半起床，昨夜酣睡前後足有八小時之久，中間僅醒二次，實為近年
來最安眠之一夜也。朝課，在院中露天讀經，膳後又在樹蔭與經兒談話後，

讀論語類輯約一小時餘，入室記事。此次旅行，經兒帶三孫男同來，實為圓滿之旅行，惜妻旅美未能參加為憾。本日午、晚課如常，晡帶經兒、兩孫及國倫[1]步遊水源地入洞口，夕陽東照山巔，倒影潭中，美麗如畫，心焉樂之。終日閱讀論語類輯完，編法甚新，其他經書亦應倣此類編也，晚誦唐詩（在樹蔭下），廿二時寢。

八月二十八日　星期六　氣候：陰晴
颱風未登島上，向西轉去

雪恥：一、對於明年度美援之要求數目，應對藍卿面致特別軍援問題之補充予以修正。二、對杜勒斯面商問題之考慮：甲、對中、日、韓合作與美國之領導聯盟問題。乙、K案軍援計畫問題。丙、單獨反攻大陸與美國接濟問題及必勝理由。丁、俄共陰謀（現階段）與美國基本政策。戊、在東方塞住俄帝向太平洋之東侵方略。

朝課後記事，上午修正陸軍官校卅年周〔周年〕紀念之訓詞完。午課後，修正國防大學聯戰系開學訓詞未完，晡在院中散步，聽黃[2]武官讀報後，觀影劇（閨怨）未看完，只看前年遊覽谷關時之電影（五彩）頗佳，晚課後入浴，獨自在院中讀唐詩，禱雨後寢。

1　蔣國倫，蔣國炳與孫薇美之子。
2　黃雄盛，時任蔣中正總統侍衛官，並擔任軍事會談記錄。

上星期反省錄

一、美國上周宣布其撤退駐韓四個師,是其今後留韓兵力只有兩師而已,據說僅為其戰略之新部署,而並無減少遠東兵力之意,其實其中兩師調回其本國也。

二、美國正式宣布毛匪征服亞洲與世界之時程表,是於我有益也。

三、美國愛克批准議會所通過管制共黨之法案,是其領導反共世界之又一進步矣。

四、呼籲救濟大陸水災之文稿。

五、共匪聲張其進犯臺灣,甚至其水鬼偷襲金門一哨兵,以為其突擊之勝利宣傳,其用意果為直接恫嚇其現正訪匪中之英工黨首領乎。

六、來「天輪」之「谷關」休息三日,頗覺安適,夜眠甚佳,但日間整理講稿二篇,並未完全休養耳。

本星期預定工作課目

1. 大碑湖公路與步校卡車。

2. 各總部之預備金。

3. 第四、第七軍之武器與顧問。

4. 法議會對歐洲軍公約是否拒絕。

八月二十九日　星期日　氣候：微雨　下午晴

雪恥：一、新文化改造運動指定張曉峯為負責主持人。二、與杜勒斯商討中美互助協定之精神與基準問題。三、整理五經要以許同萊[1]之論語類輯為標準。

今晨七時半方醒，起床朝課如常，上午修正國防大學第三期開學訓詞稿（新時代的將領必須具備新精神和新習性）完。午課後重習論語類輯完，乃與管理人員等照相，召見縣黨部書記與縣議會議長等。晡與經兒、三孫遊覽對山之通水與瀘沙壩，晚觀影劇，韓戰中之噴射機戰鬥之實況頗佳。膳後散步，讀詩，晚課，廿二時寢。

八月三十日　星期一　氣候：晴　申刻大雨

雪恥：一、補充兵額足數之經費預算。二、生活戰時化之具體項目之例舉。三、緊張急促是否為戰時化之研究。四、陸軍官校基本動作是否亦應修改之研討。五、司儀口令之聲調應切實規定並實習。六、青年團尚武精神及投考軍校為第一等志節與品德之提倡，作有計畫之宣傳。七、閱兵背包扣緊之注意。八、正步每分鐘百十四步之規定。

昨夜睡眠亦佳，今晨朝課後仍在院中散步漫游，頗覺閒雅，朝餐後與兩孫玩耍畢，記事。審閱對日內瓦會議預想與觀測之講詞，至午課後十六時方修正完畢，乃由谷關與經兒、武、勇同車出發至新社機場上機，武、勇則乘原車回臺北，途中遇雨甚大為喜。

1　許同萊，字叔娛，堂號「自強不息齋」。為知名詩人、古典文學家，1950 年代中期著有《孔子年譜》，擅書法，以工楷見長。

八月三十一日　星期二　氣候：晴　溫度：八十六

雪恥：昨晚七時後抵高雄，宿澄清樓，潮濕異常，入浴，晚課，獨在陽臺納涼後，廿二時寢。

今晨朝課後巡視庭外竹木，其木苗生長甚速，而竹種則不發如昔也。在海濱散步，巡視蒲園回，朝膳畢，準備出發。十時前到陸軍官校，即舉行第廿五期生畢業典禮畢，參觀新制美國之基本教育與行動約一小時，須再加研究後慎重決定。在軍校聚餐後，巡視步兵學校畢回。午課後記事，召見美顧問海軍組長白蘭達[1]與卡乃[2]少校，約談一小時後，召見卜道明，乃知前扣俄油船之俄人，已有十一人申請政治庇護矣。晚宴黃杰、石覺等陸軍將領十餘人，指示其每一軍人必須有一本國歷史名將為其崇拜與師法之人也。晚在陽臺上納涼吟詩，晚課後寢。

1　白蘭達即卜蘭地（Robert Brodie）。
2　賈烈（Robert B. Carney Jr.），又譯為卡尼、卡乃，美國陸戰隊軍官，1952 年 7 月任左營之海軍陸戰隊顧問小組組長。

上月反省錄

一、義大利前總理加斯貝利[1]本月去世，是歐洲反共領袖又減弱一個矣。

二、漢口水位，廿二日為廿九點六五公尺，據報上游水勢仍在續漲中。

三、英國對俄帝擴充海軍之恐怖心理，引起美國之重視，此乃為第三次大戰最重大之導因。曾憶羅斯福[2]面告余，俄國不足畏，如其欲與英、美國爭霸，必須在百年之後，以俄之海軍製造與技能，在此百年以內，必趕不上美、英之海軍勢力也。美國今日估計，如照過去八年以內俄海軍擴張形勢，則十年內必超過美國之上，而對英國則今日早已超過矣。余認美對俄擴張陸軍與空軍皆不甚在意，而獨於海軍則必不使俄能與其競爭也。

四、比京五國會議（歐軍公約）失敗。又法國會對歐洲軍公約已否決，此為美、英對歐反共政策之一根本打擊也。

五、美國宣布共黨為非法組織。

六、美國宣布撤退駐韓四個師，以後只留兩個師在韓，但其駐日尚有二個師及特種部隊也。

七、共匪召開其所謂世界青年聯盟理事會，與叫囂其進攻臺灣，是為其八月份之主要宣傳。

八、美海軍太平洋總司令特訪我大陳，是其對共匪之警告。

九、桂永清總長逝世是軍事上之損失。

十、本周[3]（十一日）對國家之宗教問題之主張，以及重要訓詞三篇之修正，與論語類輯之讀完，乃為修養上之進步。

1　加斯貝利（Alcide De Gasperi），義大利政治家，1945 年至 1953 年擔任義大利總理，義大利天主教民主黨創始人。

2　羅斯福（Franklin D. Roosevelt, 1882-1945），美國民主黨人，1933 年 3 月至 1945 年 4 月任總統。

3　原文如此。

十一、四中全會如期完成，教育基礎講詞之通過，以及基層幹部制度案之決
　　　定，實為黨務之基本工作也。
十二、英艾德禮訪問俄匪，為匪捧場之猴戲。

九月

蔣中正日記
Chiang Kai-shek Diaries

民國四十三年九月

本月大事預定表

1. 秋季演習日期與計畫。

2. 軍校改制後，軍士教育應在步校設專科班，對軍士深造以代替軍官之不足。

3. 排長缺額問題，步校畢業軍士班補充。

4. 發立人特別補助費。

5. 預備杜勒斯談話稿。

6. 美軍援之用度計畫。

7. 聯合國大會之注意事項。

8. 俄國海軍之發展情勢，乃為美國生死關頭之到來。

9. 聯大會議之方針與陶普斯號問題。

10. 阻止魯斯[1]擬出中國和平之專號。

11. 警校長與軍法長之人選。

12. 對新速實簡實施程度之檢討小組。

13. 擴編陸戰隊與司令人選及傘兵師。

14. 電導高彈與噴射機及降落傘。

15. 國民兵與民防隊組訓之查報。

1　魯斯（Henry R. Luce），又譯羅斯、羅次，生於中國，美國新聞媒體發行人，創辦《時代》、《財星》、《生活》、《運動畫刊》等刊物。

16. 幹部政策之實施為第一組之中心工作。

17. 共匪衛生業務之成績與比較檢討。

18. 戰時生活與動員實施之具體辦法。

19. 宣傳組織之加強與統一。

20. 僑報英文版之速辦。

21. 四書為師範學校必修之課，並定為教育學。

九月一日　星期三　氣候：晴

雪恥：一、對杜說明反攻大陸就是保障臺灣安全，亦可使美國避免為協防臺灣而參戰，以導致世界大戰之危險。二、陸軍官校之基本動作應否照美式之研究會。

六時後起床，朝課畢記事。八時半到左營，參閱新接收美驅逐艦之漢陽、洛陽兩艦，儀器雖日新式，但比較多是第二次大戰時之陳物矣。巡閱半小時後，即赴岡山主持空軍官校廿五周年紀念會致詞，以共匪空軍最多為五年之歷史，而我已有廿五年之長期教育與現代訓練，以及我空軍創立以來，從未有敗戰之傳統精神。今後反攻，我軍必可以一敵五之最低標準，則共匪現雖有二千架之軍用機，如我果有五百架之噴射機，則可立將共匪之空軍完全撲滅，此乃可以自信也。

九月二日　星期四　氣候：晴

雪恥：昨空軍典禮後，參閱表演後聚餐、訓話畢，即乘機回臺北。緯兒由美初回，在機場相迎，其體力似較清瘦〔瘦〕矣，同車回後草廬，甚以其志氣與國文程度不足為慮。午課後閱報，並閱胡適之與吳逆來往函件，甚以胡不值與吳逆辯論其捏造事實，是與禽獸辯難矣，但其在新領袖雜誌駁斥吳逆在展望雜誌之荒謬言行即足矣，蒲立德之文更為有力也。晡與兩孫遊覽後公園回，晚膳，晚審閱參校畢業成績後，晚課畢，廿二時前寢。

本（二）日朝課後記事，十時到指參學校主持正規第四期畢業典禮，致訓後點名，召見十名前學員聚餐，午課後手錄優等學生成績後，清理積案，剪報。晡與兩孫到後公園遊玩，晚觀影劇，廿三時前晚課。

九月三日　星期五　氣候：晴

雪恥：一、寫夫人信附寄馬妻[1]之函。二、約見藍卿與蔡斯。三、參校優生優先任用。

昨夜十一時就寢，因之又失眠，服藥亦無效，但一時至五時仍能酣睡也。本晨六時後起床朝課，記事，十時主持陣亡將士秋祭，以今為對日抗戰勝利之紀念日，忽忽已經九年，不勝感慨係之。入府辦公，主持國父月會後，召集財經會談畢，已十三時矣。午課後批閱公文，清理積案，手錄本期參校優等生十名成績，甚重要也。約見美眾議員，並與藍卿談時局，及貢獻對東南亞聯盟會議意見，認為其盟國之一國內以共產暴動奪取政權，以顛覆其政府之行動，即認為共黨之侵略行動一點，使聯盟弱國更可重視其盟約，但軍事立即互助赴援，余認為有英參加在內，此條認為不可能成立也。

1　凱薩琳・馬歇爾（Katherine T. Marshall），馬歇爾夫人，美國女演員、作家。

九月四日　星期六　氣候：晴

雪恥：昨晚共匪在金門對面發射重砲六千餘發（自十六時至廿時之間），是其真為進犯金門之先聲乎，余認為其用意或對英工黨艾德禮等由匪區大陸訪問回其香港時之威脅，以表示其必欲解放臺灣，可令英〔美〕國第七艦隊離臺不參加戰爭，以避免世界大戰來脅制英國乎，但我應積極準備反擊，毋恃其不來也。晚課。

本四日朝課後記事，入府。彭代總長前往金門視察，指示其應注意各點後，召見指參學校學員十名畢，召開軍事會談，核定民防組織歸師團管區指揮等要案。午約錢穆[1]先生聚餐，午課後寫妻函畢，帶兩孫在後公園放風箏，晚宴考試院前後院長等及魏伯聰[2]敘別，據彭[3]回報金門當面匪軍尚絡續砲擊也，晚課後廿二時寢。

上星期反省錄

一、金門當面之共匪，廈門一帶砲兵對我猛射（於星期六、日下午）六千餘發，金門碼頭被毀，我軍官兵死傷五十餘名，其中有美軍官中校二員，惟海軍並無損失。我國防部即欲用空軍向其報復，以美顧問要求其向太平洋海總請示同意後再實施，以免誤會，故暫未實施報復，但余命海、空軍即時準備，協同毀滅匪方所有之砲兵陣地及其船艦矣。

1　錢穆，字賓四，江蘇無錫人。1950 年 3 月在香港成立新亞書院，出任校長。1951 年為籌辦新亞書院臺灣分校滯留臺灣數月。1952 年 4 月，應邀為「聯合國同志會」在淡江文理學院驚聲堂講演。1954 年 8 月任高等考試典試委員。

2　魏道明，字伯聰，江西九江人。1947 年 4 月，任臺灣省政府主席，1949 年 1 月卸任後移居香港，韓戰期間至法國巴黎。1951 年 9 月遷居烏拉圭。1953 年 10 月返回臺灣，未被委以任何職務。1959 年出任外交部顧問。

3　彭即彭孟緝。

二、英工黨艾德禮等訪問匪區，已回至香港，據其談話大意，完全為匪捧場，
　　然而其同行之英國記者多已發表其匪區若干真相矣。

本星期預定工作課目

1. 電美駐韓軍長來訪。

2. 對美國務卿談話之準備。

3. 對金門當面之敵砲陣地攻擊。

4. 疏散與防空組訓工作之督促。

5. 空降部隊之整編。

6. 參陸校優生之提前任用。

7. 召見研究員之日期。

8. 對廈門敵砲之摧毀。

9. 中美雙邊安全協定可以阻塞英、印中立主義者動搖臺灣與我政府之地位，
　　並斷絕其引共匪入聯合國之妄念，此為美國至低之決心。

10. 佔領一個灘頭陣地，更可確保臺灣之安全，且可阻絕共匪控制大陸與統一
　　　安定之宣傳。

九月五日　星期日　氣候：晴

雪恥：一、約菲會美兩黨代表訪臺。二、約蔡斯談話：甲、高砲電導彈。乙、
空軍之軍援應特別增加。丙、傘兵一個師之編組與訓練。丁、F86 機速運
勿緩。

朝課後召見孟緝，指示其對廈門敵砲陣地必須由海、空軍聯合攻擊之決心，
以告蔡斯。上午寫妻第二函畢，禮拜回，靜坐默禱後，帶緯兒與武、勇二孫

到淡水河口空軍氣象總隊內野餐。午課後記事，審閱港報，對英艾德禮視察大陸後談話之評論，艾之態度自不能不為共匪捧場，但其後果不惜為馬歇爾[1]害人自害之續也。晡指示對廈門一帶匪砲陣地之攻擊要領後，帶兩孫散步，晚仍帶其至後公園觀月也，晚課後寢。

九月六日　星期一　氣候：晴

雪恥：一、美國防部已將其在金門二顧問被匪砲擊陣亡之消息正式宣布，是其協助我金門防務之決心可知，而且同時宣布其美艦已在金門附近公海上服務，是其不為共匪之威脅亦可知矣。

昨夜敵匪偵察機一架在臺北周圍，自十二時至四時侵擾，我高砲加以射擊者三次，燈火管制頗佳，故匪機必無所偵得也。

朝課後記事，記上周反省錄，十時半研究院紀念周，朗誦目前國際形勢與我革命之環境篇。午課後審核公文要件，指示對廈門匪砲射炸之要領。今晨以空軍未能如期實施轟炸，故海軍亦未能砲擊，雖氣候稍壞，但仍可實施任務也，因之為友軍所輕視，以美艦確在金門外海待機協助也。

九月七日　星期二　氣候：晴　酉刻大雨　溫度：八十八

雪恥：昨晡帶兩孫後公園遊憩後，再車遊山下一匝，兒孫皆要脫鞋出腳為樂也。晚孟緝來報蔡斯對我軍之批評，以陸軍甚佳，空軍技術雖佳而精神甚差，

1　馬歇爾（George C. Marshall），日記中有時記為馬下兒，美國陸軍將領，曾任陸軍參謀長、駐華特使、國務卿、美國紅十字會主席、國防部部長，1953 年底獲得諾貝爾和平獎。

海軍則幼稚，恐不能達成其砲擊廈匪砲位之任務云。晚課後與叔銘電話，責備其空軍今（六）日之遲延行動，無勇氣、無決心之表現，令其明晨切實達成任務也。

本七日朝課後記事，入府召集青年團暑期戰鬥訓練之代表百餘人，訓話、點名、照相後，召見孟緝並見蔡斯，屬其明告華府，如其不協防金門之政策有所決定，則切勿宣布此消息，若果其決定協防，則自可正式發表也。會客後召集宣傳會談，午課後審閱外交要件並批示公事，致妻電，杜拉斯覆電定九日來訪，只留半日，為歐防問題急於返美也。

九月八日　星期三　氣候：晴

雪恥：昨日海、空軍主力出動，自朝至暮終日射炸廈門附近之匪砲陣地，收效頗大，此乃出於敵之不及所料，以我軍竟能如此大舉報復也。晚聽取孟緝報告今日之戰果後晚課。

本八日朝課後記事，十時到中央常會，對於地方選舉問題之方式與要領已得結論，將比過去進步矣。午課後審閱對杜勒斯談話要領與方針頗詳，惟彼於明日十二時抵臺，十七時即須離臺，趕回美國參加其丹佛會議也，故談話要旨決集中在中美互助協定之一點上，使之對此更為了解，加強其訂約之決心而已。晚觀話劇（祖國）回，晚課，十一時後方寢。

本日海、空軍仍終日出動，射炸廈門匪砲陣地。

九月九日　星期四　氣候：晴

雪恥：一、警衛大隊改編憲兵之準備。二、總統府由憲兵守衛。

朝課後整理與杜勒斯談話要旨後，入府會見日本生產黨河上[1]等，並召見調職人員後，布置客廳，準備先在府接見杜與同來者之男女來賓，以女賓無主，故謁見後乃屬藍卿夫人[2]代為招待，以便午宴時只有男賓，不拘禮節，可多談問題也。十四時午宴畢，即舉行談話至十六時一刻，以杜出發時間已到，急於起程，故最後二語，余特告其今後大局之解決雖在歐洲，而癥結與火頭實在亞洲大陸，望其特加注意，彼態度始終以對余尊重出之，故大體尚可，但未得從容詳明為憾。午課如常，晚觀影劇（鄭成功）尚可，晚課後廿二時半寢。

九月十日　星期五　氣候：晴

雪恥：一、約見范公稷[3]。二、宴暹邏軍事考察團。三、對聯合國大會之注意事項：甲、俄油輪陶普斯號，俄必提訴。乙、緬提我李彌在緬邊之游擊隊問題。

朝課後手擬妻電稿畢，記前、昨二日事。杜勒斯抵臺時所發表之聲明中，有「美國務卿從未曾訪問中華民國」之句，其幼稚與誇驕已極，只可以幼稚視之，何足計校，此乃美國人之習性也。上午入府辦公，召集軍事會談二小時，午宴范公稷與暹代表乃泡之子[4]等，與范單獨談話半小時，其六十五歲之精神甚佳也，余以誠摯指示其要旨。午課後十六時由松山起飛，至臺中換

1　河上利治，大日本生產黨第三代黨魁。
2　波林・喬登（Pauline Jordan Rankin），藍欽夫人。
3　范公稷，越南高臺教最重要且最具有權威性的領袖。1954 年，受邀為越南代表團顧問，出使瑞士日內瓦。前往巴黎，防止越南被分割。遊說失敗，回到越南，出訪臺灣和大韓民國。
4　乃泡（Somchai Anuman-Rajadhon），又譯宋才，1951 年 6 月至 1955 年 8 月任泰國臨時代辦。子為女婿之誤，即察猜（Chatichai Choonhavan），泰國軍事代表團團長。

車，十九時後到日月潭休息，同來者經兒與武、勇二孫。晚課後院中觀月，隱現未定也。

九月十一日　星期六　氣候：晴　申刻雨

雪恥：昨夜廿二時寢，酣睡安眠為近來最足之一夜也。今晨六時醒後，六時半起床朝課，在潭上之涵碧樓院中讀經唱詩，空氣清鮮，心神怡樂，與經兒及二孫早膳、照相。上午帶經兒及二孫乘舟，先到光復島視察，再往臺電公司招待所探問水位，本晨已漲至廿五呎。據稱自上月廿九日至今，每日統計漲一呎半以上，甚足樂觀云。回航時再至水口即水道入口，本來噴度甚高，今則甚為微弱，可知水源仍不甚足也。回寓已十一時後，乃記事，膳後讀孟子開始，午課後梁惠王章讀完，重習一遍，接妻電。晡重遊卜吉村即山民住地，其文化進步甚速也。晚與經兒、武、勇在月下飲酒賞月度中秋節，湖平如鏡，浩魄當空，膳後在湖上眠月，父子對話鄉事與反攻復國之準備等事，殊為人生不易多得之情景，晚課吟詩，廿二時寢。

上星期反省錄

一、東南亞八國聯盟協定成立，在美國言不無成就，但其實對防共之軍事而言，乃等於一紙空文而已。

二、美國務卿杜勒斯由菲律濱東南亞聯盟會議後，便道訪臺四小時，在表面上或為外交上增加力量，而在余內心乃認為又增添余之慚惶而已。

三、我海、空軍對廈門附近砲兵陣地集中射炸三日，士氣旺盛，效果甚佳，此為美顧問觀察後之一般批評也。

四、美海軍巡邏機在海參威附近公海上，被俄擊落一架，此或對於美協防我外圍島嶼之方針，能促進一步乎。

本星期預定工作課目

1. 電美駐韓司令太勒[1]來訪。

2. 與俞[2]談軍協及其後任人選。

3. 陸戰隊調金門與另師換防,增編陸戰隊。

4. 國防副部長、次長與黃振〔鎮〕球、彭孟緝職務。

5. 召見穆依爾[3]談經援。

6. 日月潭涵碧樓之改隸。

7. 充實九個師兵額計畫與補充兵之經援。

8. 留學歸員之任用速定。

9. 撤調下級官長之迅速手續。

10. 聽取留學及考察回來報告。

11. 召見學員開始。

12. 看書計畫:孟子、戰爭藝術、戰爭論。

九月十二日　星期日　氣候:晴

雪恥:朝課後記事,九時半由涵碧樓帶經兒與兩孫出發,經埔里入人止關,上霧社視察,至日據時代霧社慘案之被屠山胞之義塚,並見當時日本警察將斬割義民之首數十具照相之慘狀,傷心慘目異甚。但廿六年冬,日軍攻陷南京時屠殺之眾與慘,更不知其增幾千百倍矣,可痛。十二時到廬山溫泉午膳,午課後經兒邀余往遊冷、溫二水之分源並流處,約離憩舍東一公里,危崖絕壁,左沿深谿,獨木殘徑,破斷支裂,步履無由。乃命侍衛前後二人持其丈

1　泰勒(Maxwell D. Taylor),又譯太勒,美國陸軍將領,曾任第一〇一空降師師長、陸軍副參謀長,1953 年 6 月任第八軍團司令。
2　俞即俞大維。
3　穆依爾(Raymond T. Moyer)。

竿，沿臨左谿，首尾相從，余則在中間撐持勉進。至其地有瀑布急流，為冷水之源，而其一側之崖發綠色，冒熱氣，即為其溫泉之源，以手探之，甚熱也，乃與經兒、武孫同照一相而返，勇孫則以路難，未到其地也。回舍後再轉西路，約行二百步，至二溪合流處，遊憩自得。

九月十三日　星期一　氣候：晴

雪恥：昨晡在廬山（即中峰）溫泉之西側，二溪合流之小橋上，與兒孫遊憩，遇一山婦約七十餘歲，其臉彫花，其髮蓬白，其狀甚醜，余等與之合照一相，惟勇孫見婦狀甚懼，故藏於武孫之背，而鑽入余之胸膛，不敢露面。是孫平時膽大逾武，惟此則發覺其畏懼恐怖異常之情景，不禁大笑不能止。晚膳後乃與經兒在月下閒談，至廿二時前，晚課寢。

本（十三）日朝課後在溪邊散步，回閱孟子，九時經吊橋登山，乘吉普車至廬山村（約廿分時）巡視警所學校，訪問山民後續乘車（約卅分）至屯原，換乘肩輿（約二小時）至雲海（保護電線所）正十二時，略憩。午膳隨侍者只經兒，以山高，兩孫皆由溫泉先回日月潭也。

九月十四日　星期二　氣候：晴

雪恥：昨在雲海午課後，十四時回程，其山之高為二千四百公尺，周圍皆崇山峻嶺，其地面積等於雪竇之妙高臺，而環境廣遠高深則不可比擬，其山巔古木之蒼蔥與枯枝，略如廬山巔上之漢陽峰，惟其樹齡則多過千年者，且其樹葉乃有似松似柏又似柳者，遠望之則認為古松，此種樹木誠未曾得見者也。沿途山形與谿聲，有如四明山心或匡廬鐵舟峰牧馬場者，但其森林蒼翠與高深茂盛，則遠不如此廬山矣。故沿途時起古鄉葛竹與岩溪之感，下山沿途未

停，遵原路而回涵碧樓，已十九時矣。晚在湖上待月，閱報，晚課，廿二時寢。

本（十四）日六時前未明即起，朝課後讀孟子重理公孫丑篇完，與經兒、兩孫在湖上朝餐後，九時半出發。

九月十五日　星期三　氣候：陰雨　溫度：七十

雪恥：昨上午由涵碧樓起程，循魚池、龜溝、雙冬、草屯而至臺中機場，已十一時半矣，乃即乘機飛回臺北，與經、緯兩兒同上後草廬。午課後修正與杜勒斯談話稿，十七時見俞大維部長後，約見葉公超及彭孟緝等，對葉指示聯合國大會要旨及對美交涉主要問題畢，已廿一時矣。晚膳後與經兒往後公園散步訪月回，晚課後廿三時前寢。

本（十五）日六時起床未明，朝課畢，寫妻信後，補修談話稿畢，閱報。召見柏園[1]後記事、閱報。午課後重讀孟子第三篇（滕文公篇）完，此次旅行中得重理上孟，對余修養必更多補益，即對反攻必勝之信心亦更堅定矣，此書實為中國惟一之政治學也。晡見鴻鈞院長後與緯兒車遊，晚膳後再與經、緯車遊市區回，晚課，廿二時半寢。

九月十六日　星期四　氣候：晴

雪恥：一、軍協特別計畫。二、金門後勤機構。三、參謀部名額限制。四、日月潭旅館。五、約見美員催促特援計畫。六、宣傳不行。

1　徐柏園，浙江蘭谿人。1953 年 4 月任臺灣省政府財政廳廳長，1954 年 5 月出任行政院政務委員兼財政部部長。

朝課後記事，聽報。入府辦公，會客潘貫[1]、陳固亭[2]、牟秉釗[3]等十員後，批閱公文，召見岳軍與辭修，分別談話，金門最後抵抗陣地之建立應加督促。午課後讀孟子離婁篇未完。晡約見穆懿爾等，督促美援外總署速定對我特別經援，即軍協一億美金，提早解決問題。約談一小時餘畢，散步，晚與緯兒車遊回，晚課，廿二時寢。

九月十七日　星期五　氣候：晴

雪恥：一、總政治部發言，必須研究並須合於戰略與政策之方針。二、伙食單替代辦法與平時食乾糧之規定。三、電妻約見魏德邁[4]與魯斯夫婦。四、陸戰旅與四五師換防。五、聯勤問題。六、調陸次任防校教育長。七、陳建中[5]調職。八、金門核心陣地。

朝課後記事，聽報。入府召見十餘員畢，召集情報會談，對逃兵防止辦法專門研究具體實施之重要，對各部隊各參謀機關之偵探試防工作之重要。午課後讀孟子離婁篇完。召見後階段第三期研究員十八人，開始徒步回廬，茶點後再與緯兒、武、勇、文孫等散步，膳後與經、緯及文、武、勇三孫同車回經家，返，晚課。

1　潘貫，字凌雲，臺灣臺南人。1945 年 12 月受聘為臺灣大學化學系教授，1949 年至 1950 年兼任臺灣大學理學院院長。1954 年政府特任為考試院考試委員。

2　陳固亭，原名保全，陝西藍田人。1949 年冬到臺灣，出任監察委員，同時兼任大學教授。1953 年春出使日本，徵集到孫中山及辛亥革命先烈親筆起草的檔案、函電以及著作、刊物和照片等文物史料三五三件。1954 年 8 月，受命出任第二、三、四屆考試委員。

3　牟秉釗，字履冰，湖北利川人。1953 年 1 月，調任海軍總司令部第二署第二處處長。時任海軍參謀學校教官。1955 年 5 月，調任海軍洛陽艦艦長。

4　魏德邁（Albert C. Wedemeyer），1944 年底任盟軍中國戰區參謀長，及駐華美軍指揮官，1946 年 3 月間卸任，1947 年 7 月再奉命為特使來華調查，任美國陸軍部戰略作戰處處長，並提出「魏德邁報告」，主張援助中華民國政府抗共，杜魯門總統並未採納，後擔任改制後之國防部計劃及行動處總長，1951 年退役。

5　陳建中，字懷璞，又名程俠，陝西富平人。1947 年當選第一屆國民大會代表。1952 年 11 月，出任中國國民黨中央委員會第六組副主任，1956 年 12 月調升主任。

九月十八日　星期六　氣候：晴

雪恥：昨見密報，史密斯在其安全會議後談話，不贊成中美互助協定事，可知我國提議已被否決，應繼續努力進行，不以此灰心，蓋杜勒斯尚未見余所修正之重要談話錄也。

本十八日朝課後記事，聽報。入府會客，召集軍事會談，對金門後勤組織已改正，惟海軍聯絡通信甚差，應加嚴督。午課後召見研究員十八人，其中尚有優秀數人，但並不多也。晡記上月反省錄完，與經兒、兩孫往後公園遊覽，膳後帶兒孫車遊市區回，晚課，廿二時寢。

上星期反省錄

一、美政府丹佛之國家安全會議結果尚未探悉，但據其所發表之文字而推斷，其內容約如下數點：甲、對我金門、大陳之協防案似已決定，但不作正式聲明，保留其今後行動之自由，即仍有臨時退縮不加協防之可能也。乙、對我所提中美正式互助雙邊協定，以史密斯之談話測之，似已否決乎。

二、帶經兒與武、勇兩孫遊覽日月潭、廬山（即中峰）至雲海之風景，自埔里起深入山中百公里，實為遷臺以來最有意義之一次旅行也，心身亦覺愉快健旺為樂。

本星期預定工作課目

1. 美國贊助我反攻與共匪攻臺反美之謀略應專題研究。
2. 特別軍協之單獨提出。
3. 海軍聯戰通信之如何加強。

4. 疏散與防空工作近情如何。

5. 外島一切補給實物。

6. 日本宣傳與多寄中央日報、中國一周。

九月十九日　星期日

雪恥：一、標準補給數字表。二、每一訓詞實施方法（大眾化）之設計。三、反情報與情報課目之增加。四、參謀業務之行政普通化及命令之五段法。五、為小於大與克勤細物基本工作與方法之注意。六、科學管理法。七、情報與軍醫之精神教育。八、聯戰綱領呈閱。

朝課後記事，召見孟緝後聽報，禮拜，以陳牧師等基督徒恃外凌人與行為矯作，心甚討厭。回寓記預定工作表，十二時帶三孫皆同車登七星山，途中換轎，約行一小時始克登峰，其路初開，崎嶇狹小，幾難步涉，沿途岩石冒煙，皆硫磺礦質也。在主峰前有六峰交叉排列連其主峰，故名七星乎？在主峰野餐後眺望四境，基隆、淡水一帶海面皆在目前。

九月二十日　星期一　氣候：晴

雪恥：（續昨）臺北與北投亦歷歷可數，惟不能見陽明山莊之研究院，乃下陂轉至其前列之第三峰，則研究院及其新築之水池即在腳下，其綠碧奇麗，賞心悅目，不虛此行矣。回寓正十五時矣，午課如常，批閱公文後，帶兩孫與緯兒往遊後公園，再車遊山下一匝，膳後送兩孫至其家門口即回。晚課，讀詩，經兒今往玉山旅行開始。

本二十日朝課，記事，聽報，讀孟子萬章篇二節，十時半研究院紀念周，宣讀「新時代將領應具備新的精神與習性」之講稿後，召見孟緝、曉峯等。回

寓批閱公文，為孟緝雙親寫大字祝壽。午課後批閱公文，召見研究員十九人後見人鳳，太久着涼傷風，回，與緯兒車遊士林即回，晚讀詩，晚課。

九月二十一日　星期二　氣候：晴

雪恥：朝課後記事，聽報。入府召見美記者三人後，召見藍卿與蔡斯，指示其軍協一億美圓之急迫需要，時間已過三個月，不可再事延宕，故特為面屬轉告其政府以余之意見，及至最後彼稱昨雷德福來電，稱對華軍援一如去年，尚無新政策改變，其意等於開案之特別援助無法實施也，余乃嚴正責備美政府政策對中國之無視與欺侮太過。今日世界反共之戰事，惟在我金門、大陳對戰，往昔韓、越一有戰事，美國立即以最優先往援，而我金門情勢如此，而美則反而斷絕接濟，即前已答應之 F86 機亦杳無消息，殊太不忍，屬其轉報政府為要。會客後召集一般會談。

九月二十二日　星期三　氣候：晴

雪恥：昨午課後召見學員十九人後，與兩孫車遊蔣林，晚讀孟子，廿二時晚課後寢。

本廿二日朝課後記事，讀孟子萬章篇。十時入中央主持常會，決定電力加價案之提出立法院，回寓後批閱公文。午課後召見學員十九人，其中尚有優秀可造就者也，回寓批閱。晡與緯兒車遊山下一匝，晚讀孟子與唐詩，晚課後廿二時寢。

本日傍晚共匪對我金門又砲戰甚烈，是其已另有新砲運到，應再予痛擊。

九月二十三日　星期四　氣候：晴

雪恥：共匪偽憲法昨日由其偽人代會通過宣布，這是空前浩劫的最後一幕。
朝課後審閱魯斯為我重編縮短之七全大會政治報告書，入府召見奧斯本[1]，時
代雜誌之特訪記者，要求我政治報告刊載於該雜誌，以魯斯之意甚懇摯，情
殊難卻，故允之，以其自去年春季即要求刊載也。會客後批閱公文，午課後
到研究院參觀業務演習，潘華國[2]主持其事，仍無進步也，召見學員如昨。回
寓，入浴，晚讀唐詩元積遣悲懷三篇，晚課，廿二時寢。

九月二十四日　星期五　氣候：午雨

雪恥：一、以史大林格勒之防禦陣地之原則，製定我所主張若干攻擊群，構
成總體（面）三角形之陣地體系與方式。二、戰地情報毫無之恥。三、情報
教育之精神教育。四、教育改革意見之發表。四[3]、研究院教育增加各課目之
注重。
五時後起床，朝課畢始黎明。重修時代雜誌要求刊載之政治報告稿後，到國
防大學聽取留美參謀大學回國學員緯國等四人之報告，頗有益也，為贊禮者
之體制、聲調之錯誤，使心神不安，當眾訓戒，回記事。午課後審閱學員自
傳，召見學員如昨，晚讀孟子萬章篇完，晚課。

1　奧斯本（John F. Osborne），美國《時代》雜誌特約採訪記者，遠東區編輯主任。
2　潘華國，字靜如，湖南南縣人，陸軍中將。1945 年 9 月代表政府在香港接受日本投降，
　　1949 年赴臺，1954 年 9 月任國防部戰略計畫研究委員會委員。
3　原文如此。

九月二十五日　星期六　氣候：晴

雪恥：朝課後審閱要公，記事，十時巴西大使[1]呈遞國書後，美時代雜誌照相，召見調職人員六人，召集軍事會談二小時，決定外島部隊供給實物與增加預算案，指示情報宣傳工作之欠缺並無效能可言，應積極改進之方法。對於廈門與頭門（大陳方面）匪砲攻擊我軍之目的，其作用與企圖乃先以疲勞消耗之長期手段，以達到其最後突襲與侵陷臺灣之目的也。午課後召見學員如昨（第三期見完），晡在蔣林接見美第七艦隊司令蒲賴德[2]，相談約一小時半，其人和藹可愛，晚觀影劇「不平凡的愛」後，晚課。

上星期反省錄

一、英、美皆有民眾團體參加主張「我不許進攻大陸」，美國團體中竟有其聯合國同志會及美國勞工同盟參加「要求聯合國停止匪我間武裝衝突」之荒謬運動，可知美國共黨運動勢力毫未減殺也。

二、近半月來右手又疼，此以動作過多之故，周末二日用電療漸見效。

三、美對我特別軍經援助杳無音息，而以其尚無改變政策之意推辭，誠不知其何心哉，韓正竭力反美之時，而美反急速發表其七億美金之援款，豈真其不識好歹乎。

四、聯大九屆大會開會，我以四十餘國票數又擊敗俄國引匪入會之陰謀。

五、本周三日廈門匪砲向金門連發三千餘彈。

六、當金門劉[3]司令正往小金門視察途中，其乘車忽爆炸，車夫與隨員皆受傷，幸其本人安全無恙。

1　巴西大使杜善篤（Labieno Salgado dos Santos）。
2　蒲立德（Alfred M. Pride）。
3　劉即劉玉章。

本星期預定工作課目

1. 實踐與解決現實問題之關鍵。

2. 事關通案之惡習改正。

3. 國大代表應各指定其業課與研究。

4. 太勒來訪之招待與作用及意義。

5. 美援特別款項之間接進行。

6. 金門匪諜肅清之督導。

7. 情報技術與方法之研究及精神。

8. 雙十節文稿之修正。

9. 國防部軍紀與交通、通信之紀律。

10. 軍隊基層通信組與情報教育加強。

11. 經國任國防部次長問題。

12. 召集研究院課程與教授法會議。

九月二十六日　星期日　氣候：晴

雪恥：一、英國工黨領袖艾德禮自訪問匪區回至倫敦所發表之謬論，謂：「以我（艾自己）而言，蔣介石及其在臺灣軍隊能消滅愈早愈好。」此言實反影〔映〕英國一向對中國「擁共滅蔣」者之代表，以表現其仇華反蔣之內心，凡我國人有愛國復仇之赤忱者，應永誌不忘此英國侮華之恥辱也。

朝課後讀孟子告子篇開始，手擬多數三角形之戰鬥攻擊群陣地之根據與原則，指示孟緝研究。上午記事，記上周反省錄，致妻電。正午帶兩兒與武、勇兩孫往大溪野餐畢，再上角畈山視察小學新禮堂，自行核定之圖樣已建築開始，甚為欣慰，在妙高臺別墅略憩後巡視一匝，乃回到後草廬，正十八時半矣，晚課後觀紹興戲回，廿三時寢。

九月二十七日　星期一　氣候：陰

雪恥：一、致知在格物句，曉峯以辦事解格物，即以格物為「行」，乃余所初聞，惟余亦同意其解，且與余致知之致解行字並無衝突，亦可說格物即致知也。

朝課後整理學員問答各詞，十時半到研究院舉行第三期及分院第六期畢業典禮，前後訓詞約一小時半，除講評此次黨政軍業務演習以外，對金門砲戰之情勢與共匪之企圖亦有簡單之闡明，聚餐後亦有訓詞。午課後記事，晡接見美第八軍長駐韓總司令太勒將軍，相談一小時。晚與緯兒車遊市區回，晚課，廿二時半寢。經兒今赴金門，為肅清匪諜工作也。

九月二十八日　星期二　氣候：晴

雪恥：一、參謀業務作業之手續方法程序格式及其要領，與作戰命令之方式附件及要義。

朝課後讀孟子，九時半入府，主持孔子誕辰典禮畢，見奧斯本，討論其時代雜誌所請求我另撰第二篇文字之要旨後，召集宣傳會談，聽取對共匪偽人代會所選舉結果之報告，以劉少奇為偽人代會常會之主席，而以朱德為毛匪之副問題加以研討。午宴七十歲以上軍政人員之父，為孔誕照往例表示敬意也。午課後記事，批示公文，晚讀孟子，晚課，廿二時寢。

九月二十九日　星期三　氣候：晴

雪恥：一、火力支援協調中心之組織運用，與要求審核手續及其裁決與實施之程序，及其責任之說明。二、提倡夜間補習學校之設立與獎勵考核。三、福建省主席人選之另派。

朝課後讀孟子，記事。九時半赴中央主持總動員會報。午課後批閱，讀孟子，晚在蔣林宴太勒將軍並授勳章，以其主持我留韓義俘運回臺灣有功也。膳後約談一小時，此人為一普通守分之將領乎，回後草廬，晚課，廿三時寢。

九月三十日　星期四　氣候：晴

雪恥：一、疏散地區應由政府指定與專人規畫。二、地價應即限制與收購。三、前遊〔游〕擊總隊長劉某培初[1]住行之查報。四、警校長決定。五、黨政軍聯戰規範以參謀業務協調之手續及其方式與原則定之。

朝課後讀孟子，十時入府接受委內瑞拉國勳章後，會客，批示公文，與岳軍談研究院教育之重點與修正之處。午課後記事，審核第四期研究員名冊，頗費心力。晡散步，晚觀影劇「萬里長城」，此乃對共匪暴虐之膺懲也，應獎勵之。晚膳後晚課，廿二時半寢。

1　劉培初，曾任國防部第三綏靖總隊總隊長，時任國防部大陸工作處高級參謀。

上月反省錄

一、美政府對我援助之情態，最近更形消極阻滯，而且防範我反攻大陸之言行更為顯露，殊不料金門熱戰以來，其接濟反轉冷淡，此豈杜勒斯訪臺對我感想不良所致乎，抑或其對我本無根本政策可言耳。

二、自三日傍晚起，廈門匪部對我大、小金門各島大肆砲擊，當日竟發射六千餘彈，判斷其為對美、英示威，以達其安全侵佔臺灣之目的，不料為我海空軍猛力還擊，廈門匪陣皆被摧毀，至月終砲戰猶未停止也。

三、杜勒斯在其東南亞防共會議完成後，順道來臺作三小時之談話，其無甚誠意可知矣。

四、美國民主研究會與聯合國同志會，皆對金、廈戰事由聯合國大會干涉強迫停戰之主張，此乃美共之潛力未消，與民主黨臺灣中立化陰謀之表現，應加注意勿忽。

四[1]、艾德禮（英工黨）自匪區到港轉澳、紐，及至其回英之言論荒謬絕倫，不惟為美所不齒，而且其本國輿論亦猛烈抨擊，可知英工黨實無人才，遠不如保守黨之優越也。

五、美在丹佛所開安全會議，其對我所提中美互助協定似已否決，而對我外衛島嶼之協防尚不肯正式宣言，可知其行動猶豫莫定耳。

六、美機在海參威公海上被俄機擊落。

七、共匪偽代表與偽憲法大會在月杪閉會。

---

1 原文如此。

十月

蔣中正日記
Chiang Kai-shek Diaries

民國四十三年十月

本月大事預定表

1. 三聯制與科學管理實施方法之制定。

2. 黨政軍聯戰綱領之審定。

3. 革命教育之推行與設計。

4. 新速實簡與四大運動聯系之設計。

5. 戰地政務與軍政府制之制定。

6. 戰時生活與戰鬥體制推行之設計。

7. 思維方法與要領之講究。

8. 實踐運動信條之推行與大眾化。

9. 訓詞實施專組之設計。

10. 軍隊基層之情報與通信組訓。

11. 教育經濟之機會平等之發揚（平基）。

12. 鼓勵青年之敵後工作。

13. 陸戰旅與四十五師對調。

14. 國防部業務與組織之調正。

15. 教育與民主科學對宗教之關係。

16. 特別軍援之督促與準備。

17. 對各部隊機關之試探保防。

18. 實踐研究院聯合作戰課程計畫。

19. 高級將領四個月戰術鍛鍊計畫。

20. 克氏戰爭論研究開始。

21. 對愛克援助反攻大陸之說服要旨。
22. 對美援之要求與優先要件。

十月一日　星期五　氣候：晴

雪恥：一、武職調動命令與前方文職人員姓名不得公布。二、國民兵訓練情形查報。三、排長缺額如何補充。四、警官校長。五、疏散與地價問題。六、戰情之說明。

朝課後讀孟子盡心章未完，十時到國防大學聽取黃、余[1]等考察美國陸軍軍官教育之報告二小時。午課後記事，讀孟子完，審定研究院第四期學員人選完，此一要務也。晡獨往後公園遊覽，晚膳後與經兒車遊山下一匝回，晚課，讀唐詩，廿二時寢。

十月二日　星期六　氣候：晴　溫度：八十六

雪恥：一、通信電話方式與接轉手手[2]續之規定。二、召集預役入伍後之三人小組與協助領導之規定。三、幹部應具備之性能：甲、考核、訓練、培植、觀察、保荐之能力。乙、組織、領導、情報、判別、解決難題之能力為要務。

朝課後審核要公，入府主持國父月會，與大維、經國、伯泉等就職典禮後會客，召集軍事會談。午課後記事，手錄優生名冊，對黨務組訓工作檢討會議，訓話約一小時畢。晡車遊一匝，晚膳後與兩孫車遊市區回，晚課，廿二時後寢。

1　黃、余即黃仁霖、余伯泉。
2　原文如此。

上星期反省錄

一、本周末數日內，心緒鬱結，不知所解，豈僅為美之特別軍援尚未解決之故歟。

二、黨政軍聯合作戰研究班第二期已訓練完畢，加以講評，對於研究員各別談話與考察審核，自覺為有效之工作也。

三、重讀孟子七篇完畢，甚覺此書之滋味比往年讀時更為可愛，此實為中國政治學之原理也。

四、共匪所謂偽人民代表會制訂偽憲之醜劇，已於廿八日完結矣。

五、倫敦九國會議本於一日已得結果，乃忽為法國認為管制軍備之組織不密之故，而後悔推而翻案。

本星期預定工作課目

1. 伙食單與提倡乾糧之辦法。

2. 金門核心陣地。

3. 雙十節文稿。

4. 警官校長之選定。

5. 聯戰教育方法之講述。

6. 各軍事學校教育基礎，以本國傳統與民族性八德與為國盡忠為主旨。

7. 仁霖職務之安置。

8. 火箭砲之製造與籌備（見兵工署長）。

9. 陳嘉尚[1] 升空軍副總司令。

10. 步校之環境與修路增車。

1　陳嘉尚，字永祥，浙江杭州人。時任空軍作戰司令部司令，1955 年 3 月升任空軍總司令部副總司令。

十月三日　星期日　氣候：晴　悶

雪恥：一、共匪偽國慶各種文字之研究，對俄寇黑利雪夫[1]之文字應注意。

朝課後整理書藉〔籍〕與清理積案，聽報俄共書記黑雪夫之對偽國慶之祝詞，甚覺有趣，以其所言者如反面觀察，皆正為共匪之譏刺與必將其身受之詞意也。十時回蔣林居住，與大維部長談國防部人事與權責調正問題。到禮拜堂禮拜，對陳維屏牧師之言行態度甚覺嫌厭，以多半為虛偽，且有挾外干涉內政，乘機侮辱國政之心，不脫於一般教徒之心術也，幾不願再聽其講道矣。記事後帶經兒、兩孫往青潭，視察疏散建築之地，此非其地也，野餐後回，午課。晡約美海軍司令之妻茶點，談笑太多，又恐失言，應自檢戒。晚觀影劇，晚課，廿二時寢，服安眠藥。

十月四日　星期一　氣候：晴　悶熱

雪恥：一、共匪利用陳逆明仁[2]為廣州警備司令，與鄭洞國[3]為軍事委員之消息，其用意在以此為誘惑我湘藉〔籍〕之將領乎，大陸淪陷之役，湘藉〔籍〕將領盡職死難與陣亡者，而不為毛匪以同鄉關係所動搖究有幾人，應加研究。二、高級將領之教育計畫與哲學研究之重要。三、宣傳工作共匪偽國慶各種文告。

朝課後檢書，整理公文，記事。十時入府會客，與美聯社記者談反攻大陸及

1　赫魯雪夫（Nikita Khrushchev），日記中有時記為黑利雪夫、黑魯雪夫、俄黑、赫酋、赫魔、黑力雪夫、黑裡雪夫，蘇聯政治家，共產黨中央委員會第一書記。
2　陳明仁，號子良，湖南醴陵人。1948 年出任華中剿匪總司令部副總司令兼第二十九軍軍長、武漢警備司令，後改任第一兵團司令長官、湖南省政府代理主席。1949 年 8 月 4 日，與程潛率部在長沙宣布投共。
3　鄭洞國，字桂庭，湖南石門人。國共戰爭期間，擔任東北保安司令部副司令長官、東北剿匪總司令部副總司令、第一兵團司令官、吉林省政府主席。1948 年 10 月，在長春經共軍圍困數月後彈盡援絕而降。

對美開導之理則，聽讀俄酋黑利雪夫對共匪偽國慶之告示，與周、彭[1]等匪之文告完。午課後手錄優生名冊，閱港報，審閱雙十節文稿，皆無氣魄與要義為苦，乃手擬要旨，再令孝儀重擬。晚在院外散步，晚課。

十月五日　星期二　氣候：晴　悶熱

雪恥：一、亞洲反共會議如不要日本參加，則讓韓仍在其韓國召集會議亦可。二、柳元麟與鄭介民同來見。

朝課後記事，審閱雙十節重修之文稿，入府會客，召集宣傳會談，研討倫敦九國會議之成就程度與我對美聯社記者談話，我可單獨擊敗俄國在中國大陸參戰之侵略戰爭為主題。午課後修正雙十節文稿，幾費四小時之時間初稿方成。晚觀影劇後，為緯兒作生日聚餐。晚課後廿三時寢。

十月六日　星期三　氣候：晴　溫度：八十八

雪恥：一、前方將領對記者發言必須遵照政府意旨或先行請示。二、民防總隊十八萬名之訓練實施情形如何。

朝課後重修雙十節二次文稿，至十二時方成，記事。午課後批閱公文，審核新文化運動宣言稿未完，再修雙十節第三次文稿三小時告成，乃作為最後定稿，全文等於自撰也。召見彭[2]代總長視察大陳回來之報告。晡車遊山上一匝回，入浴，納涼，與兩孫月下晚膳後，口吟唐詩，晚課，廿二時後寢。

1　周、彭即周恩來、彭德懷。彭德懷，號石穿，1950 年，任中國人民志願軍司令員兼政治委員，領導抗美援朝。1954 年，任國務院副總理兼第一任國防部部長、中共中央軍事委員會副主席。
2　彭即彭孟緝。

十月七日　星期四　氣候：晴　溫度：八十八

雪恥：一、俄在聯大提訴我截留其油船案，要求列入大會議程事，為大多數會員國主張延期，故未獲成立也。

朝課後重修雙十節文告第三次稿，十時入府會客，見范公稷及英國記者，在大陸隨其艾德禮訪北平等地，余問其北平情形，彼稱頤和園尚完整，北平城內建築物皆如故，但人民面客皆帶沉重無比、憔悴不堪之色，故北平直等於死城也。彼見有醫院甚佳，可與西洋任何醫院比美，街道亦甚整潔，但毫無自動活氣耳。午課後記事，審核新文化改造運動綱要，加以修正，復整飾雙十文稿，晚膳後散步，晚課，修稿，服安眠藥。

十月八日　星期五　氣候：陰雨

雪恥：一、太勒之建議。二、甲、金門部隊之後勤問題，45D 應調回整補陸戰隊。乙、68D、69D 師新生兵之處理（二百人）。丙、反共義士對生活不滿之研究及其中不良可疑分子之處理。丁、步校環境及車輛與大碑湖之道路。戊、金門縣府應歸劉[1] 節制。己、海軍不能捕獲沿海匪船。庚、宣傳太不行。辛、聯合通信教育與紀律。

朝課後修正雙十第四次稿完，入府會客，批閱。召集財經會談，臺灣存米已在卅萬噸以上，泰、緬等國糧食皆向日傾銷，故今年糧食出口與外匯大成問題。午課後記事，記上月反省錄，與緯車遊淡水途中。晚車遊市區回，讀唐詩，晚課，廿二時寢。

1　劉即劉玉章。

十月九日　星期六　氣候：陰雨

雪恥：俄國油輪被我捕獲之陶普斯號要求政治庇護之船員二十人，向我雙十節發表誠摯之祝詞。

朝課後記事，本擬前往碧潭主持童子軍年會典禮，因雨未果。九時後入府辦公，批閱公務後，召集軍事會談，指示海軍嚴訂搜捕匪艦賞罰條例，與步校及軍事學校改正要旨。午課後讀孟子，批閱公文，晡約見越南范公稷教主，屬其設法使保大回越南，與一致團結建立堅強政府，至我國則必盡力援越獨立與反共也，廣播國慶文告後觀影劇未完。晚課，廿二時半寢，未能安眠乃服藥。

上星期反省錄

一、倫敦九國會議幸於本周中完成，此一會議已補救了法國會阻絕歐洲建軍之俄帝陰謀，而英國聲明其駐軍歐洲五十年，實為該會之基礎，此乃西方反共陣形之重組，不可謂非俄共之失敗耳，其將對於亞東之影響為好為惡，尚未可必也。

二、越南之河內法軍已於本周撤盡，拱手斷送於越共，而范公稷主教猶望我在十五個月內進軍海防，以援助其復興，蓋十五個月後海防亦須由法國斷送於越共也。

三、雙十節文告乃為本周工作之中心，用腦最力，對俄與共之實際陰謀亦解說最明也。

本星期預定工作課目

1. 軍人行禮事應嚴格執行。

2. 閱兵分列式之講評。

3. 對參觀閱兵高級人員之教育，凡見軍旗行過其前面時，必須起立致敬。

4. 舊歷生日往角畈山休憩與重讀孟子及今後工作之設計。

5. 美國防部第三廳長蓋文[1]正在雙十節後一日來臺之用意。

6. 對俄與共進一步勾結內容之研究，應向世界發出警告。

7. 第五、第六軍非美械部隊之待遇。

8. 福建省主席之速定。

十月十日　星期日　氣候：陰細雨　山上有雨

雪恥：昨夜十二時後方睡着，今日六時後起床朝課。八時半入府，接見各國使節觀賀禮畢，九時臨閱兵臺上，分列式開始至十時半完畢。十一時舉行國慶典禮，宣讀文告禮成，巡視府中至秘書長、參軍長各室致勉。回寓，記事，兩子三孫皆來陪餐。午課後入浴，閱報，十六時出發經大溪略憩，乃乘車登角畈山道，文孫未能同來。到山住妙高臺原寓，閱港報，晚觀影劇尤敏[2]主演之好女兒，並無優點也。晚課後廿二時半寢。

閱兵優劣各點：甲、空軍各校最優。乙、陸軍總部樂隊最差。丙、海軍樂隊最優。丁、指揮官報告營團番號時，亦應面對閱兵官注目，以一般言之，皆大有進步也。本日氣候雖間有細雨，但各種程序禮節皆能有條不紊，甚覺欣慰。

1　蓋文（James M. Gavin），美國陸軍將領，時任美國陸軍部第三廳廳長。

2　尤敏，原名畢玉儀。1952 年就讀澳門聖心書院時，因外型出眾而被發掘，自取藝名「尤敏」。第一部參演的作品為電影《玉女懷春》（從未公映）；其第一部公映的電影為1953 年的《明天》。

十月十一日　星期一　氣候：陰

雪恥：一、擬致愛克函，意如待敵人用痙〔氫〕彈先發制我，則其痙〔氫〕彈一落，全世界人心震驚，其必同時萎縮昏迷，不知所至，更不知如何能圖報復。故此時不如助我反攻大陸，使敵人專致力於此，而無暇顧及其他，是為長期消耗敵力，陷入泥淖，不能自拔之一法，為今後消除世界大戰，保持人類文化之道，莫出於此乎。

本日為舊曆九月十五日為余七八初度之生日[1]，哀我慈母劬勞一生，不能復見者已卅有三年，不肖之罪，追悔莫及，其將何以報答慈恩，小子誌之。朝課後默禱，禁食，紀念親恩如昔，重讀孟子梁惠王篇完，記事。正午經兒全家及緯兒、華秀、薇美來拜壽聚餐，妻亦來電話祝壽，並定本周回國相聚為快。午課後帶兩孫往遊對岸溪口臺，勇孫經過長索橋毫不為意，其膽甚大。

十月十二日　星期二　氣候：陰

雪恥：昨晡回寓後巡視小學禮堂與司令臺之工程後，觀影劇。晚膳後重讀孟子公孫丑篇，以紀念慈母幼年培植不肖讀書立志之恩德也。晚課後廿二時寢。

朝課後出外散步，視察學校建築工程，甚想司令臺略向左移，正對操場中心，但建築快成無法遷移矣。上午記事，重讀孟子公孫丑篇完，記上周反省錄，閱港報，以香港雙十節國旗蔽天，此乃對共匪最大之打擊，而於中國民意測驗擁護我政府而遺棄共匪之鐵證，引為自慰。聞美助理國務卿勞勃生[2]突然飛臺相訪，究為何事未先通知，其必非為軍援增加之事，或為金門停火之事乎，可慮。

1　「七八」為「六八」之筆誤。
2　勞勃生（Walter S. Robertson）。

十月十三日　星期三　氣候：陰

雪恥：昨午課後召見地方政警人員畢，即帶武、勇下山回蔣林。勞氏已到，急於求見，余約其明晨來談。晚課後廿二時寢，未能熟睡，服藥後仍至廿四時後方睡着也。

本（十三）日六時前未明，起床朝課畢，出外散步。勞氏八時來談，共進朝膳，彼果為金門停火事而來，要求同意也。余直告此為美國又一外交大失策之種因，但其如為中美互助雙邊協定，而為免除其國會與民眾誤會起見，則可在此協定之原則下尋出一個相當辦法，不無磋商餘地耳，此乃免其失望，亦表示我非嚴拒之意而已。十一時至十三時半又與勞氏在總統府會談，除張、沈、沈[1]之外，復約陳[2]、俞（鴻鈞）亦參加商討。午課後記事，閱報，約美經濟顧問團長茶會。晚約勞氏宴會，前後又商討三小時之久結束，晚課。

十月十四日　星期四　氣候：晴

雪恥：昨晚廿三時後方寢，又服安眠藥亦無效，直至今晨二時後方睡去。六時前起床，召昌煥來指示其再與勞氏將昨日談話要點與應補充之各點，在其起飛前再作重覆之說明。乃朝課後手書公超、少川公函約八條，即托勞氏帶去，恐其不能了解此次與勞商討詳情耳。上午到政工幹校，舉行第二期學生畢業典禮後，入府會客，批閱公文，以昨夜未得安眠，故精神甚覺沉重不佳，此為最近所未有之心境也。午課後閱港報，雙十節國旗蔽空之人心歸向情緒，此心為之一慰。記事後，在院內觀魚訪鳥自娛並車遊淡水。昨、今皆以共匪與俄寇談話之聯合聲明其兩條大鐵路之連接，於心甚鬱，但根本於我將來統一全國，收復蒙疆當有益耳。

1　張、沈、沈即張羣、沈錡、沈昌煥。
2　陳即陳誠。

十月十五日　星期五　氣候：晴

雪恥：昨晚修正新聞局對共、俄聯合談話聲明之駁斥文字，頗費心力，甚感人才缺乏為苦。膳後散步，車遊後晚課，廿二時前寢。

本十五日朝課後記事，到劍潭高級情報班點名訓話畢，入府會客，見加拿大記者後，召集情報會談，檢討美、英報紙對俄、匪聯合聲明，多認為是共匪已獲平等地位，對於其真相，在修築庫倫至集寧與蘭州至阿拉木圖二大鐵路完成之目的並不注意，甚怪。故急思對記者談話，戳破其準備戰爭之陰謀，使之有所警惕。午課後讀滕文公篇後，召集對外宣傳會談指示要旨，代擬稿件。晡車遊山上一匝。晚課後接沈次長電話，悉杜勒斯有電致余，說明其保證雙邊協定之必可簽訂，但不能在紐西蘭案提出時同時發表云。

十月十六日　星期六　氣候：晴

雪恥：昨晚閱悉杜電後又失眠，至今晨二時後方睡着，四時醒後，為鼠所擾不能熟睡，乃至六時即起床。

朝課後修正對合眾社記者談話稿，入府與岳軍談杜電，即屬其直電顧、葉[1]：「如美不能先時宣布雙邊協定之聲明，則對紐案嚴加拒絕與正式反對，即使其願發聲明，若紐案文字以『中華人民共和國』與中華民國並稱，將成為兩個中國邪說之根據，其文體如不修正，亦必反對此案，不能默認也。」對合眾社記者談話半小時後，召集軍事會談。午課後約記〔見〕英國記者[2]，談話半小時畢。帶緯兒與武、勇上角畈山，期能安眠休憩也。膳後散步，晚課，廿二時前讀詩後就寢。

1　顧、葉即顧維鈞、葉公超。
2　雷德利，英國《每日電訊報》（*The Daily Telegraph*）記者。

上星期反省錄

一、本周三日心緒最為悲憤，四日沉悶，六日苦痛憤激，而用心亦最精切，此實自卅五年對美馬忍痛茹苦以後，最大一次之刺激。美國政府不惟事無方針，猶豫不定，而且食言背信，反覆無常，如此大國而其大員如昔之馬歇〔爾〕與今之杜勒斯，自視其言行如兒戲，不知人格之何在。此種軍閥政客直如蒙童之不若，誠愧對其職守，有負其國家之威勢矣，殊為美國惜，又為世界前途悲矣。

二、國際關係惟有靠己者乃為可貴，其他一切皆如空虛浮萍，絕無根據可依，能不再澈悟乎？

三、俄、匪聯合聲明實為共產集團和平攻勢之頂點，美、英皆茫然不知其真相所在，不得不用力反擊，戳破其陰謀重點及其危險之所在也。

本星期預定工作課目

1. 夫人十九日可回臺乎。

2. 對紐西蘭停火案希望設法打消。

3. 侍衛大隊改編於憲兵之決定。

4. 美援計畫與方針之決定。

5. 研究院課程之改正與督導。

6. 防毒面具訓練與水鬼浮水訓練。

7. 傘兵訓組計畫之提出。

8. 與勞氏談話記錄之催促。

9. 充實十二師足額經費之決定。

10. 對軍禮與軍車之整頓令。

11. 亞洲反共會議與韓商討日本參加方針。

12. 飾金掛牌與黑市。

十月十七日　星期日　氣候：晴

雪恥：一、勞勃生回美後，其對新聞記者談話稱：「此次與蔣總統談話收穫極大」之一點觀之，其或對余之警告「此案於美有害無益，與俄對此案必採取延宕政策，決不反對亦不贊成之中間，徒使美國為難，陷於進退維谷之勢而已」，其或在回美途中果有所醒悟乎。

昨夜來角畈妙高臺住宿，甚能安眠為快。今晨朝課後，又修正合眾社記者稿畢，出外遊覽，朝膳後記事，記上周反省錄完，帶緯兒與武、勇兩孫往溪內觀瀑。膳時勇孫又問祖母何時可到，並對考問其數學，在一株樹上有四鳥同棲，其中一鳥被擊落，則尚餘幾鳥。彼率直答稱一鳥都不在了，因為其他三鳥以一鳥被擊而皆驚散飛走了，此孫答辭與理想，實非成人者所能及也，特喜而記之。

十月十八日　星期一　氣候：陰

雪恥：昨午觀瀑野餐後，巡視警察分所（溪內）後順原途回寓，午睡、午課如常，重讀孟子滕文公篇完，乃出外巡視小學禮堂之工程後，再往鄉公所經望月臺而回總統府，疏失〔散〕地點在此較宜也。讀唐詩，膳後晚課，廿一時半就寢。

本十八日朝課後，七時半由角畈妙高臺出發，十時前到陸參學校舉行正規班第五期開學典禮致訓畢，召見該校美顧問討論教育缺點各問題，回寓閱報。午課後記事，閱外交報告，乃悉俄在聯合國對美侵華案之全文，乃即電顧、葉對美交涉打消紐國之停火案，並速訂中美雙邊協定，以絕俄共巇誣美國之口，未知果能使美醒悟否。

十月十九日　星期二　氣候：陰

雪恥：昨晡車遊山上一匝回，入浴，膳後讀唐詩，晚課，廿二時前就寢。

近日憂鬱不已，對美外交問題之外，宣傳未能發生效果，不能使美民注意俄共陰謀之真相，而國人如蔣勻田[1]等之無知不道，如何能建立反對黨以步入民主憲政之常軌，亦為浩歎之一也。據報愛克已批准其對中美互助協定之政策，令其國務院向國會重要議員之積極推動，究未知其誠意與作用如何耳。

朝課，記事，入府召見叔明〔銘〕，指示其往日本訪美空軍之要點，召見屬生等指示地方黨部對當地情報人員之統制要領後，召集一般會談。午課後審核黨政軍聯合作戰綱領，多不能用也。晡往三軍托兒視察，帶武、勇同行，辦理甚佳也。

十月二十日　星期三　氣候：陰晴

雪恥：昨夜先觀雙十節閱兵電影，光線不佳，而技術則有進步也。召見叔明〔銘〕，詳詢其美空軍部計畫處長提議，可向美國借給原子武器之申請事，此或為其空軍部之授意，而其政府尚無此意乎，對反攻在國內戰場如非萬不得已，亦不欲使用此物，對於民心將有不利之影響，應特注意研究。晚課後寢。

本（廿）日朝課後記事，到中央常會指示基層幹部制度之要領，與決定派員訪韓，討論日本參加亞洲反共會議事。午課後審閱黨政軍聯合作戰綱要，不能用也，研究美國防部改正之新案，甚有益也。晡車遊淡水，晚散步，讀詩，晚課後寢。

1　蔣勻田，名錫昀，字勻田，以字行，安徽蚌埠人。中國民主社會黨要人，1947 年參加行憲國民大會，後任行政院政務委員兼全國節約督導委員會主任委員。1948 年 6 月辭去行政院職務，赴美國考察憲政，民社黨內部亦發生分裂，1969 年移居美國。

十月二十一日　星期四　氣候：晴

雪恥：近日又犯多言弄智之病，傷神招侮，應切戒之。所謂研幾窮理，體仁集義者安在，務使時時體察，勿忝所生則幸矣。

朝課後記事，對俄、匪聯合聲明之真相內容，自覺闡明正確，而美、英報紙未能重視特載，是其畏戰自欺之心理，不願聞見此種警告耶，抑其果以此為余對俄共作有意挑戰之宣傳耶，若輩必有自悔莫及之一日，當靜觀之。十時前入府，召見英國記者與美教友後，召集研究院院務委會，商討第四期教育計畫，對黨政軍聯合作戰綱要加以指正。午課後，對識夫人明日十時方可回臺也[1]。修正與勞勃生談話錄甚久。晚散步後讀唐詩，晚課。

十月二十二日　星期五　氣候：晴

雪恥：一、召見錢祖倫[2]（空軍）。二、電葉交涉廿四個師與八個軍之決定。三、擴編陸戰隊與開字計畫案。

朝課後記事，重校與勞談話錄。十時入府辦公，批閱公文，重修談話錄完，暫不交美方，以俟近日美之行動如何也。十二時夫人到達機場，親迎之，聽取美國近情對我國不利與美援情形，多不如意。午課後帶令傑二甥車遊山上一匝，彼青年勇往直前之氣充沛，而對於環境實情不甚了解為可憂也。入浴後讀唐詩，與妻在院中散步。晚車遊市區回，晚課，廿二時前寢。

1　原文如此。
2　錢祖倫，江蘇無錫人。歷任空軍參謀學校副處長、處長、空軍總司令部情報署副署長。

十月二十三日　星期六　氣候：陰晴

雪恥：一、召見蔣、劉[1]。二、對韓國政策應否勸告其對美莫過衝突與交惡。三、青年多寄其前途於外國，而不在祖國之心理，不勝憂惶，此為五十年來教育之結果也，能不痛心。若非收復大陸，恐無法改變其亡國奴之心理，惟在此時更應盡力糾正，以盡我不問收獲只問耕種之效也。

朝課後記事，夫妻共同讀經禱告如常。入府接見僑胞三個團體，皆分別照相。召集軍事會談，決定自下月起實行軍事制度。午課後與妻及傑甥巡遊後草山陽明公園回，見毛人鳳對任顯羣案之處理，予以核定。院中散步，讀唐詩，晚課後就寢。

上星期反省錄

一、英、埃運河區撤兵協定已經簽訂，此乃中東問題之重大改正與進步也。

二、西歐九國會議對德國恢復軍備與獨立協定，並對德結束佔領，四國外長已正式簽訂，此乃自由世界反共力量之又一進步也。

三、聯合國對於俄匪誣控美國侵略中國，以及控我截扣其油船為海盜行為案，投票結果延展二周，再行決定是否成立討論案。

四、美對紐西蘭停火提案尚未根本打消，是誠莫名其妙，究竟何為耶。

五、本周心神時起悲傷，世人夢夢，國際紛紛，不知如何結果矣，天乎。

1　蔣、劉即蔣廷黻、劉鍇。蔣廷黻，名綬章，湖南邵陽人。1947 年 11 月至 1962 年 7 月，任駐聯合國代表。劉鍇，字亦鍇，廣東中山人。曾任外交部常務次長，時任駐加拿大大使。

本星期預定工作課目

1. 調整福建省主席，劉玉章繼任。

2. 反攻總計畫之準備實施工作。

3. 華僑青年從軍之號召與進行計畫。

4. 手令實施之管制辦法。

5. 訓詞實施之設計與督導辦法。

6. 美使館改組計畫。

7. 海軍總部改制之督導。

8. 對陸軍官校開學之訓詞。

9. 驅逐艦與登陸艇及布雷艦。

10. 降陸傘訓練歸步校？

11. 後勤制度與工兵、交通兩校之改隸。

12. 外島實物待遇之督導。

十月二十四日　星期日　氣候：陰晴

雪恥：一、電葉[1]對美交涉，增步師與陸師及傘兵工具。二、實現每個指示之辦法。

朝課後記事，記上周反省錄。與令傑談話，指其在美進行美援之方針與整頓使館集中力量之組織，以彼對政治與實際經驗太小也。與立人談話後，禮拜畢，再叮囑傑甥，要求美允我廿七師之武器為第一要件也。入浴，午課，未刻起飛，晡到高雄住澄清樓休憩，膳後與經兒散步至港口招待所，乘車巡視左營，晚課後寢。

1　葉即葉公超。

十月二十五日　　星期一　　氣候：晴

雪恥：一、實踐學社派辭修主持。二、召見游〔劉〕紀文。三、召見昌煥，問美館新聞工作之組織與改正。四、金鈔黑市與軍事影響，應積極取締根本解決。五、疏散工作。

朝課後記事，十時到陸軍官校第廿九期生開學典禮，此期為改美制之第一期學生，考取三百人，報到者僅一百〇五人，可知青年與社會對於尚武與愛國犧牲之精神，比抗戰時期更為低落，應加糾正。惟學生人數減少，而設備與教育皆能求精，反覺自慰。聚餐訓話後，即由屏東乘中美號起飛，回臺北途中午課完。晡召見蘭卿大使，商討打消紐西蘭提案，與訂立中美互助協定之辦法後，讀唐詩，與妻車遊淡水，膳後散步，晚課，寢。

十月二十六日　　星期二　　氣候：雨

雪恥：一、對臺省民眾之宣傳及教育計畫之訂立與組織實施（分層分區）。二、金鈔黑市之澈底禁絕辦法。三、空軍組織與防奸未能澈底，應加整頓。四、委陳嘉尚為空軍副總司令。五、美國政策現改為力求免戰，決無制俄解放之意，應力求自強，獨立反攻，再不可等待世界戰爭，即使世界戰爭發動，則對於東亞與我國毫無利益，其必先解決歐洲，而以亞洲為壑，最後仍受強者支配也，此須澈底覺悟，不求自力更生，何能復國耶？

六時未明即起，夫妻共同讀經禱告後朝課，記事。入府得悉空軍官校教練機被人偷飛無蹤，此乃聞所未聞之怪事，莫名憂惶，又將為外人所譏評矣，乃責成徐康良[1]追究其事，至夜不得要領。

1　徐康良，字即甫，浙江孝豐人。時任空軍副總司令。

十月二十七日　星期三　氣候：陰晴

雪恥：昨上午召見韓大使[1]與劉大鈞[2]等後，召集情報會談，共匪對印度尼黑路之招待超過於艾德理，其用意乃在利用尼為其虎倀，此誠不知其死所何在之妄人矣。午課後詳研西方對俄作戰之型態與構想完，亦頗有益。晡召經國全家來談，吃麵，以明日為勇孫六歲生日也。本日手令數通皆要務，並為教練機偷飛事終日憂鬱不已，晚課後寢。

朝課後記事，十時前到中央主持總動員會報，核定師範必修，本名為四書精讀，余特加改正，又童子軍信條亦經批定，對於社會經濟民心等之指示甚多，未知能有效否。午課後記今後國際局勢之轉變與自處之道五則（雜錄欄），指示空校偷逃教練機之處理辦法。

十月二十八日　星期四　氣候：陰　夜雨

雪恥：昨晡到婦女聯合會祈禱會，聽吾妻重生證道講話，甚覺感慰，其對靈修之進步與精神之安樂積極，實有一日千里之勢也。膳後與妻車遊郊外回，晚課。

朝課後記事，入府見加拿大記者「開斯敦」[3]問答錄音，據彼自稱至小金門前線訪問，見我官兵士氣與指揮情形，已與其在加時對我軍反攻大陸之心理可能性完全改變，認為我軍必可反攻有成功可能也。與賴名湯談話，並召見叔銘與康良，乃知偷飛教練機者，即為前除名停飛之學生也，乃可對美員說話，不致如前日之茫無頭緒矣。

1　金弘一，韓國獨立黨人。1948 年返韓，出任韓國陸軍士官學校、陸海空軍參謀學校校長。時任韓國駐華大使，1960 年卸任。

2　劉大鈞，字季陶，號君謨，戰後任聯合國統計委員會中國代表，駐美大使館經濟參事等職。後移居美國。

3　開斯敦、凱斯敦，加拿大廣播公司（CBC）記者。

十月二十九日　　星期五　　氣候：晴

雪恥：昨午課後召見俞大維，報告其蔡斯要求其於明年四月十五日以前戰備一律完成云，究不知蔡之所本，美國往往虎頭蛇尾如此，但應加以注意研究。審閱戰時對德外交檔冊，晡與妻車遊淡水，晚請魯斯姊妹[1]聚餐後，讀詩，晚課。

昨夜自廿二時至今晨六時，熟睡七小時半，其間僅於一時後醒覺一次，殊為最難得之佳象也。朝課後讀孟子離婁篇完，閱報。入府見法記者等六人，批閱，審閱葉部長來電，召集財經會談，對於禁賣飾金與購入產金事指示方針。午課後記事，重讀孟子萬章篇完。約第七十二機動艦隊美司令開維爾[2]茶點後，與妻照相，晚讀唐詩，廿二時寢。

十月三十日　　星期六　　氣候：陰晴

雪恥：一、電葉對雙邊協定之期限，應以美日協定為準，不應以美韓協定單方面聲明後一年即可廢除之成例，須加注意。

朝課後記事，經兒來談蔡斯意欲我挽其續留任顧問事，又見匪臺廣播前偷逃教練機之胡逆弘一[3]投匪，乃可證實矣。到中央祭稚暉先生逝世一周年紀念後，入府見日本每日新聞記者加藤氏[4]，並見印尼回來之僑領二人，召見調職人員畢。軍事會談，解決海軍總部改組之編組大綱，指示一切，或太激切嚴屬乎，應自警惕，總以好為人師為戒也。午課後整書畢，與妻起飛至屏東，

1　魯斯姐妹，時代、生活兩雜誌社亨利·魯斯之妹，穆爾（Elisabeth Luce Moore）、塞維鈴郝斯（Emmavail Severinghaus）。
2　紀維德（Frederick N. Kivette），又譯開維爾、基維德，美國海軍將領，時任第七艦隊第七十二特遣隊司令。
3　胡弘一，空軍官校第三十四期學生，1954 年 10 月 26 日，從岡山空軍基地駕駛 AT-6 投共。
4　加藤通夫，日本《每日新聞》駐臺記者。

轉西子灣澄清樓住也。妻忽着涼，腰部作疼甚劇，途中讀孟子告子篇，至晚課前讀完。夫妻親愛，人生至樂也。

上星期反省錄

一、妻自美回來，心身皆已康復，且其自信已得基督靈導，敢言「重生」，對人絕無怨恨之心云，殊為欣快，感謝聖靈護佑。

二、蔡斯通告其美國要求我軍務於明年四月半以前戰備完成，究為何故。

三、空軍官校飛逃教練機一架，可知該校之組織紀律以及政治教育之甚不健全也，以後應如何嚴整。

四、葉[1] 在美交涉皆未見進步，美對華無一定政策，可歎，更覺自力更生之道益切也。

五、閱美國對俄戰爭之型態與構想完，有益。

六、本周讀孟子有得，養心有益而保身，應特加注重。

本星期預定工作課目

1. 電葉、顧[2] 指示中美協定重點。

2. 約見游〔劉〕紀文，研究駐美宣傳計畫。

3. 美國兩院議員選舉。

4. 美援軍協解決。

5. 空軍官校畢業典禮。

1　葉即葉公超。
2　葉、顧即葉公超、顧維鈞。

6. 巡視旗山砲兵基地。

7. 遊覽岡山附近溫泉場。

8. 約見日本野村[1]？

9. 閩省主席人選之決定。

10. 計畫研究與監察之組織。

11. 日月潭涵碧樓之改組。

十月三十一日　星期六　氣候：晴

雪恥：孟子曰：盡其心者，知其性也。知其性，則知天矣。存其心，養其性，所以事天也，殀壽不貳，修身以俟之，所以立命也。

本日為陽歷六十七歲生日，家庭和睦，生活安樂，環境秀美，夫妻康健，兒孫孝孫，是天之所以賜我者，如此恩澤不知何以當之，心神欣慰無以復加，惟祈上帝以今日賜我個人者，以拯救我大陸全體同胞，使爾子民中正不負職責，俾能消滅全國共匪，完成統一，建立基督教理三民主義新中國，克竟上帝所賦予之使命，毋忝所生，不愧為基督之聖徒則幸矣。

朝課後讀孟子盡心篇至酉刻完。上午記事，正午四孫與緯兒皆來，以經兒在臺北陪客，故未令其與全家同來也，與三孫在海濱遊耍照相後回，拜壽聚餐。午課後讀孟子，晚課前觀煙火與調龍。

1　野村吉三郎，日本昭和初期的海軍將領、外交官、政治家。1953 年擔任松下電器產業旗下的日本勝利公司第一任社長。1954 年復出政壇，當選為參議院議員。

上月反省錄

一、美國現在政策，實以避戰自保、苟安自得為主，對亞洲終將放棄，決無制俄反共之精神，更無助我復國之意念，應澈底覺悟，力求自強，獨立復國，惟此或於我反為有益也。茲定大政方針如左：甲、世界大戰十年內如無特故不致發生，即使近期內發生，其必先歐後亞，徒以我為鄰壑，最後仍必受其白人支配統制，故大戰於我無益且於我無關，切勿再作此打算。乙、共匪內部近期內必生變化，且必將崩潰，此乃我復國之惟一客觀條件也。丙、積極建立本身實力，埋頭忍痛，加強基地，使之鞏固不拔，以待乘機反攻也。

二、歐洲自巴黎與倫敦兩會以後，對西德佔領案已告結束，歐西建軍重定基礎，其他英、埃對運河區撤兵協定簽訂，義南的港問題亦已解決，是歐西與近東反共陣線已漸形成。惟東亞形勢日非，東南亞所謂八國協定完全空虛等於廢物，而英工黨艾德禮與印度尼赫魯相繼訪匪，俄、匪共同宣言眩惑世人，美、英明知其陰謀所在而視若無睹，而美且主使紐西蘭提金門停火之議，更為痛心。本月以來，益可斷定美國對遠東政策之茫然，而且其對匪有准美商貿易之可能，所謂聯合國承認共匪有兩個中國之妄誕，不久將有實現之舉，此乃最惡劣之現狀，不能不作最後之準備也。

三、本月工作：（甲）對美勞勃生之交涉。（乙）對俄、匪宣言之陰謀澈底揭發其奸。（丙）對雙十節文告指示軍民。（丁）重讀孟子第二遍完，此皆竭盡心力矣。

四、月杪多言與多欲，應切戒之。

五、倫敦與巴黎會議薩爾問題獲得解決，乃是英國外交之大成功，已恢復其領袖國際之地位，美國將更屈從矣。

冬季課程表

時 ＼ 日	日	一	二	三	四	五	六
6 — 8	起	床	盥	洗	—	—	—
8 — 9	朝	課	考	慮	反	省	設計
9 — 10	記	事	聽	報	—	—	—
10 — 11	反省錄	紀念周	會客	常會	聽講 或 巡視	召見 財經會 情報談	會客 軍談
11 — 12	禮拜	召見	政談	｜	｜		
12 — 15	遊憩	午課	—	—	—		（克氏）
15 — 17		研	究	戰	爭	論	
18		遊	憩	—	—	—	—
19	約	宴	或	批	示	或	電影
20	｜	｜	｜	｜	｜	｜	｜
21		讀	四	書	與	唐	詩
22	晚	課	沐	浴	就	寢	—

十一月

蔣中正日記
Chiang Kai-shek Diaries

民國四十三年十一月

本月大事預定表

1. 美國贊助我反攻大陸之宣傳計畫。

2. 共匪攻臺反美之謀略專題研究。

3. 戰爭指導計畫（日本書之參考）。

4. 下級軍官調換之權限與手續力求簡速。

5. 倫敦宣傳工作之加強。

6. 蛛網形陣地之研究。

7. 反情報與情報之教育特別加強。

8. 情報與軍醫教育之犧牲與服務精神。

9. 後勤補給標準數字表。

10. 巡視通信與情報學校。

11. 中美互助協定之研究利害。

12. 特別軍援之督促。

13. 駐美使館之宣傳組織。

14. 俄油輪與聯合國之關係。

15. 克氏戰爭論之研究。

16. F86 噴射機之催交。

17. 戰備完成計畫之具體方案。

18. 美國兩院選舉之結果。

19. 聯勤改組方針。

20. 國防法案之督導。

21. 年終校閱計畫。

22. 政治學校校長之選定。

十一月一日　星期一　氣候：晴

雪恥：詩云「憂心悄悄，慍於群小」，孔子也。「肆（泰然）不殄（絕也）厥慍，亦不殞〔隕〕厥問」（聲聞），文王也。

美國人之幼稚極矣，彼所謂政治有經驗者，竟信口雌簧，不顧信義，不講私德乃如此者，是誠不易交友也，余對蒲某[1] 惟有歎惜而已。

朝課後記事，與妻往岡山空軍官校，主持卅四期學生畢業典禮。入校時所取二百二十人，至今畢業者僅七十七名，可知教育之嚴格矣，但組織管理與紀律仍鬆弛不嚴為慮。聚餐前對學校當局改革校務詳加指示。午課，據報大陳於正午已被匪空軍轟炸，其他各島亦被砲擊，此乃匪對美明日議會選舉之示威，使美怕戰屈服，而使大陳之本身亦擾亂不安，其企圖則在試探美艦隊之態度也。

十一月二日　星期二　氣候：晴

雪恥：昨晡與妻車遊環島公路一匝，甚歎美國人士之糊塗幼稚，不察虛實，好聽謠諑，予之交友亦且危險，而況校〔於〕國交乎。然而只有逆來順受，聽其自覺，以今日並無他道也。晚課後九時寢。

1　蒲立德（Alfred M. Pride）。

朝課後朝餐畢，獨往海濱散步，回覺已傷風，乃即服藥避風。午前審閱實踐學社課程摘要，其間關於蘇俄戰略戰術之要領研究有得。午睡（服藥出汗）二小時餘，閱港報，重審課程摘要，其間關於軍事哲學與科學，及對共匪面的戰術之研究亦甚有益。晡在家與妻閒談，靜聽音樂娛樂，以傷風不能出外車遊也。晚審核面的戰術教令後，晚課，寢。

本日共匪空軍在大陳北之一江山，對我遊〔游〕擊隊投彈及砲擊，並在媽〔馬〕祖砲擊擾亂。

十一月三日　星期三　氣候：晴

雪恥：一、對大陳防務之處理要旨：甲、美海軍之行動如何。乙、空軍對匪島轟炸。丙、一江山與漁山增加兵力。丁、轟炸閩、浙沿海匪軍重要基地與交通線之準備。戊、催美 F86 機速來。己、不可對美表示我將對大陸匪空軍報復之意見。庚、嚴令搜捕閩、浙沿海匪船。辛、對舟山群島之嚴密偵察。

本日傷風未痊，終日在寓未敢外出遊覽。朝課後記事，批閱公文。對美國會選舉甚為關切，恐為民主黨佔勝是念。正午彭[1] 代總長與羅列次長來報告大陳戰況與處置經過，美以我機一日在同安沙灘上往炸胡逆[2] 逃去之教練機，為共匪轟炸大陳之起因，並以未先得其同意而自行往炸，為我違反約言提出抗議，可謂幼稚極矣，惟有忍之，其實時間以匪炸大陳在先也。

1　彭即彭孟緝。
2　胡逆即胡弘一。

十一月四日　星期四　氣候：晴

雪恥：昨午彭來報告後，判斷匪炸大陳，可說完全為其響應俄在聯合國控美侵華案重提之聲援，並試探美國對我外衛島嶼協防之態度，而匪之陸、海軍並無特殊之行動也。昨、今美海軍即在大陳外海活動而並未退縮，乃予匪以警告乎，故料其不敢妄動，而我空軍當晚在其頭門島積極轟炸加以還擊，而其空軍程度與技術之差，更不敢正式來犯乎。午課後審閱講稿，晡與妻閒談，晚課。

本（四）日朝課，記雜錄欄二則。上午記事，重審軍事科學與哲學之摘要，閱報。午課後研讀「克勞塞維治」戰爭論第一篇第一章，至晚課前方完，審核二次頗詳也，惟夜間又因此失眠，以此克氏論實為平生愛讀書之一也。傷風未痊，終日出〔未〕能外出，但研究甚有益，是獲病反可以保體增智矣。

十一月五日　星期五　氣候：陰雨

雪恥：一、美國會選舉，兩院皆由民主黨得勝掌握，今後兩年內共和黨在國會失勢，不能作有力之協助，但其行政方面仍可為我助力，實際無甚損失，只要其下屆總統與議會能獲勝利，則此次選舉失敗，或於彼我皆能因禍得福，而我之反攻復國之成敗，對於美國下屆選舉之關係非尟也。

朝課後記事，研讀戰爭論第二章戰爭之目的與手段，至午課後讀完，並重加修正。晡約高雄黨政軍及議會首長等茶典〔點〕，以報其祝壽之禮也。晚讀唐詩，研究葉電，並指示其對中美互助協定主要之點。察其來電，美國對此協定已有意訂立矣。晚課後寢。

十一月六日　星期六　氣候：雨　臺北陰悶

雪恥：一、福建省主席人選之決定。二、駐美宣傳組織之核定。三、游〔劉〕紀文准補登記。

朝課後餐畢，八時與妻戴雨起程到臺南起飛，十時半到臺北公祭陳伯南[1]之喪。彼雖於廿一年受胡[2]等之影響而叛變，但最後仍受命回黨，此次共亂而彼始終隨來中央盡忠黨國，並不如陳銘樞[3]等降共投匪、失節無恥之徒能比也，故頗重其人也。回寓修正戰爭論譯文，記事，午課後閱報，入浴，讀唐詩，審閱建黨六十年紀念詞稿尚可用，應加修正。晚接葉[4]電，詳述與美商談雙邊互助協定，由美提出之稿件大要處皆照余意，殊為欣慰，故即核准覆電照辦，或於日內可先發共同聲明。此約如果訂成，則對俄共又一打擊也。晚課後寢。

上星期反省錄

一、本周在高雄避壽間得傷風，未能如計視察，但在寓靜養，重讀下孟完，研究克勞塞維治戰爭論開始，並審閱實踐學社講義提要等，故於學術方面頗多心得也。

二、十一月一日匪空軍來轟炸大陳，次日轟炸一江山，此其為試探美國對於協防大陳之態度，以及其為響應俄帝在聯合國重提美國侵華案，以期美國畏戰退縮，而不敢干涉其進攻外衛島嶼之作用甚明。惟美軍艦與空軍皆於次上駛入大陳海面與上空對匪示威，乃匪機竟不敢臨空，甚至樟橋

1　陳濟棠（1890-1954），字伯南，廣東防城人。歷任廣東省政府主席、海南特別行政區首任行政長官、總統府戰略顧問。
2　胡漢民（1879-1936），名衍鴻，字展堂，號不匱室主，廣東番禺人。中國國民黨元老和早期主要領導人之一，國民政府立法院院長。
3　陳銘樞，字真如，1948年加入中國國民黨革命委員會，任中央常務委員。1949年後曾任北京中央人民政府委員、人大常委、政協常委等職。
4　葉即葉公超。

機場不敢起飛也，惟其今後必將繼續設法挑釁，總使美軍不安而退也。然今日美國政策雖非求戰，然亦未必因此退縮耳。

三、尼赫魯已由匪區回印，自認其與共匪並未有何協議，而且其離北平時，國際上慣例，雙方之普通聲明亦未見發表，可知尼、毛皆為完全一對只有自私之交手也。

四、美國會兩院議員選舉結果，民主黨獲得多數，對援華或有若干影響，但共和黨此一失敗或可於一九五六年大選勝利之張本乎。

本星期預定工作課目

1. 為大於小，圖難於易，與克勤細物，綜理密微之科學精神的基本觀念（工作）。

十一月七日　星期日　氣候：陰沉

雪恥：一、美國參謀業務與方法。二、軍事作戰命令條例與程序。三、事事要有着落。四、建設不如檢討反省之重。五、克勤細物，為大於微等領導本能。六、解決問題當務之為急。

近日氣候悶熱，潮濕非常，實為五年來所未曾經歷之最劣者，因之身心皆大不適，幾難忍受，妻體力亦甚受影響也。

朝課後記事，審閱戰爭論（天才章）。上午修正建黨六十年紀念詞，頗費心力，因傷風未往禮拜。正午討論中美互助協定之最後稿，亮疇、道範〔藩〕等皆贊成，余認為此稿超越於預想以上者甚多，而其作用對俄共之打擊比之其他意義更為重要，此一協定如果美國會能夠通過，則對內對外增加無比之安定力也。

十一月八日　星期一　氣候：晴

雪恥：昨午課後入浴，審閱戰爭論天才章至晚完，譯文太劣矣。讀唐詩七律共七十首完，晚課畢，廿一時後寢。

本（八）日朝課後記事，十時後到研究院，主持二階第四期開學與分院第七期畢業典禮致詞，約卅五分時畢。見正綱談韓國仍反對日本反共團體參加亞洲反共會議事，以及今後新參加會員國以大會多數通過為原則，而不能依照韓國以一致通過之主張為最低條件也。照相後巡視宿舍畢，回寓午課後，修正建黨紀念詞第二次稿，直至黃昏脫稿，自覺內容更精實矣。晚與妻車行山上一匝，心殊沉悶。晚課後寢，傷風痊癒。昨日美機（B29 轟炸機）在日本北海道東北端又被俄機擊落一架。

十一月九日　星期二　氣候：風雨

雪恥：一、屢躓屢起，愈挫愈強。二、護衛中華（五千年）文化，發揚民族正氣。三、歷盡無數之挫失，忍受無上之恥辱。四、前撲〔仆〕後繼，集積無數先烈之頭顱鮮血，以發揚三民主義之精神潛力。五、漢賊不兩立，忠奸不並存。六、凡國民革命重大諸戰役，其間戰期雖有長短不同，勝負靡常，但其最後勝利必歸於我國民革命之一方，此即三民主義（合乎人心，順乎時勢）戰勝一切之定則也。

本日朝課後，八時前出發，九時到基隆乘美國潛水艇（查爾）號[1]出港演習，至十二時半回港登岸，此為余第一次潛航之紀念，六十八歲尚能學習此一課目，不能謂非受大失敗所賜之效益也，否則恐終身亦難得此寶貴之良機矣。

1　查爾號（USS Charr, SS-328），為巴勞級潛艇，1942 年 9 月 24 日命名為查爾號（紅點鮭）。1944 年 5 月 28 日下水，1969 年 6 月 28 日退役。

十一月十日　星期三　氣候：風雨

雪恥：昨午二時回寓，入浴。午課後修正紀念詞後，召見蔡斯與國防大學之顧問，繼見日本野村[1]與福留繁[2]，約談一小時。野村為前駐美大使，其人態度精神皆出乎一般日人之上，體力亦甚強壯，心竊慕之。晚續修紀念詞，約美友羅次[3]之女與婿聚餐後，晚課，廿一時半寢。

朝課後記事，十時與妻同到中央黨部，妻為婦女指導委員會主任，本日初次出席中央常會，對於黨務之發展當有重大影響也。午課後續修紀念詞稿第四節「國父革命的精神」，有重要之增補，自覺此為近日文字最有力之一篇也，惟心力已盡，不能再有所增損矣。晚讀唐詩後晚課。

十一月十一日　星期四　氣候：晴

雪恥：數日來以美國除中美互助協定正文之外，要求附加議定書限制我所控制各地區之軍事部署，如此則雖細小的軍事調防等，亦將受其控制，而對大陸軍事行動更須以協商決定字句。其實一切軍事皆非得其同意不可，此種苛刻之無理要求無法忍受，但此協定又不能不速訂立，故顧[4]大使提議改為換文不在條約之內，而以雙方平等義務出之，不以對中國單方面限制之形式為原則，而且對軍事只以出擊大陸須以協商同意為限之精神與之力爭，未知果能有成否。弱國被侮如此，能不自強求存乎。

朝課後續修紀念詞畢，入府會客，辦公批閱，召集陳、俞、張、沈[5]商討對美約方針畢，已十三時餘矣。

1　野村吉三郎。
2　福留繁，日本海軍中將，歷任海軍軍令部作戰部長（1941 年 4 月）、聯合艦隊參謀長（1943 年 5 月）等職。
3　羅次即魯斯（Henry R. Luce）。
4　顧即顧維鈞。
5　陳、俞、張、沈即陳誠、俞鴻鈞、張羣、沈昌煥。

十一月十二日　星期五　氣候：晴

雪恥：昨午課後記事，續修紀念詞稿，作最後之核定，妻則為我譯改英文稿，彼亦認此文重要，樂予負責修譯也。膳後車遊山上一匝，讀唐詩，晚課畢，廿二時寢。

日本外交部長岡崎勝男[1]由緬甸訂和約回國經過臺北，始約來訪，其後又托詞颱風，為時間所限不能如約訪問。此事本不值計校，但可知國際只有勢利與權力，而無所謂恩德與情感可言，是又增我經驗不尟矣。同文同種，東方民族云乎哉？惟其最後總以其副總理緒方作〔竹〕虎[2]嚴電其必須來訪，故今日仍如約來訪，余乃於本十二日晡接見，相談約一小時，乃知其人為明理識時之人，殊非日本以往之外交家可比，亦非余未見時所想像之人物也，頗為欣慰。

十一月十三日　星期六　氣候：陰

雪恥：昨（十二）日為總理八十九歲誕辰，兼為本黨建黨六十年紀念日，此為本年最重要一大事也。

朝課後校讀自製之紀念詞，印刷略有錯誤，加以改正，讀之甚覺自慰。十時與妻同至中山堂舉行紀念會，主持典禮約三刻時完成，壯〔莊〕嚴肅穆，自讀紀念詞，容止聲調皆如儀無誤為快。回寓後記事畢，與妻車遊淡水道上，午課後讀唐詩，十六時到中山堂光復廳茶典〔點〕，各地僑胞團體來祝壽者不下二十個，與之分別照相，甚竊自慰，以僑團來壽者年增一年也。十八時半約見岡崎酒會，晚獨遊市區視察慶祝情形，不甚熱烈，可知本黨毫無宣傳計畫也。晚課。

1　岡崎勝男，日本政治家、外交官。歷任眾議院外務委員長（1949-1950）、內閣官房長官（1950-1951）、外務大臣（1952-1954）。

2　緒方竹虎，歷任朝日新聞副社長、自由黨總裁、自民黨總裁代行委員、國務大臣、情報局總裁、內閣書記官長、內閣官房長官等職。1952年11月至1954年12月出任副總理。

上星期反省錄

一、總理建立本黨六十周年及其八十九歲誕辰同時舉行紀念典禮，實為平生重要紀念之一。余在大陸淪陷大敗以後，至今仍能在臺灣為革命奮鬥，而又能為黨主持此一紀念，實覺榮幸，更信反共抗俄之革命運動必可在余手中繼續完成，不負總理之厚望也。

二、搭乘美國潛艇實施潛航至三小時半，此為余六十八歲之一新學習紀念也。

三、日本外相岡崎來訪，其結果尚稱圓滿。

四、俄機又在北海道附近擊落美攝影機一架。

本星期預定工作課目

1. 空校整頓情形如何。

2. 金門逃兵（匪消息）如何。

3. 福建省府名單。

4. 防大畢業典禮與召見學生提早。

5. 立法院各案究竟態度如何：甲、覆議案。乙、電價案。丙、國防法案。

6. 建黨六十年紀念之檢討。

7. 立法院黨藉〔籍〕案澈底整頓。

8. 經濟與外匯情形。

9. 國防會議召開日期。

10. 中美互助協定之促成。

11. 美援軍協案之督促。

十一月十四日　星期日　氣候：陰

雪恥：本十四日四時，我太平軍艦為俄共魚雷所擊中，已於七日〔時〕沉沒，此一情勢對我反共前途利害禍福未可逆料，而俄共惟一作用，其在妨礙我中美互助協定之成立也，美國畏戰懼共之心理，其果中止訂約乎，否則對我尚無大礙，或反有補益乎。

昨十三日七時半起床，昨夜為最能安眠之一夕也。朝課後入府，會日本漢學家宇野哲人[1]等畢，召集軍事會談後，批閱公文。午課後記事，入浴，讀唐詩，晚與妻車遊市區回，晚課，廿一時寢。

本日朝課後獨在院中散步。朝膳後記事，記上周反省錄，禮拜後召集陳、俞[2]等討論太平艦擊沉後之處置與宣布消息之計畫，自覺對此並無憂懼，而反為憤發，只要俄共能亂能動，則必能增加我機會也。

十一月十五日　星期一　氣候：陰　微雨

雪恥：昨午課後補記反省錄畢，與妻車遊淡水道上回，讀唐詩（王昌齡送辛漸）及塞上曲其二、其三兩首，晚與妻車遊市中一匝，晚課寢。

朝課後續閱克氏戰爭論至第一篇第八章完。十時前到研究院主持紀念周，聽誦建黨的基本問題完，甚有所感，最後致詞甚以本黨黨員與黨部對黨的觀念弱極，以此次建黨六十年紀念節中測驗黨部，自中央起皆無自動精神，尤以黨性沒落最為痛心，何能再望其反共事業成功耶，言下不勝浩歎。召見梁序昭、嚴家淦，午課後記事，見德、法二國記者後診牙狀，以史敦普上將特派其美國海軍最優秀之牙醫來臺診治與鑲假牙也。

1　宇野哲人，字季明，號澄江，日本中國哲學史研究者。曾任東京高等師範學院教授、東京帝國大學文科大學教授。主要著作有《中國哲學史——近世儒學》、《中國哲學概論》、《中庸新釋》等。

2　陳、俞即陳誠、俞鴻鈞。

十一月十六日　星期二　氣候：晴

雪恥：昨晡與妻車遊山上一匝回，入浴，讀唐詩塞下曲其四完，晚重修戰爭論譯稿，頗費心力，散步約半小時回，晚課後寢。

本十六日六時起床，朝課後審閱戰爭論譯文軍事天才章甚詳，尚未完成。十時入府，舉行巴拿馬大使[1] 呈遞國書典禮後，召見六員畢，批閱公文，審核實踐學社第三期課程計畫並指示要領。午課後記事，審閱譯稿，鑲補假牙約一小時未完，院中散步。晚宴美眾議院外交委員會兩黨領袖，民主黨之理查士[2] 甚有政治風度也。十時前客散，晚課畢寢。

美國提出協定之換文修正案較上次為佳，已與我意接近，但其以軍援部隊不得撤退臺、澎之意，仍應以中、美雙方駐於臺、澎之軍隊，如其撤退應由雙方協議為之。

十一月十七日　星期三　氣候：陰雨

雪恥：一、今日俄共所唱之「和平共存」，與昔日在中國所倡之「國共合作」的作用，及其辯證法的規律為基礎的理論，甚想手著成書，對現在一般存有「共存」幻想之政客作一警告，以其辯證法的法則與國共合作的經驗，來指破俄共「和平共存」作用之陰謀。

朝課後重審戰爭論第一篇完，十時前召集陳、俞、張[3] 等，指示對中美協定之換文修辭要旨後，到中央常會討論上半年行政院工作報告，及亞洲反共會議韓國排日之態度後，並對立法院之延誤要案，及中央對建黨紀念毫無計畫之

1　芝蘭（Mario E. Guillen），巴拿馬政治家、外交官，曾任駐上海總領事（未到任）、駐華公使，1954 年 7 月升大使。
2　理查士（James P. Richards），又譯李查滋、李查斯，美國民主黨人，1933 年 3 月至 1957 年 1 月為眾議員（南卡羅萊納州選出）。
3　陳、俞、張即陳誠、俞鴻鈞、張羣。

訓示畢，回寓。午課後記事，與日本學者前田[1]、宇野談話，約一小時餘。醫牙，入浴，審閱戰爭論第二篇開始，並讀唐詩，晚課。

十一月十八日　星期四　氣候：陰　微雨

雪恥：一、海軍舊魚雷之整理。二、美艦 DD 應補還我魚雷。三、防大教官期滿應輪調。四、局部小規模反攻計畫之詳細數字，與基本工作之特別注重，力求充實。

昨晚浴後傷風，故今日在寓修養。今晨朝課後，審閱克氏戰爭論第二篇第四章（方式主義）完，記事。午課後接大陳東北之漁山被匪空軍於上午轟炸，惟只傷二人，其他並無損失。漁山為我外衛島嶼最北之一島，乃為最弱之一點。余在兩月前切告美海軍，共匪不久必想先犯該島，屬其特別警戒，今果以空軍先來試犯，以探美軍之態度也。約見美「華登」[2] 小將後，續鑲牙畢，重審克氏戰爭論第二篇。晚讀唐詩，晚課，廿一時半寢。

十一月十九日　星期五　氣候：晴

雪恥：一、空軍烈士托婦聯會慰勞其家屬。二、美援軍協究竟如何，速催解決。三、美駐俄大使包倫[3]回國，其必商討美、俄妥協辦法，似以對西歐建軍問題與共匪問題為主乎。四、約見胡璉。

1　前田多門，日本政治家、實業家、文學家。歷任文部大臣（1945-1946）、東京通信工業社長（1946-1950）。時為聯合國日本同志會理事長。
2　華登，又譯華爾頓，德士固經理。
3　波倫（Charles E. Bohlen），又譯波侖、包倫，1953 年 4 月至 1957 年 8 月任美國駐俄大使。

朝課後重審戰爭論第二篇未完。十時入府召見高田[1]與西浦[2]、富田[3]，聽取其在臺視察我陸、海、空軍之意見，殊為誠懇，並指示張柏亭[4]譯戰爭論，改正各點之要旨後，召集財經會談，財政以糧食出口銷售困難，商業多不景氣，故通貨澎漲〔膨脹〕為慮，應加戒備。午課後記事，重審戰爭論，約見牙醫鑲牙畢，與妻車遊山上一匝，晚入浴，讀唐詩，晚課，廿二時前寢。

十一月二十日　星期六　氣候：晴

雪恥：一、召見空軍烈士家屬。二、盧盛景[5]的下落。三、對美宣傳之研究。四、和平共存之教訓論。

朝課後重審戰爭論第二篇第四章，並修正譯文初稿完。十時前入府，審閱戰鬥群圖說稿甚佳，正合吾所主張反攻戰術之創意也。召見史經[6]等六員畢，召集軍事會談，聽取軍士制度與軍官級敘修正案，因銓敘部之反對不能提案立法，乃屬副總統轉告考試院，對此案不可再事延宕為要。午課後記事，審閱中央社共匪歪曲中國革命歷史的陰謀稿，無甚精綵可取。晡與妻車遊，經兒來談勇孫算數成績，有一百分也。晚讀唐詩，審核戰鬥群圖說完，廿二時前寢。

1　高田利種，日本海軍軍人（1918-1945），最高軍階為海軍少將。戰後從事實業，為生化學工業株式會社社長。
2　西浦進，日本陸軍大佐，在陸軍省軍務局工作，曾擔任東條英機首相暨陸軍大臣秘書官，戰後專致太平洋戰爭史調查研究，出任防衛廳防衛研修所戰史室首任室長，領導編纂「戰史叢書」。
3　富田即富田直亮。
4　張柏亭，字相豪，上海市人。原任第三十二師師長，1953 年 4 月離任。後任臺北衛戍司令部司令。
5　盧盛景（1915-1954），江西南康人。曾任蔣中正侍從武官。1954 年 9 月 16 日，調任偵察第十二中隊中隊長。11 月 19 日，駕駛 RF-51 偵察機起飛偵察福建沿海，飛機失事陣亡。
6　史經，時任指揮參謀學校教官，1955 年 1 月調任陸軍總司令部工兵處處長，8 月調任陸軍供應司令部勤務處處長。

上星期反省錄

一、俄對共匪之控制不在皮膚而已深入骨髓，不在匪酋而重在其組織。故今日之馬林可夫手法或較已斃之史大林更為巧妙，乃使毛酋個人滿足無忌，即以為俄真以平等待彼，故對俄絕無反叛之意，又以為其共匪偽政權之存在亦非依賴俄寇不可，故滿、蒙、新疆放手讓俄經營，毫不介意。如果毛酋對俄之心理如此，則只要英、美不與毛匪接近或公開建立正常外交關係，則俄、毛自無衝突之由也。

二、詹生[1]說中國人服從權勢，並能信奉其教條，故大陸人民決不敢反抗共匪政權云，此說似是而非，但亦應注意研究。

三、共匪十四日擊沉我太平號驅逐艦，十八日轟炸我漁山，二十日轟炸我披山，而其目的則在漁山，應對美艦再加警告。

四、本周審閱克氏戰爭論至第二篇第四章，並修改譯文完畢，甚覺自慰。

五、俄倡全歐集體安全會議，企圖打破西歐建軍之巴黎協定，美駐俄大使包倫受俄酋影響竟回國述職，何為耶。

本星期預定工作課目

1. 國防大學畢業典禮訓詞之準備。
2. 年終對高級幹部心得之課題。
3. 中美協定工作之指導與促成。
4. 斥駁和平共存與中國之國共合作教訓。

---

[1] 詹森（Lyndon B. Johnson），又譯詹生、強生，美國民主黨人，曾任眾議員，1949 年 1 月至 1961 年 1 月任參議員（德克薩斯州選出）。

十一月二十一日　星期日　氣候：晴

雪恥：一、共匪任粟裕[1]為偽參謀總長，而將其老牌匪酋如劉伯誠〔承〕、葉劍英棄置一邊，又將徐向前[2]、林彪[3]等戰將，所為黃埔分子皆消除盡淨，此一行動實值重視，共匪內部之整肅已告段落且收成效，是其軍隊腐化或尾大不掉之期待不可實現矣，以後彼我軍隊成敗之關係，在於將領之學術與精神修養二者為比重矣。

朝課後散步，登右前邊山頭遊覽約半小時回。早膳畢，記事，記反省錄，禮拜，午宴「阿姆司丹特」[4]等，與希聖討論俄共和平共存邪說之闢斥，以中國之國共合作之教訓正告世界，加以警惕也。午課後閱報，研究共匪人事後車遊淡水。晚讀唐詩，晚課。

十一月二十二日　星期一　氣候：陰

雪恥：一、辯證法：甲、矛盾（對立）統一。乙、否定之否定。丙、突變（與質變）。丁、階級鬥爭。二、對防大畢業訓詞要旨：甲、對共匪鬥爭哲學與科學（精神即智識（慧）及感情（志氣）與物質）。乙、辯證法（正反合）三段法之思維為精神（智）之基礎。丙、階級鬥爭為情感之基礎。丁、陽明傳習錄與大學問。

1　粟裕，幼名繼業，學名多珍，字裕，以字行。中華人民共和國建國後，歷任解放軍總參謀長、國防部副部長、軍科院副院長、第一政委，中共中央軍委常委，第五屆全國人大常委會副委員長。
2　徐向前，原名徐象謙，字子敬，1927 年 3 月加入中國共產黨。1949 年 10 月，任中國人民解放軍總參謀長。1954 年起，任中央人民政府人民革命軍事委員會副主席，中華人民共和國國防委員會副主席。
3　林彪，原名育蓉，字陽春，湖北黃岡人。中華人民共和國成立後，先後任國務院副總理、中國共產黨中央委員會副主席、國防部部長、中共中央軍委第一副主席等職務。
4　阿姆司丹特、奧門斯特德，美國陸軍少將，前軍援局局長。

朝課後重檢卅八年秋告全黨同志文告，甚覺有重申之必要。十時到研究紀念周訓話，對本黨幹部無黨性與歷史觀念之情形，不勝浩歎與憤慨。回寓記事。午課後審閱戰爭論第二篇第五章，戰史評判之着眼點未完，鑲牙。晡獨在院中散步，晚膳後出外散步一匝回，晚課，夜間失眠。

十一月二十三日　星期二　氣候：晴

雪恥：一、共匪必敗亡之原由不在俄、共之矛盾與離異，而在其內部之背叛，必將因毛匪之自斃而百出無窮，以及大陸人民必乘機揭竿而起。其次為共匪因俄帝之制使，非向外侵略倡禍不可，如其對越南、韓國與臺灣三個問題有一不能解決，則其必無安定可也。此乃其先天不足（對內）與國際樹敵招亡必然之結果，只要我能自立自強，何患奸匪滅亡不速耶。

朝課後審閱戰爭論第二篇第五章完，入府接見美民主黨眾議員白露克斯[1]後，見紐約時報與論壇報兩記者畢，召集陳、俞、張、沈[2]商討中美協定換文中，臺、澎駐軍在實質上如減低此等防守可能性之程度，須經雙方共同協議定之一節加以贊成，此一最後爭執乃可獲得最後之解決乎。

十一月二十四日　星期三　氣候：晴

雪恥：昨午課後記事，批閱公文畢，鑲牙。晡與妻車遊淡水，膳後獨自散步半小時回，讀唐詩劉禹錫春詞一首，晚課，廿一時半寢。

1　白露克斯（Thomas Overton Brooks），美國民主黨人，1937 年 1 月至 1961 年 9 月為眾議員（路易斯安那州選出）。
2　陳、俞、張、沈即陳誠、俞鴻鈞、張羣、沈昌煥。

一、美駐俄大使包倫昨已回美，其主題將為四國元首會議與歐洲各國集體安全會議之協商乎，而其實質即為美、俄和平共全之架橋乎。此一俄帝陰謀以英國為無形主持，是以美國淺薄之政客必上其鉤無疑，但此乃一時之現象，或反促成共黨無忌之侵略，而提早大戰之暴發乎。中美協定已於本日草簽，可知包倫回美並非為東方問題之妥協也。

朝課後審閱戰爭論二篇第六章完。十時夫妻同到中央常會，檢討立法院黨員對黨不法越軌之行動，最後指示加以澈底整肅。午課後記事，閱報，鑲牙，看陽明「大學問」，見昌煥，晚課。

十一月二十五日　星期四　氣候：陰晴

雪恥：一、年終徵文令。二、縱深防禦陣地構築之設計與地點。三、攻擊縱深陣地部隊之專門訓練計畫。四、水蛙訓練人數之擴充。五，傘兵整訓計畫。六、李慕白[1] 入研究院的保證人查報。

朝課後批示史大林辦事方法之小冊，九時半夫妻同到中山堂，參加光復大陸設計會致詞後，即到政工學校主持高級班畢業典禮致詞，點名畢。到中心診所訪周雨寰病，決定在臺動手術，甚望其非癌症也。午課後記事，閱港報，召見昌煥，指示其覆杜勒斯電文要旨，並電葉[2] 正式簽約須在紐西蘭對金門停火案提出之前也。膳後散步，晚課，讀詩。

1　李慕白，《新生力報》負責人，該報 1951 年 6 月至 1954 年 4 月委託香港廠商承印，涉及套匯及偽造文書。
2　葉即葉公超。

十一月二十六日　星期五　氣候：晴

雪恥：一、俄帝在卅年內不求戰爭之策略果能貫澈否之研究。二、美國防堵與報復政策即避戰與苟安政策，如俄共不直接進攻美國本土，則美對俄將永不宣戰乎？三、俄共東對太平洋，西對西歐，如果挑戰與侵犯，則美必起而應戰乎？此全視英國之政策如何而定乎？但事在人為，時勢應由吾人造之，只要吾人能向公義真理奮進，努力不懈，則罪惡陰謀多行不義必自斃，至於成敗遲速則聽之於天可也。

朝課後修正戰爭論譯文，十時到防大聽賴[1]等考察韓國戰場與軍事後勤報告。今晨烏坵島（在金門與馬祖之間）共匪侵擾未逞，而我軍報告慌張不確，殊堪痛心。午課後記事，批閱公文，召見空軍先烈遺族及美馬丁[2]。晚散步，晚課。

十一月二十七日　星期六　氣候：晴

雪恥：一、事業之基礎：甲、選拔部下人才（特別發掘士官天才）。乙、考核與領導方法要領。二、科學：甲、不可主觀（客觀）。乙、不可固定執一（須有伸縮彈性）。三、層層節制，嚴格督導獎懲（不可客氣）。四、分層負責（自動自覺）。五、統一指揮，貫澈命令，協調聯系，共同準則。六、通信情報保密（主官行動不得用電）之程度。七、科學教訓要旨應重在精神、養成習性，而非在方式。

1　賴即賴名湯。
2　馬丁，美國華盛頓州大學教授。

朝課後記事，入府召見張柏亭，指示譯義，召見唐廷襄[1]垂詢太平艦當時中雷後詳情畢，召見防大學員廿二人後，召集軍事會談，評判烏坵軍事之指揮不當與通信混亂情況。午課後往防大召見學員四十名，晚查對學員成績名次後，讀詩，晚課，廿二時寢。

上星期反省錄

一、共匪宣布美俘十三名為間諜，美、英輿論一致斥責，美國嚴重抗議由英轉達，試觀共匪態度究竟能不屈服乎？

二、共匪此時宣布美俘間諜罪，其作用全在刺激美國與威脅，以達其阻礙中美互助協定訂立之目的，其愚殊不可及也。

三、中美互助協定已經秘密草簽，但未發布，此乃俄、共皆所不及料也。

四、共匪想在烏坵島登陸佔領，幸空軍及時增援擊潰其船隊，未能登陸也。

五、本周審批克氏戰爭論第二篇完，本黨六十年紀念正日（廿四日）重發卅八年告全黨同志書，自覺是為重要也。

六、中央常會對立法院黨員大會不法言行之檢討與痛斥，未知果能有效乎。

本星期預定工作課目

1. 電子科學兵器之種類講解。

2. 五十一師神經病與麻瘋病兵之處理。

3. 能力薄弱之指揮官與參謀之調換。

1　唐廷襄，歷任管理員、槍砲官、水雷員、組長、中隊長和美益艦艦長等職。1954 年任太平艦艦長，11 月 14 日太平艦被共軍擊沉。

4. 軍師長調動之名冊。

5. 情報產生與處理不當之改正方法。

6. 健全人事，計算機構與制度之樹立。

7. 加強通信與聯合作戰訓練。

8. 周雨寰病症及其工作職務之解決。

9. 聯勤總部制度與組織人選。

10. 中美協定之促成。

十一月二十八日　星期日　氣候：晴

雪恥：一、防大訓示要旨：甲、防大教育之進步與改正。乙、軍事科學教育不僅注重方式，而特應注重精神及養成科學之習性，所謂科學就是要重客觀與對象解決其困難，問題求其合理解決，尤應普遍應用於各種事物。丙、選拔所部天才，更應注重基層人才。丁、通信情報與保密之重要與實施及發展。戊、研究敵情及其戰法與規範－辯證法。己、中國傳統精神與固有辯證法以及其本原－天命性道－神，對俄共鬥爭之成敗關鍵在有神與無神之別。

朝課後記事，到防大見學員卅名回，禮拜。午課後再召見學員卅八名完，研究辯證法回。膳後散步，讀唐詩，晚課，廿二時寢。

十一月二十九日　星期一　氣候：晴

雪恥：一、以黨為家的意義。二、個人生命寄托於黨，纔是生命，纔有意義。三、黨愛黨員為黨的生命。四、黨員事業成敗均有黨負其責。五、黨德與自私。六、權利觀念與指揮權隨時移交之習性。七、軍中黨部以士兵第一，為其服務。八、提高主官權力。九、解決當前問題。十、對匪心理與哲學

及其方法之研究。

朝課，記事，準備講稿要目後鑲牙。十時到國防大學第三期畢業典禮訓詞一小時餘畢，召見美顧問後，召見主任教官等及傍聽畢業學員等卅餘名，聚餐訓話回，已十四時矣。午課後鑲牙，見美奧佛雷齊[1]後，與妻車遊山上一匝。晚散步如常，讀唐詩，晚課後閱張鐵君[2]辯證法駁論。

十一月三十日　星期二　氣候：晴

雪恥：一、共匪對美抗議悍然拒絕且將原件退還，英駐北平代辦表示不能接受之意，未知美將作如何對策矣，仍將以不了了之乎。二、俄帝召集其歐洲區域安全會議，昨日開會，所到者僅為其東歐各附庸國與共匪傀儡代表作傍觀員，其他歐洲非共國家均拒不參加，此乃俄帝一大失敗也。

朝課後，手擬對軍隊黨員代表大會講稿要旨，九時到政工學校主持大會開幕典禮講詞畢，入府召見憲兵警衛隊官長後，召見蘭卿大使，屬其對軍協特別款一億美金用度，以訓練補充兵計畫為第一優先，切勿修改之意，並對其努力中兵〔美〕協定成功加以嘉勉。

1　奧佛雷齊、奧維萊希，美國中央情報局遠東區代表、駐日大使館專員。
2　張鐵君，雲南昆明人。歷任政工幹校、輔仁大學教授，著有《理則學》、《原思》、《國父思想》等書。

上月反省錄

一、共匪康藏公路之修築已於本月杪完成之報導,乃為最痛快之一事,可省我將來復國後不小之勞心也。

二、共匪對美要求釋放其非法判決為間諜罪之十三名美俘,悍然拒絕,將抗議退還,英國嚴詞斥責亦無效益,美只有將此案提出聯合國大會了之乎?

三、俄國要求召開全歐集體安全會議,以期破壞西德整軍之巴黎協定,因英、美、法共同拒絕,故俄於月杪召集其東歐各共產附庸國會議以對抗巴黎協定,不能不說俄國之失敗也。

四、本月共匪對我擾亂最大,最初其飛機轟炸我大陳本島,隨後隔日或隔周炸我一江、披山、漁山各島嶼,並於十四日擊沉我太平軍艦,此外不斷擾我媽〔馬〕祖島、烏坵島,對我金門與一江絡續砲擊,迄未終止,而俄機八日在北海道附近上空亦擊落美照相偵炸〔察〕機一架。此乃俄、匪竭力破壞反共國家聯合之陰謀,其一為想破壞西方已成之巴黎協定,其二為阻絕尚未訂立之中美協定,彼用直接間接手段,用各種方法以威脅美國,又以突然宣判美俘十三名為間諜罪更為顯露,但美終不為動,而且對我提早草簽協定,此乃共匪與俄寇所萬不及料也。而一年來之憂愁忙碌,用腦之苦,亦於本月為最大,十餘年來對美之忍辱負重,期其有成者,於此亦聊以自慰,然而大陸尚未能反攻恢復耳。

五、建黨六十年紀念如期舉行,惟本黨革命不知何日完成矣。大責重任,能不勉旃。

六、參觀美潛艇。

七、戰爭論譯本第二篇修正完畢,其他工作所得亦較多也。

蔣中正日記
Chiang Kai-shek Diaries

十二月

蔣中正日記
Chiang Kai-shek Diaries

民國四十三年十二月

本月大事預定表

1. 國防會議召開日期。

2. 美助我反攻與共匪反美之謀略組織。

3. 立法院各重要議案之督促。

4. 閩省政府主席人選之決定。

5. 中美協定正式簽訂後之注意事項。

6. 國防部年會之準備。

7. 國防大學畢業生之任用。

8. 軍師團長調動計畫之督導與方針之決定。

9. 防大參謀業務訓練班員之人選。

10. 食米外銷之督導。

11. 俄共所謂和平共存之宣傳嚴予斥責,以警告英、法。

12. 日、韓關係與亞洲反共會議之方針。

13. 中、日、韓三國與美訂立共同防衛協定之計畫。

14. 美援軍協計畫之促成。

15. 聽講戰史計畫。

16. 催促黨政軍明年工作計畫呈報。

17. 行政三聯制成績之考核。

18. 山地戰與夜戰訓練(搜索情報在內)為陸軍明年中心訓練(並保密)。

19. 消防消毒與防毒面具之訓練。

20. 五級修理廠之擴充計畫。

十二月一日　星期三　氣候：陰

雪恥：昨午課後記事，批示公文，修正對國際社問答稿，煞費心力，頗覺自慰。以共匪對美抗議拒絕後，美國朝野正對匪憤怒，苦無報復之善策時，讀余此一答案或可於彼能對我多一了解也。晚以妻喉痛發燒未外出，在家讀唐詩並閱理則學（張鐵君著），晚課，廿二時後寢。

本（一）日朝課後記事，十時到中央總動員會報，午課後批閱公文，約見美海軍次長浦來達[1]夫婦，相談一小時餘畢，入浴，讀詩，晚課。今日為余夫妻結婚廿七周年紀念，以妻患傷風，故未宴客。今夜中美互助協定在華盛頓宣布談判完成，發表聯合聲明，定於三日正式簽訂也。

十二月二日　星期四　氣候：陰雨

雪恥：一、陸戰隊司令之人選。二、國防大學副教育長之人選。三、電國華備款。四、毛邦初案之督促。五、見張鐵軍〔君〕。六、國防會議開會。

朝課後，閱美紐約時報記者索斯白瑞[2]著「史大林死後的俄國新動向」之要點，余認此為美記者必受俄探無形宣傳之影響，不能信以為真也，但應詳加審閱後再定其虛實也。入府主持動員月會後，召見賈嘉美[3]牧師與反共義士由歐美訪問回來者五人畢，批閱公文。正午宴中央委員，由外交部報告中美協定經過及其內容，眾皆贊成。午課後到特別黨部大會閉幕禮致訓回，喉痛力疲。晚讀唐詩，心神不樂，晚課後寢。

1　浦來達（Albert Pratt），又譯浦拉特、浦萊特，美國海軍助理部長。
2　索斯伯瑞（Harrison E. Salisbury），美國《紐約時報》記者，1949 年至 1954 年擔任《紐約時報》莫斯科分社社長。
3　賈嘉美（James R. Graham III），1950 年到臺灣，1951 年起在各地教堂宣講，1953 年參與創辦中原理工學院。

十二月三日　　星期五　　氣候：陰雨

雪恥：一、訓練與實戰並重：甲、見四水蛙登灘即躲避。乙、大風中官長巡哨，以口令不清為哨兵擊斃。丙、遙見敵方大風吹來空漁船即認敵乘船，開槍射擊多時，最後只見空船飄來靠岸。二、夜間教育與前線情報教育第一。三、挑選適才適事士兵與專長測驗及特種訓練。

朝課後記事，入府會客後，召集情報會談畢，批閱公文。午課後批閱公文，檢查目疾，眼珠內部黑點全消，反比去年良好，但右眼角時常發炎，且不能長時閱讀，惟視力如常耳。與劉玉章談話，詳詢金門與烏丘軍情約一小時。晚宴美原子管制會卜瑞克[1]等議員，談至廿一時半辭去。晚課後寢，以喉癢不適又失眠矣。

今晨五時中美互助協定在華盛頓正式簽訂。

十二月四日　　星期六　　氣候：陰沉

雪恥：一、明年度各軍事學校教育與課程之檢討與改正。二、夜戰（搜索警戒，情報保密，聯絡掩護）、山地戰（襲擊突擊）與縱深防地之攻擊及渡河潛水戰為主要課目。三、政工高幹入參校。四、軍政府（戰地政務）之組織制度確定。

朝課後批示，重審「蘇俄新動向」要目。上午入府召見參校顧問後，另見晉升將級者六員，王昇[2]最有希望。召集軍事會談，指示明年工作計畫之重點。

1　卜瑞克（John W. Bricker），美國共和黨人，曾任俄亥俄州州長，1947 年 1 月至 1959
　　年 1 月任參議員（俄亥俄州選出）。
2　王昇，字化行，江西龍南人。1953 年 1 月任政工幹部學校教育長，1955 年 12 月任政
　　工幹部學校校長。

重閱孫表卿[1]先生手書，以其八五之年，望我再能一見之言，無任感動，古鄉耆舊至今所存者，恐惟此一人耳。午課後批閱公文。晚記本月工作預定表，以傷風未敢外出，廿二時前寢。

上星期反省錄

一、中美互助協定已於三日晨正式簽訂成立，此乃十年蒙恥忍辱，五年苦撐奮鬥之結果，從此我臺灣反攻基地始得確定，大陸民心，乃克振奮，此誠黑暗中一線之曙光，難怪共匪之叫囂咒罵，可知其心理之恐怖為如何矣。天父賜我如此之厚，能不勉旃。

二、特別（軍隊）黨部第二屆代表大會，完成其開會與閉會二次訓詞，自信其有效益也。

三、國防大學第三期學生畢業，致訓一小時半，未知果能有效否。

四、將官晉升人員十餘名已召見完畢。

本星期預定工作課目

1. 日月潭遊憩。
2. 修正各講稿。
3. 省察本年工作。
4. 擬訂明年度工作計畫。

1　孫表卿，名振麒，浙江奉化人。曾任浙江省議員、四明日報社經理、鴻慶輪船公司董事長、奉化孤兒院院長、奉化農工銀行總經理、寧波棉業交易所理事等。1929 年退休家居。

5. 巡視臺中故物儲藏庫。

6. 副師長以上高級將領成績之詳報。

7. 辯證法與理則學之研究。

8. 黑格爾[1]辯證法等原著作之搜集。

9. 元旦文告之準備。

10. 實踐學社教育新計畫與研究院之教育改正。

11. 整頓博物館。

十二月五日　星期日　氣候：陰

雪恥：一、電葉[2]留蔡斯。二、發胡、顧、陳、俞[3]年金。三、電俞[4]備款。四、整理博物館。五、陸戰隊與防大教育長人選。

朝課後記事，審閱本年大事預定表，及大戰期間與法國交涉關係公文，亦有益也，禮拜如常。正午夫妻同往博物館，參觀義大利畫刊家作品展覽會，見博物館之污穢與敗落異甚，乃歎我國行政各主官之無識無能，不知何以建國矣，奈何。午膳後夫妻起飛至臺中，下機後乘車轉日月潭，仍駐涵碧樓，已十七時矣。入浴，氣候較冷。晚讀唐詩，晚課後廿一時就寢。

1　黑格爾（G. W. F. Hegal, 1770-1831），德意志地區哲學家。
2　葉即葉公超。
3　胡、顧、陳、俞即胡適、顧維鈞、陳立夫、俞國華。
4　俞即俞國華。

十二月六日　星期一　氣候：晴

雪恥：菜根譚引「勸君莫話封侯事，一將功成萬骨枯」。又云「天下常令萬事平，匣中不惜千年死」，此最後一句甚費解也。

朝課後記事，記上周反省錄，擬電稿二通後，審核洪自誠著菜根譚。午課後續審菜根譚，與妻乘舢板遊光華島後即回，至晚菜根譚前後集皆審核完畢，擬刪除其消極無為者廿五條，其餘皆重編付印，或於國人修養有益也。晚課後廿一時出外觀月後就寢。

十二月七日　星期二　氣候：晴

雪恥：一、軍隊每周例假，應在星期日以外選一日為宜。二、覆葉[1]電，對艾克應有表示與談話要旨。

朝課後在湖上涵碧樓前散步、遊覽。朝膳畢記事後，修改陸軍官校廿七期開學訓詞。午課後續修訓詞至十七時完，與妻遊湖約三刻時回。入浴後聽報，英國贊成中美協定與警告共匪不可攻擊我外衛島嶼之明白表示，是英對我政策已漸轉變乎。晚課前後觀月心清，不覺身在仙境矣，天之厚我極矣。

十二月八日　星期三　氣候：晴

雪恥：一、羅司泰[2]著中共前途論文，其對共匪之軍事、政治、經治〔濟〕及其黨的內部皆研究頗詳，且多中肯，但其對於民族精神、文化傳統以及民心向背根本問題，則略而不談，尤以其內部團結一點特別重視，是其僅以普通

1　葉即葉公超。
2　羅司泰（Walt W. Rostow），美國麻省理工學院（MIT）教授，1954 年為艾森豪總統提供經濟和外交政策建議。該書原名 *The Prospects for Communist China*。

政治與蘇俄歷史為根據立論，而未能以國民革命之理推論共匪結果之必敗也。朝課後在樓前觀湖散步，朝餐後記事畢，修正研究院後期教育第四期開學講詞，至正午方完。午課後審閱本黨組訓會議講詞後，與妻遊湖回，聽讀新聞。晚膳後月下散步半小時，晚課後寢。

十二月九日　星期四　氣候：晴

雪恥：一、對愛克表示其此次中美協定之訂立，是乃其對國際政治之遠見，如非有慧眼巨魄，不能下此決心也。此約訂成以後，百年來中、美兩國傳統之友義幾乎是斷而復續，對於今後太平洋與遠東之永久和平，亦由此而奠定其始基，遙望容儀，無任欣祝也。

朝課後着手修正組訓會議講詞半篇後，朝餐畢，與妻乘車至臺中之霧峰附近故宮文物儲藏室參觀古畫，前後約三小時。午課後巡視防空洞，不甚深厚為慮。晡回涵碧樓續修講詞完，膳後獨自乘船遊湖，惜月光為雲所蔽也。晚課後廿一時半寢。

十二月十日　星期五　氣候：晴

雪恥：一、至大至剛，直養無害，充塞宇宙的正氣，永久不變的真理，萬古常新的精神。二、宇宙是有生命、有主宰、有真理的。三、惟有中和之道，纔能天地定位，萬物並育，其人生事業與歷史且能可大可久。四、惟有正氣纔能不屈不撓，百折不回，能屈能伸、不憂不懼，始終如一，生死以之。

朝課後記事，手擬復葉等電稿畢，朝餐散步，讀修講稿畢，聽讀新聞。午課後略審國防大學畢業典禮講詞，關於唯物辯證法批評一段，須自重改也。十六時與妻遊湖至進水口視察，回時已黃昏矣。晚續審講稿，膳後與妻在街上購物散步，並在月下遊湖片時乃回，晚課。

十二月十一日　星期六　氣候：晴　未刻陰霧忽寒

雪恥：今晨三時醒後，考慮今後如何能加強對美宣傳與運用功效，以提早我反攻大陸時機，再三思索，只有：一、充實本身實力，完成卅六個師開字計畫。二、要求美國加強援助，自必促成共匪反美程度。三、只有激起共匪反美情緒，而後美國更能同情我反攻。四、促成共匪向外侵略行動（對越、對泰、對緬、對韓），使共匪為西方各國之敵。五、預防共匪加入聯合國應有準備。

朝課後修改唯物辯證法之評判講稿，除朝膳、理髮外，窮半日之力修成初稿，此為數年來所欲從事之要務，而今得初步完成，自感欣慰。午課後審定軍校廿七期開學講稿完，與妻遊覽文武廟，茶點，自湖邊登廟，足有卅〔三〕百餘級之高，夫妻相偕步登，甚感健步為喜。晚初審防大講稿完，晚課，廿二時寢。

上星期反省錄

一、本周夫妻同來日月潭，甚想遊憩數日，但仍忙碌工作，幾無一日之暇，惟所完成工作亦不少也：甲、菜根譚審編初稿完成。乙、陸軍官校開學訓詞。丙、黨的組訓會議訓詞。丁、研究院後屆第四期開學訓詞。戊、唯物辯證法批評講詞之初稿，皆悉心修改完成，自信對今後反共教育皆大有補益也。

二、英國輿論對中美協定多以限制我反攻，可望東亞苟安為解，而其政府亦以此為樂，故未加反對，但其決非好意也。英、法密謀共匪加入聯合國，以期俄共之妥協為條件，其心未死也。

三、日本內閣改組，鳩山[1]繼吉田[2]上臺，而以重光[3]任外交，結合其左右翼社
　　會黨，以對俄共建立外交關係為其條件，危險極矣，應設法補救之。

本星期預定工作課目

1. 戰區指揮機構組織之研究。

2. 中美訂約後共匪軍事動向之研究。

3. 對周[4]匪反對中美協定宣言之研究。

4. 大陳司令官人選。

5. 陸戰隊司令官人選。

6. 巡閱通信與情報學校。

7. 防大畢業生之任用計畫。

8. 明年度工作預定計畫。

9. 共匪戰法應令各軍校專課講授。

10. 廿八問題剿匪答案列入重要資料。

1　鳩山一郎，1954 年 11 月，組成日本民主黨，擔任總裁，12 月成為內閣總理大臣。第
　　一次鳩山一郎內閣成立。

2　吉田茂，日本東京人。1947 年 4 月至 1963 年 10 月為日本眾議院議員，期間 1948 年
　　10 月至 1954 年 12 月，出任日本第四十八至五十一任首相。

3　重光葵，日本在二戰結束時的外務大臣，活躍於一戰以後至二戰中日韓滿洲國政壇外
　　交和二戰，長達四十年。1954 年至 1956 年第一至三次鳩山一郎內閣時，再次出任外
　　務大臣。

4　周即周恩來。

十二月十二日　星期日　氣候：陰

雪恥：一、共匪戰術書藉〔籍〕資料之研究。二、防大對俄共戰術思想、特別情報有關之課程增加（西安事變至今已十八周年矣）。

朝課後記事，記上月與上周反省錄後，審核組訓會議講詞之最後定稿畢，巡視日月潭之載播電臺，為諸孫購備玩具。膳後巡閱別館，即為將來建築第五基督凱歌堂之基地也。十三時與妻乘車至臺中換機起飛，十六時抵臺北，回寓入浴後，修正防大訓詞稿。晚散步後閱港報，晚課，廿二時寢。

本日體重廿四磅半。[1]

十二月十三日　星期一　氣候：陰

雪恥：一、電麥克尼爾由葉[2]轉乎。二、電俞[3]再籌款。三、共匪戰法之研究，各軍校設立特課。四、各軍長以上各將其在贛剿匪經驗，向各校專題報告（一小時至三小時）。五、廿八問題剿匪答案應在戰術研究中引述。六、各部長津貼令俞[4]酌發。

朝課後記事，修正國防大學畢業典禮訓詞上半篇，盡半日之力乃完。午課後批閱公文，清理積案，今年大半堆積不急要之文件約五十餘通，皆已整理完畢，心神亦為之一清也。晡審閱研究院後階段第三期畢業訓詞，尚易修正也，晚散步後閱港報，晚課，廿二時寢。

1　原文如此。
2　葉即葉公超。
3　俞即俞國華。
4　俞即俞鴻鈞。

十二月十四日　星期二　氣候：陰

雪恥：一、見高玉樹，整頓博物館。二、電董[1]轉緒方[2]勸慰。三、副師長以上將領成績之詳報。四、對軍政明年度工作重點之指示。

朝課後修正研究院結業講稿，足費二小時之時間完。入府召見張鐵君同志，屬購黑格爾原著書藉〔籍〕並見黎東方[3]等後，召集一般會談，中、美訂約後對於國內各黨與反動領袖學者，皆應示以寬容與和偕之意。正午文孫來辦公室請求寫字，以本日為其二十歲生日作紀念，余乃寫「孝悌忠信」以賜之。午課後記事，擬葉、俞電稿，批閱公文，擬答美記者二十餘問題稿，甚費心力。晚宴芳澤大使，受〔授〕勳，以其辭任也。對日本政局為慮，切勸其自由黨領袖緒方無條件自動支持民主黨執政，以期共同消除日共大患也。

十二月十五日　星期三　氣候：陰

雪恥：昨晚與芳澤談話，對日本政治之憂慮，切勸其保守各黨派之合作團結以消除共患，否則三年內共禍必在日執政猖獗，則各保守黨派皆將無立足之地以戒，事後自覺精誠太過，但此心甚慰，並不愧悔。晚課後入浴，廿二時半寢。

朝課後記事，修正講稿。十時到中央常會，議決電力加價案方針之指示，並對特別黨部要求設立革命實踐研究分院事不准。午課後手擬日本自由黨總裁緒方竹虎電稿畢，請日本眼科專家馬詰[4]檢查目疾，彼稱余之眼睛神經血管皆

1　董即董顯光。
2　緒方竹虎。
3　黎東方，原名智廉，河南正陽人。1948 年任貴州大學歷史學系主任。1949 年後來臺，在臺灣大學、淡江大學、中國文化學院教授近代史。1954 年 10 月與林語堂在新加坡創辦南洋大學。
4　馬詰嘉吉，東京醫科大學教授，1954 年來臺指導。

為最純潔優良之目也。晡審閱辯證法第二次稿，尚須詳加修正。晚課後電療右手關節，廿二時半寢。

十二月十六日　星期四　氣候：晴

雪恥：俄帝對我控訴截留其油輪陶普斯號為海盜行為案，及控訴美國侵略臺灣案，忽於前日其自動撤消，而以公海航行扣船案，聯合國交法律組研究了事，此又俄帝誣控之一重大失敗也。

朝課後重補辯證法講稿，十時入府召見陳百年（大齊）[1]、高玉樹等八員畢，補修講稿。午課後記事，補修講稿後，見美廣播記者，問答約半小時。晚續補講稿，與妻車遊山上一匝，電療右手，廿二時半就寢。

十二月十七日　星期五　氣候：晴

雪恥：一、陳、張、俞[2]會談換文應不發表之方針。二、參謀部務會議令各總司令參加。三、代總長校閱陸軍部隊時，陸長必須陪往。四、閩省主席調換。五、代總長之除真時期，與聯勤代總司令問題之解決。

朝課後續補講稿一段，十時入府見陳啟天[3]、吳靜[4]等十餘員畢，召集財經會談後，為美廣播記者魯易斯[5]重照電影。午課後記事，續補講稿又一大段，再請

1　陳大齊，字百年，1948 年夏，任總統府國策顧問；1949 年，專任臺灣大學教授。1954 年，政治大學在臺復校，出任首任校長。
2　陳、張、俞即陳誠、張羣、俞鴻鈞。
3　陳啟天，字修平，1950 年 1 月，任中國青年黨秘書長，旋代理主席。10 月創辦《新中國評論》月刊。
4　吳靜，字清源，時任國防醫學院物理醫學系主任。
5　魯易斯、劉易士，美國電視廣播評論家。

馬詰檢查目病，最後結果認為目珠水晶體純潔無恙，所患只外層發炎，可以醫痊，彼以余目光在此年齡能無異狀，甚難得也。晚膳後散步半小時餘，晚課後電療畢寢。

十二月十八日　星期六　氣候：晴

雪恥：一、高級指揮官不得組織經濟營業機構，戰地與軍營合作社福利事業必須由後勤部主持，若將領在營地營業或發生關係時，應以貪污營私之罪處治。二、劉廉一調職。三、胡欣〔炘〕繼任。

朝課後記事，續審講稿。十時入府召見王任遠[1]、郭克悌[2]等八員畢，召集換文會議，商討結果俞[3]院長已對其院會談明，等於公開，故聽其宣布。又對齊世英[4]在中央反對決議破壞政策，決開除其黨藉〔籍〕以整紀綱。召集軍事會談，解決第二期充實兵額計畫，先補足廿一師也。午課後補充講稿，約見美友畢，再核講稿，膳後散步，晚課後廿三時前就寢。

1　王任遠，河北清苑人，出身軍旅，1946 年為制憲國民大會代表。1948 年在天津市當選第一屆立法委員。1954 年 12 月出任中國國民黨中央委員會第二組副主任。
2　郭克悌，號書堂，河南孟津人。1949 年 4 月，任臺灣工礦公司董事長。1953 年籌設農工學院，1955 年 10 月定名中原理工學院，代理董事長兼院長。
3　俞即俞鴻鈞。
4　齊世英，字鐵生，遼寧鐵嶺人。創辦東北中山中學及《時與潮》雜誌，1948 年 1 月當選立法委員。1949 年到臺灣，1954 年在立法院反對臺電漲價，遭國民黨以反對黨中央政策為由開除黨籍。

上星期反省錄

一、近來夫人歡悅異常，只見其快樂自得，對工作更為興奮積極，但日內已感疲乏有病矣。

二、本周為批評辯證法之講稿，以及本年所積而未修之重要講稿數篇修整，工作朝夕無間，全力完成，心神為之一快。

三、致緒方竹虎電，意勉其與民主黨合作以消除日共之殷患，甚望其能實踐也。

四、俄國在聯合國控我截捕其陶普斯號為海盜行為，以及其控美侵臺案皆歸失敗矣。

五、英國在聯合國代表聲明共匪如進犯臺灣，即為對聯合國會員國侵略，英國當與美一致，以盡其對聯合國之義務，此為英國對華政策之新態度乎。

本星期預定工作課目

1. 元旦文稿之審修。

2. 明年度軍政重要政策之指示。

3. 中美軍事聯席會議之提案。

4. 對雷德福談話要目。

5. 聯席會議方針之研究。

6. 軍隊人事調動計畫。

7. 軍事高級人事（彭、黃、劉[1]）之決定。

8. 聯勤制度之催報。

---

1 彭、黃、劉即彭孟緝、黃仁霖、劉玉章。

十二月十九日　星期日　氣候：霧雨

雪恥：一、約見孫連仲[1]與馮仰之[2]夫人。二、空軍官長轉政工必先受政工訓練。三、民防重要。四、與其裁汰人員，不如考核成績以定用舍。五、擬訂戰時生活及戰時社、政、經措施法規。

朝課後增補講稿，十時後往祭馮治安之喪，與往蔣林鎮公所選舉縣議員投票回，禮拜，增補講稿（辯證法）人生之生活與生命的意義與目的一大段，直至十八時方完，午課如常。晚膳後為夫人題畫（春、夏、秋、冬）四幅，幸未脫誤，自覺精力勝常也。晚課後廿二時寢。

十二月二十日　星期一　氣候：陰晴　夜雨

雪恥：一、對美雷德福談話要目。二、中美聯合會議之提案準備：甲、空軍機場增修數。乙、大陳、金門與媽〔馬〕祖必須在協防範圍之內。丙、外島補給之運輸工具。

朝課後記事，審閱陶[3]擬元旦文稿，尚可用也。十時到研究院紀念周講演，中美協定訂立後，甚恐政軍黨民皆惰心復發，重蹈抗戰時代加入聯盟為四強之一後情形，以致大陸失敗之覆輒〔轍〕為慮，並宣布開除齊世英黨藉〔籍〕案。午課後增補辯證法講稿完成，晚課後寢。

1　孫連仲，字仿魯，1949 年 3 月到臺灣，任總統府戰略顧問，11 月至 1950 年 3 月兼任東南軍政公署政務委員會敵後軍政指導委員會主任委員。1956 年 1 月退役，任總統府國策顧問。

2　馮治安（1896-1954），字仰之，河北故城人。1949 年隨政府到臺灣，任國民大會代表、總統府戰略顧問、光復大陸設計委員會委員等職務。1954 年 12 月 16 日，因腦溢血病逝臺北，追贈為陸軍二級上將。

3　陶即陶希聖。

十二月二十一日　星期二　氣候：陰

雪恥：一、聯勤制度從速決定。二、高級軍官調職案之催報。三、地維賴以立，天柱賴以尊，三綱實繫命，道義為之根一段，應增補於辯證法批評中之主宰一節之內。四、即凡天下之物一段，亦應增補於了悟辯證法之後的一段之內。

本晨觀錶誤時，故七時半方起床，朝課後核定辯證法批評講稿，作最後一次之脫稿。十時入府見孫仿魯後，即開國防會議，至十三時半方完。午課後記事，記上周反省錄，入浴，膳後散步，重審元旦文稿，須詳加修正也，並批示第二次世界大戰史稿，發還重修。廿二時晚課。

十二月二十二日　星期三　氣候：陰

雪恥：一、明年度工作計畫之重點：甲、軍事建設之充實要目。乙、補充兵之如數訓練完成。丙、實踐學社高級教育之完成。丁、大陸情報之特別加強。戊、傘兵編訓之爭取。己。對外宣傳組織之加強。二、外交方針與進行步驟。三、對日經濟貿易之發展。四、東北亞反共聯盟之進行。五、四年經濟建設計畫。六、共匪對東南亞之擴張行動。七、黨務以社會鄉里與小學教育為主。八、政治以農會、水利、戶藉〔籍〕之建整為主。

朝課後記事，核定步兵團長調整名冊完。十時前召見章勳義[1]，此為有為之華僑同志也。主持中央常會。午課後往視周雨寰病，甚覺悲傷。十六時起飛來高雄，膳後散步半小時回，重審（黑格爾辯證一段）講稿，頗覺有得，晚課後寢。

1　章勳義，印尼僑商，1950 年代曾任雅加達中華總會理事長和零售商公會主席等職。創辦自由報、中山中學，任董事長。1954 年 10 月，被印尼政府驅逐出境，返回臺北，獲頒「榮譽市民」。

十二月二十三日　　星期四　　氣候：晴

雪恥：浩蕩壯濶之色，磅礴雄偉之氣，澎湃宏遠之聲，隆重鉅大之音，令人心擴神靜，瀾濤波浪之感人如是乎。

朝課後記事畢，重審辯證法講稿後，考慮明年度工作重心與政策要點頗切，關於高級將領之人事調整更為費力也。手擬彭[1] 代總長令稿七、八通，皆改革軍事，對於國防大學教育之指示特多也。午課後審閱皮宗敢對防大教育報告，頗有益也。晡散步片刻即回，晚膳後散步，讀唐詩，晚課，廿二時寢。

十二月二十四日　　星期五　　氣候：晴

雪恥：一、對雷德福商談要點。二、明春中美聯防會議意義與要旨。三、高級將領調職名單之決定。

朝課後獨出海濱散步，並巡視樓傍種竹地點回，記事。十時到海軍總部，舉行官校畢業典禮致訓後，巡視兩棲作戰司令部，召見海軍美顧問後點名，聚餐畢，到臺南起飛回蔣林，修正元旦文稿及辯證法講稿。晚經兒全家、緯兒與辭修、仁霖二家皆來團聚。膳後黃[2] 扮老公公分給聖誕禮物，今年夫人籌辦特多，且皆精品，小孩最喜愛之物，故武、勇二孫尤樂也。晚課後廿二時後寢。

1　彭即彭孟緝。
2　黃即黃仁霖。

十二月二十五日　星期六　氣候：陰

雪恥：法國下議院否決西德整軍之巴黎協定乃非驚人之事，可知俄帝在法滲透與運動之烈，不禁為西方反共陣形之薄弱與危殆矣。

本日為耶穌聖誕，六時起床天尚未明，朝課，體操，讀經唱詩，閱荒漠甘泉[1]，夫妻並肩默禱如常，靜坐卅分餘時畢，記事，修整元旦文告第二次稿。十時入府會客，召見調職人員後，與俞[2]部長談聯勤制度後，召集軍事會談，研討參謀本部內設立聯合作戰指揮部之制事，未能決定。正午宴曾寶蓀與費吳生[3]夫婦、郝益民[4]夫婦等畢，午課後再修第三次稿。晚審閱張曉峯、陶希聖、張鐵君等對辯證法意見書，多可採用，可知吾黨博學之士不少也。晚課後廿二時半就寢。

上星期反省錄

一、法國會否決德國整軍之巴黎協定，表現其西方反共陣線之薄弱無力，即
　　使將來能再勉強通過，亦不會增強其反共之實力。果爾，則不如今日之
　　否決或於將來反為有益也。

二、緬甸總理宇努[5]訪毛匪，南國總理狄托訪印度，以及上月尼黑魯訪毛匪，

1　即 *Streams in the Desert*，基督教靈修書籍，由美國作家高曼夫人（Mrs. Charles E. Cowman）編撰，一日一課，首舉聖經新、舊約經文章節，然後選輯宗教名家對此一節經文的講解、闡釋或證道之詞，並附載有關詩歌。1920 年初版，曾譯為多國語言，中文譯本即《荒漠甘泉》於抗戰期間問世。

2　俞即俞大維。

3　費吳生（George Ashmore Fitch, 1883-1979），美國長老教會傳教士，長期於中國傳教，戰後並服務於聯合國善後救濟總署。1952 年 1 月美國援助中國知識人士協會成立，擔任遠東區總代表兼臺灣分會主任。

4　郝益民（Dick Hills），早期在河南傳教，基督教歸主協會創辦人，受蔣宋美齡夫人邀請來臺宣教。

5　吳努（U Nu），又譯宇努、努，緬甸政治家，1948 年 1 月至 1956 年 6 月任總理。

皆表現國際無主與小醜跳梁之杌隉情勢也。

三、辯證法駁論定名為「解決共產主義思想與方法的根本問題」，完全脫稿矣。

四、高雄休息一日，今年未了之事大都補足，明年工作政策之考慮亦具有輪廓，自覺得益甚多。雖曰休息，其實避囂靜思，費神最力，平生重要進步之時期往往如此也。

本星期預定工作課目

1. 彭、黃[1] 對調？
2. 孫[2]、黃振〔鎮〕球對調。
3. 黃仁霖調聯勤司令。
4. 黃占魁調陸軍後勤司令。
5. 劉廉一調參校校長或陸戰隊司令。
6. 汪奉曾調參校教長或防大教育長。
7. 陳嘉尚升空軍副總司令。
8. 實踐學社下期學員之人選。
9. 電美武官問尼事。
10. 對雷談話要領之準備。
11. 對明年美援數目之催報。

1　彭、黃即彭孟緝、黃仁霖。
2　孫即孫立人。

十二月二十六日　星期日　氣候：陰

雪恥：一、學社教育課程應以前交美顧問之課程為基礎，再加上對共匪六種戰法及戰史與中日戰爭之研究，又對俄共情報與俄國之歷史、地理、社會與民族之研究。

朝課後綜核各幹部對辯證法批評之意見後，審定可以採用各點後，重修元旦告書第三次稿。十一時禮拜，正午記事，記上周反省錄，審擇各友送來之聖誕賀片十餘張。午課後與妻乘車視察大溪別墅，行將改造也。十八時回重修文稿及檢閱三年來元旦各文告，決定明日紀念周朗誦本年元旦文告。晚膳後散步，讀唐詩，晚課，廿二時前寢。

本日體重增至一百廿七磅。

十二月二十七日　星期一　氣候：晴

雪恥：一、政治新風氣，活潑的新精神，蓬勃的朝氣，樸素的生活。二、反共抗暴，爭取自由。三、戒除投機取巧的惡習、重私輕公的貪風。

朝課後審閱本年度預定總工作表後，摘錄未完成而應改正的各點要目，黨政軍各部門，綜核約四十餘條作為本日講稿。十時到研究院紀念周，宣布本年度黨政軍各部總成績並講詞回，記事。午課後閱港報，到空軍總部參觀美國明星勞軍，昔日電影中所見者今始見，其實際表現甚為滑稽，其藝術美在自然也。晚重擬元旦文稿，散步，晚課。

十二月二十八日　星期二　氣候：晴

雪恥：一、發勵〔厲〕生、林醫生[1]等節金。二、令行政院津貼各部長經費。三、高級將領人事調動。四、山地與搜索訓練、特別專長訓練。

朝課後續擬元旦文告，十時入府召見十餘人，與立人討論兩棲訓練之師長與參長參加或特別訓練。召集宣傳會談，自覺容辭過於嚴勵〔厲〕，恐被認為驕矜也，戒之。午課後記事，約見和蘭記者[2]照相畢，續完文稿後，與妻車遊山上一匝。晚重審辯證法批評最後稿，散步，晚課，廿二時寢。

十二月二十九日　星期三　氣候：晴

雪恥：一、窮宇宙之奧秘，究天人之極則，力求創造發展，竭盡天賦之職責，乃為人生之本務，非如此不得謂之人，是日天賊。二、共匪最怕面對真理。

朝課後重修元旦文稿第三次，十時到中央動員會報，指示明年度政治、經濟、社會、文化各組之工作重心。午課後記事，審定解決共產主義思想與方法的根本問題（即辯證法批評）講稿。晚膳後散步畢，重審元旦第四次文稿，夫人認為散漫重複，為向來文告中所未見者也，擬再加修正。晚課後廿二時寢。

十二月三十日　星期四　氣候：晴

雪恥：一、發年節金，匯左[3]款，由許孝炎轉。二、政治新風氣。三、社會服務與實踐運動。

1　林和鳴，廣東揭陽人。1952 年 4 月任國防醫學院外科學系主任教官，主持眼科。1958 年 11 月出任榮民總醫院眼科籌備主任。
2　1954 年 12 月 28 日蔣中正伉儷應荷蘭廣播公司記者范斯班邀請拍攝生活照片。
3　左即左舜生。

本晨五時醒後，妻以元旦文告昨夜譯成後，終覺散漫為念，乃於六時前起床。朝課後即着手修改文稿。十時入府，召見出國與調職人員十餘人畢。岳軍來談，英國近主張承認兩個國，中國與印度等中立國家，明年亞洲各國會議已約共匪與日本參加予會。對於國際多所顧慮，建議余應訪美，加強中美關係，余不甚為然。記事，午課後入浴，核定元旦文稿（第六次），方作最後決定。雷德福夫婦來聚餐，談國際一般情勢，彼認愛克主張和平而非與共產共存之意，乃團結與國不能不如此也，彼不認報復為必待俄來攻美，而乃待其侵略任何一個與美有互助協定之盟邦時，即起而報復也。晚課，廿二時半寢。

十二月三十一日　星期五　氣候：陰晴

雪恥：一、西銘：天地之塞，吾其體。天地之帥，吾其性。民吾同胞，物吾與也。……凡天下疲癃、殘疾、惸獨、鰥寡，皆吾兄弟之顛連無告者也。於時保之，子之翼也。樂且不憂，純乎孝者也。……知化則善述其事（訂頑），窮神則善繼其志（砭愚）。不愧屋漏為無忝，存心養性為匪懈。……違日悖德，害仁日賊，濟惡者不才，其踐形唯肖者也。

六時後起床，記事，審閱元旦文告。十時入府召見查良鑑，聽取其在美辦理毛邦初案及其偷盜公款六百餘萬美圓，盡三年之久，幾乎皆有着落，實為吾黨之優才也。聽取俞、彭[1]等報告其與雷德福談話經過情形，較為順利也，批閱要公。午課後手擬與雷商談要旨。晡與妻車遊淡水回，入浴，審閱解決共產的根本問題，晚課，讀詩。

1　俞、彭即俞大維、彭孟緝。

上月反省錄

一、本月三日中美簽約時，余電愛克祝賀，而彼不覆電，此不僅不守國際之慣例，而其對本約之強勉或無視與不願之心理甚明，應特加注意其今後之發展形勢如何，不可忽視。

二、軍隊特別黨部第二屆大會完成，王生明參加開幕禮後，即回一江山防地指揮其游擊大隊。

三、共匪青藏公路與包庫鐵路修通。

四、齊世英在立法院屢次違反中央決議，乃決開除其黨藉〔籍〕。

五、經濟漸趨不穩。

六、電力加價案在年杪通過。

七、修正講稿多篇，與駁斥唯物辯證法工作開始。

八、英國艾登[1]對中美互助協定聲明贊成，英在聯合國代表亦正式聲明，如共匪攻臺，即認其為對聯合國之會員國作戰，英乃與美協同作戰，此為怪事，孰知其皆為兩個中國陰謀之伏筆，其用意仍在臺灣托管與毀滅中華民國而已。

九、俄在聯合國大會中，控我截留其陶普斯油輪為海盜行為並控美侵華案，忽於大會閉幕前夕自動撤消，是其又一失敗也。

十、法國會對德復軍案先行否決後乃通過。

十一、狄托訪印、緬。

十二、緬總理宇努訪匪。

十三、可倫陂國家在印尼開會，定明春召集亞非會議。

十四、本月夫人身心皆特別健康為慰。

1　艾登（Robert Anthony Eden），英國保守黨成員，國會議員，1951 年 10 月至 1955 年 4 月任外務大臣。

蔣中正日記
Chiang Kai-shek Diaries

雜錄

蔣中正日記
Chiang Kai-shek Diaries

雜錄

呂涇野[1]云：道心惟微之「微」字，解為徒守此義理之心，不能擴充，不發於四肢，不見於事業，但隱然於念慮之間，未甚明顯云。又云：人心惟危之「危」字，解為此心發在形氣上，便蕩情鑿性，喪身忘家，無所不至，故曰危云。一月十五日抄去春記錄。

陽明曰：只念念要存天理，即是立志，能不忘乎此，久則自然心中凝集，猶道家所謂結聖胎也。又答：聖人講求事變（應變不窮）亦是照時事，然學者卻須先有個明的功夫，學者惟患此心之未能明，不患事變之不能盡。又云：聖人之心如明鏡，只是一個明，則隨感而應，無物不照云。昨晚觀此數節，更覺心有所得，乃是修養進步之考驗，以從前讀此並不有如此了解耳，此乃非修養功夫到此地步不可也。二月五日晨。

又曰：除了人情事變，則無事矣。喜、怒、哀、樂，非人情乎，自視、聽、言、動以至富、貴、貧、賤，患難死生，皆事變也。事變亦只在人情裡，其要只在致中和，致中和只在慎獨。

又曰：身之主宰便是心，心之所發便是意，意之本體便是知，意之所在便是物。

又曰：夫目可得見，耳可得聞，口可得言，心可得思者，皆下學也。目不可得見，耳不可得聞，口不可得言，心不可得思者，上達也。……故凡可用功，可告語者，皆下學。上達即在下學裡，凡聖人所說雖極精微俱是下學，學者只從下學裡用功，自然上達，不必去別尋個上達的工夫。

1　呂柟（1479-1542），字大棟，又字仲木，號涇野，學者稱涇野先生，陝西高陵人，明代學者、教育家。

陸澄[1]問：仁義理智之名，因已發而有。曰：然。他日澄曰：惻隱、羞惡、辭讓、是非，是性之表德耶？曰：仁義禮智也，是表德，性一而已。自其形體也，謂之天。主宰也，謂之帝。流行也，謂之命。賦於人也，謂之性。主於身也，謂之心。心之發也，遇父便謂之孝……自此以往，名至於無窮，只一性而已。猶人一而已。對父謂之子……自此以往，至於無窮，只一人而已。人只要在性上用功。看得一性字分明，即萬理燦然。以上二月八日錄傳習錄。

五月八日上午。大陳高山谷。

離鄉別井	已越五載
定海撤守	三九、四卅
歲月如矢	今回浙海
心縈墓廬	翹望不見
備戰將成	反攻再來
滅共殲俄	還我河山
大陸光復	民國重建
民慶更甦	主義實現
退歸鄉井	墓廬重展
平生夙志	豈有他哉

六月廿四日。陽明曰：吾輩用功，只求日減，不求日增。減得一分人欲，便是復得一分天理，何等輕快脫灑。

1　陸澄（1491- ？），字元靜，一字清伯，浙江歸安人，明代政治人物。

羅列、羅友倫、賴[1]、宋達

副部長　　孫[2]　黃震〔鎮〕球

參總長　　桂[3]

陸總　　　周[4]或黃[5]　參長　吳[6]

海總　　　梁序昭

聯總　　　黃[7]代

防會秘長　周[8]

動員局　　蕭[9]或黃振〔鎮〕球

參軍長　　馬　孫[10]

副總長　　徐[11]　馬[12]　彭[13]

政治部　　張彝鼎

安全部　　黃珍吾　彭[14]　賴[15]　陳大慶[16]

1　賴即賴名湯。
2　孫即孫立人。
3　桂即桂永清。
4　周即周雨寰。
5　黃即黃杰。
6　吳即吳文芝。
7　黃即黃仁霖。
8　周即周至柔。
9　蕭毅肅，原名昌言，四川蓬州人。曾任國防部參謀次長，1951年3月，任副參謀總長。
10　孫即孫立人。
11　徐即徐康良。
12　馬即馬紀壯。
13　彭即彭孟緝。
14　彭即彭孟緝。
15　賴即賴名湯。
16　陳大慶，字養浩，江西崇義人。原任總統府資料室副主任，1954年出任國家安全局副局長，繼掌國家安全局。

衛戍部　　黃[1]　羅[2]　陳[3]

憲兵司令　羅[4]　陳[5]

六月廿一日。對孫[6]用舍如何。

一、彼自認為參謀總長非彼不可：甲、美國人重視。乙、美援關係。

二、其性拖拉呆滯，好聽細言，私植派系，用人複雜，心無主旨，受人愚弄，間接已受共產包圍。環境險惡，對上陽奉陰違，有恃無恐，若再重用其掌握兵權，則後患難除，根本在此人無軍人之人格與性情也。

三、續用之利害：甲、美國心理較佳。乙、美援不因此受影響，但是否因此增加則決無其事。丙、其氣勢更盛，對內影響惡劣。丁、弄權自用，派系更大，必形成尾大不掉之勢，復國前途不惟無望，而且政府重心亦將動搖，以彼本人為一無腦筋、無思想而又愚好自用之妄人與軍閥是也。

四、捨去與挽救之方針，其利害完全與上甲、乙、丙、丁各條相反，但將其用為參軍長，使其無權可弄，無勢可恃，並示以決不能恃外勢以維持其地位，使之澈悟，以轉移其心理，一面再令其在左右學習訓練，或可有成全之望。惟其如不肯降心相從，不顧一切，脫離革命藩籬，則應有所準備，不能不防也。

五、與其養癰貽患，將有不可收拾之一日，則不如毅然斷臂，早為自立之計，即使美援受此影響亦所不顧，與其受外援而動搖國本，則此外援無非飲鴆止渴，何足為戀。以余斷之，目前美國內外情勢決不以孫之關係

1　黃即黃鎮球。
2　羅即羅友倫。
3　陳即陳大慶。
4　羅即羅友倫。
5　陳即陳大慶。
6　孫即孫立人。

而減少其援華之方針，何況吳[1]逆在美叛變之言行，凡其有識者，必更深識吾用人之難，當予諒解，而決非有意排除其親美恃美之人員與勢力也。何況其對孫平日之言行，已認其為越分非法之所為者亦屬不少，而且其對我用人不能妄事干涉與批評，否則美之對華政策，只有損害而無利益。彼政府如果有識見有政策，則其對象自以余個人為主，而決非孫之用舍關係所能轉移也，但其國內親共反蔣之徒，自必因此而增其反蔣之口實耳。

十月二十日。對美開導，使之領悟要旨：

一、待俄先發攻勢而再圖報復，則氫彈與原子彈之毀滅武器，決非大砲、大炸彈所能比擬。其先受毀滅武器之一方，必將全國麻痺癱瘓，且將延及於各盟國同時昏迷萎縮，雖有武器在握，亦無法報復。

二、俄發動攻勢主要目標之次序：甲、美國在世界各地區之艦隊，特重航空母艦以及全球空軍基地。乙、美、加本國空軍基地與原子氫彈製造廠。丙、政治與經濟中心地區。

三、如我能建立灘頭陣地，使匪不能再以能統制大陸為辭，以打破其參加聯合國之理由。

四、只要灘頭陣地建立後：甲、大陸軍民必反共。乙、臺防更能鞏固。丙、韓、越、東南亞安定。

十月二十七日。今後世界局勢與自處之道：

一、美國政策決定極端避戰與俄力圖妥協苟安。

二、美國對共匪雖不即承認，但必取消禁運，且准其人民與匪通商，完全屈從英國之政策，故共匪明年有羼入聯合國之可能，應有所準備。

1　吳即吳國楨。

三、五年－十年內，不致發生世界大戰，即使大戰對亞洲並無利益，以其必先解決歐洲戰局，而以亞洲為其鄰壑。如果美、英勝利，則亞洲民族亦將受其支配統制，惟其程度略有不同而已。

四、共匪內部三年內必有變化，最後必將崩潰，此為我反攻計畫之客觀基點，應積極進行。

五、積極建立本身實力，力圖自強，加強基地，以期乘機復國也。

十月卅日。君子可欺以其方，難罔以非其道。萬莊〔章〕篇第二章。

十一月二日。養心莫善於寡欲。其為人也寡欲，雖有不存焉者，寡矣。其為人也多欲，雖有存焉者，寡矣。

四日。明年共匪或將竄入聯合國，則該一國際總機構，實將為侵略強權之共俄所利用。正義與公理，其最初組織之精神完全喪失，而發起該組織五國中之我中華民國，若不與共匪並立而毅然退出，在道義上不僅予以制〔致〕命之打擊，而且對於美、英領導者之精神上，亦必加以不可挽救之失敗，故為退出之準備計，必須先與美國訂立互助協定，則我雖退出聯合國，而在實際上仍不孤立，而且對於道義與民族精神上是一勝利而並無損失也。

孟子曰：「知者無不知也，當務之為急。仁者無不愛也，急親賢之為務。堯舜之知而不偏物，急先務也。堯舜之仁不偏愛人，急親賢也。」余以為處事以急務為先，而必須不忘其根本之圖為其基也。

姓名錄

　　薛秋泉[1]　乙　9　黨校　中訓高級班　江西　電力公司辦公主任

　　林　霖　乙　11　梅縣　大夏　留美哲學士　48才　駐墨辦事處

　　朱撫松[2]　甲　2　39才　鄂襄　滬江　留英

外　沈　錡　甲　1　40才　留印　文學士

臺　陳友欽[3]　乙　15　中警校正三　臺警務副處長　41才

　　陳精文[4]　乙　14　海軍十八年航輪科　遼　46才　造船所長

　　陶滌亞[5]　甲　4　軍校六　總政部設計委　44才　鄂

　　梅可望[6]　甲　3　政校高　警校留美　湘　37才　警校教長

　　錢其琛[7]　乙　3　交大　　54才　交通部次長

　　華壽嵩[8]　甲　2　南洋大學　　52才　交通處副處長

　　李慶泉[9]　甲　1　政校　　44才　統計局長　　河北

1　薛秋泉，第一屆國民大會江西省南康縣代表，時任臺灣電力公司董監辦公室主任。

2　朱撫松，湖北襄陽人。1952年11月，任外交部情報司司長。1954年9月在革命實踐研究院黨政軍幹部聯合作戰研究班第三期研究。1956年起出使北美，歷任駐美國大使館參事、公使，駐加拿大大使館公使。

3　陳友欽，時任臺灣省警務處副處長，6月至9月在革命實踐研究院黨政軍幹部聯合作戰研究班第三期研究。

4　陳精文，號祖培，遼寧義縣人。原任海軍第三造船所所長，1953年4月，調任海軍第一造船所所長，1954年6月至9月在革命實踐研究院黨政軍幹部聯合作戰研究班第三期研究。1955年2月，調任海軍總司令部艦政署署長。

5　陶滌亞，原名光漢，字復初，後改名滌亞，湖北漢陽人。時任國防部總政治部設計指導委員會專任委員。1955年9月，任國防部總政治部第二組組長。

6　梅可望，字孝思，時任臺灣省警察學校教育長、臺灣警官班兼副主任，6月至9月在革命實踐研究院黨政軍幹部聯合作戰研究班第三期研究。

7　錢其琛，字公南，號貢埔，國民大會代表。1950年任交通部常務次長（兼電信總局局長）、中國國民黨電信黨部主任委員。1954年6月至9月在革命實踐研究院黨政軍幹部聯合作戰研究班第三期研究。

8　華壽嵩，時任臺灣省政府交通處副處長，兼任省營臺灣航業公司總經理。6月至9月在革命實踐研究院黨政軍幹部聯合作戰研究班第三期研究。

9　李慶泉，1950年出任內政部總務司司長。時任行政院主計處主計官兼統計局長，6月至9月在革命實踐研究院黨政軍幹部聯合作戰研究班第三期研究。1962年4月擔任中國統計學社遷臺復社後首任理事長。

陳樹曦[1]　乙　1　交大管理科　43才　（四川）鐵路局

鄧祥雲[2]　甲　3　留比　水利　49才　經濟部司長　河南

馮宗蕣[3]　甲　3　中國公學　　49才　外交部總務司長

李樹梓[4]　黑龍江　乙6　吉林高師地理系　40才　國代

錢葉桐[5]　皖　　乙11　中大文學系　　師範學院　32才

吳俊才[6]　湘　　乙15　政校新聞系　　留印英　卅四才　中央日報

劉述先[7]　遼北　乙2　北平師大　　43才　岡山中校長

趙石溪[8]　瀋陽　乙1　東北大學文學　46才　立委

黃乃隆[9]　江西　甲3　中山大學　　34才　省農院訓導

王寒生[10]　松江省　乙5　東北大學　　56才　立委

1　陳樹曦，1948年出任臺灣鐵路管理局運務處處長。1954年6月至9月在革命實踐研究院黨政軍幹部聯合作戰研究班第三期研究。1961年升任臺灣鐵路管理局副局長。

2　鄧祥雲，時任經濟部水利司司長、石門水庫設計委員會主任委員，6月至9月在革命實踐研究院黨政軍幹部聯合作戰研究班第三期研究。

3　馮宗蕣，時任外交部總務司司長，6月至9月在革命實踐研究院黨政軍幹部聯合作戰研究班第三期研究。

4　李樹梓，黑龍江望奎縣選出之第一屆國民大會代表，時任雲林縣立斗六中學校長，6月至9月在革命實踐研究院黨政軍幹部聯合作戰研究班第三期研究。

5　錢葉桐，字野桐，曾任青年團分團主任、國防部學生總隊長。1949年8月任臺灣省立師範學院國文系講師。1954年6月至9月在革命實踐研究院黨政軍幹部聯合作戰研究班第三期研究。

6　吳俊才，字叔心，湖南沅江人。1952年起任臺灣省立師範學院、臺灣大學教授、國防研究院講座。1953年加入總統府資料組政策研究室為兼任研究員，1954年成為國際關係研究會研究員，《中央日報》主筆。

7　劉述先，1952年8月出任岡山中學校長。1954年6月至9月在革命實踐研究院黨政軍幹部聯合作戰研究班第三期研究。

8　趙石溪，字公皎，1948年在教育會東北區當選第一屆立法委員。1954年6月至9月在革命實踐研究院黨政軍幹部聯合作戰研究班第三期研究。

9　黃乃隆，時任臺灣省立農學院課外活動組主任，6月至9月在革命實踐研究院黨政軍幹部聯合作戰研究班第三期研究。

10　王寒生，名永亮，松江穆稜人。歷任中國國民黨長春市黨部主任委員、國民參政會參政員、制憲國大代表、第一屆立法委員。1954年6月至9月在革命實踐研究院黨政軍幹部聯合作戰研究班第三期研究。1957年創立軒轅教。

張式綸[1]　遼寧　乙2　中訓高級班　52才　中央秘書

趙芷青[2]　尉氏　乙1　河南大學　40才

高應篤[3]　河南　甲1　政校　47才　民政司長　高級班

楚崧秋[4]　湘潭　甲2　幹校　35才　中央大學　政工校教授

蔣廉儒[5]　江西　乙4　設計會　38才

王　昇　龍南　甲2　幹校　政工校教育長

潘澤筠[6]　桐城　甲1　黨校　資料組　46才

盧孰競[7]　皖　乙15　留美　婦女指導會委員

劉師誠[8]　瀏陽　乙1　政交　卅八才　中信局尹助華

周治華[9]　新化　甲1　幹校　卅七才　中央第一組幹事

1　張式綸，字雪涵，遼寧遼陽人。時任中國國民黨中央委員會秘書處秘書。6月至9月在革命實踐研究院黨政軍幹部聯合作戰研究班第三期研究。1960年1月任中國國民黨中央財務委員會副主任委員。
2　趙芷青，名丕廉，晚號麓臺，1953年3月時任國防部總政治部設計委員。1954年6月至9月在革命實踐研究院黨政軍幹部聯合作戰研究班第三期研究。
3　高應篤，河南鄧州人。國民大會代表，時任內政部民政司司長，6月至9月在革命實踐研究院黨政軍幹部聯合作戰研究班第三期研究。
4　楚崧秋，1952年擔任臺灣省立行政專科學校副教授。1954年6月至9月在革命實踐研究院黨政軍幹部聯合作戰研究班第三期研究。經蔣中正召見，擢拔為總統府侍從中文秘書。
5　蔣廉儒，字廉予，時任中國國民黨中央委員會設計考核委員會專門委員、中央日報社撰述委員，6月至9月在革命實踐研究院黨政軍幹部聯合作戰研究班第三期研究。
6　潘澤筠，時任總統府資料組設計委員，6月至9月在革命實踐研究院黨政軍幹部聯合作戰研究班第三期研究。
7　盧孰競，1953年10月出任中國國民黨婦女工作指導會議委員。1954年6月至9月在革命實踐研究院黨政軍幹部聯合作戰研究班第三期研究。
8　劉師誠，曾任臺灣省菸酒公賣局臺南分局分局長。1954年6月至9月，在革命實踐研究院黨政軍幹部聯合作戰研究班第三期研究。後任行政院外匯貿易審議委員會委員、臺灣省物資局局長、經濟部常務次長。
9　周治華，時任中國國民黨中央委員會第一組幹事，1954年6月至9月在革命實踐研究院黨政軍幹部聯合作戰研究班第三期研究。

袁永複〔馥〕[1]　川　乙 2　政校　47 才　高級班　交通部　康澤[2]部下

李守廉[3]　熱　乙 6　政校　44 才　政治部設委

陳玉科[4]　滇　乙 4　留英　51 才　行政設委　臺大教授

唐昌晉[5]　湘　乙 3　新思潮月刊　政校幹校　40 才

龍名登[6]　湘　乙 11

蔣廉儒　乙 4

王　昇　江西　甲 2

潘澤筠　黨校　甲 1　46 才

齊德俊[7]　營口　京都帝大　臺灣產業黨部　卅七才　乙 8

鮑家駒[8]　安徽　政校地政　高雄地政科長　四四才　乙 14

樊中天[9]　河北　政校　宜蘭黨部主委　四三才　乙 2

姬鎮魁[10]　山西　工專　行政院設計委員　卅九才　乙 11

1　袁永馥，字念勤，四川安岳人。1949 年冬到臺灣，歷任臺灣電影事業股份有限公司總經理、中國國民黨郵電、電信兩局黨部書記長。1954 年 6 月至 9 月在革命實踐研究院黨政軍幹部聯合作戰研究班第三期研究。

2　康澤，字代賓，號兆民，曾任三民主義復興社中央幹事、三民主義青年團中央團部組織處處長、第三十三軍軍長、第十五綏靖區司令官。1948 年 7 月於襄陽戰役被俘。

3　李守廉，號大維，熱河凌源人。曾任熱河省政府委員兼民政廳廳長、浙江省政府委員。1950 年 6 月，任國防部總政治部設計委員。1951 年 1 月，任行政院設計委員會委員。1955 年 9 月，任中國行政學會常務理事兼總幹事。

4　陳玉科，字振之，時任行政院設計委員，6 月至 9 月在革命實踐研究院黨政軍幹部聯合作戰研究班第三期研究。

5　唐昌晉，時任中國國民黨中央委員會秘書處專門委員、新思潮月刊社主編人，6 月至 9 月在革命實踐研究院黨政軍幹部聯合作戰研究班第三期研究。

6　龍名登，湖南安鄉人。曾任革命實踐研究院秘書課長，1954 年 6 月至 9 月在革命實踐研究院黨政軍幹部聯合作戰研究班第三期研究。

7　齊德俊，時任中國國民黨產業黨部組長，6 月至 9 月在革命實踐研究院黨政軍幹部聯合作戰研究班第三期研究。

8　鮑家駒，時任高雄縣地政科科長，6 月至 9 月在革命實踐研究院黨政軍幹部聯合作戰研究班第三期研究。1960 年任職臺灣省水利局工程司。

9　樊中天，時任中國國民黨宜蘭縣黨部主任委員，6 月至 9 月在革命實踐研究院黨政軍幹部聯合作戰研究班第三期研究。

10　姬鎮魁，字梅軒，山西高平人。到臺灣後遞補為國民大會代表。時任行政院設計委員，6 月至 9 月在革命實踐研究院黨政軍幹部聯合作戰研究班第三期研究。

技術室副主任　金　戈[1]　廣元（川）　留俄　陸軍通信校　四七才　乙 4

楊景秦[2]　哈爾濱　長春大學藥科　廿八才　乙 16

參校正規第四期畢業前十名

戴昌昱[3] 37　校十二　戰車　前補給分區科長　已任營長團附　奉化

王文昌[4] 33　校十六　工　大廿二　第六十九師科長　鄂

朱朋章[5] 32　校十八　　　　　已任連長　卅二師參謀　漣水

羅　枬[6] 35　校十五　工　大廿三　已任營附　二廳參謀　皖

陳以灝[7] 36　校十四　砲　大廿三　美裝校　砲校主任教官　已任大隊長
　　　　河北

王創燁[8] 40　校十二　砲　大十九　第九十三師參長　黃岩

趙樹權 35　軍校教官　　校十五　通信　已任副營長　山東

陳培雄[9] 34　七軍十七師副團長　校十五　大廿二　上饒

賈如濤[10] 33　第九軍工兵群副指揮官　校十六　工　已任營長組長　浦江

1　金戈，時任陸軍通信學校技術室副主任，6 月至 9 月在革命實踐研究院黨政軍幹部聯合作戰研究班第三期研究，後任國防部第二廳技術研究室組長。

2　楊景秦，曾任哈爾濱婦女會主任委員，婦女團體選出的第一屆國民大會代表。1954 年6 月至 9 月在革命實踐研究院黨政軍幹部聯合作戰研究班第三期研究。

3　戴昌昱，浙江奉化人。1952 年 8 月任聯勤第一補給分區司令部科長，1954 年 9 月調任陸軍指揮參謀學校教官。

4　王文昌，號問蒼，湖北應城人。1953 年 9 月任第六十九師助理參謀長兼科長，1954 年9 月調任陸軍指揮參謀學校教官。

5　朱朋章，江蘇漣水人，第三十二師參謀。

6　羅枬，安徽人。1940 年 2 月初任陸軍工兵少尉，時任國防部第二廳參謀人員。

7　陳以灝，時任砲兵學校主任教官。

8　王創燁，號蒼逸，浙江黃岩人。1952 年 8 月任第九十三師參謀長，1955 年 8 月升任預備第五師副師長。

9　陳培雄，字尚威、號木文，江西上饒人。時任第七軍第十七師第五〇團副團長，後調任臺南師管區司令部工兵團副團長。

10　賈如濤，號一清，浙江浦江人。1952 年 1 月任第七十五軍第三處參謀，1954 年 7 月調任第五八九戰鬥工兵群副指揮官，9 月調任陸軍指揮參謀學校教官。

苟雲森[1] 34　二十七師團長　校十五　成都

外交　　陳堯聖[2]　杭州　留英　中央社記者　倫敦大學

政工差　？王成德[3] 49D 政工　倪時錦[4] 51D 政工　？司公衡[5] 93D 政工

乙　鄭　彬[6]　48　海南　校二工　第五軍官團團長　　　參校 173 名
丙　劉　衡[7]　47　湘　　軍官研究班　前中部防區副參　參校 208 名
乙　劉明奎[8]　41　四川　校十　前十三師長　　　　　參校 157 名
乙　戴傑夫[9]　40　沔陽　校八　前五十一師長　　　　參校 153 名
丙　郭思義[10]　44　山東　洛分校　第四軍官團副　　　參校 203 名
甲　鮑步超[11]　47　遂安　廿六軍官團　前十八軍十九師長　參校 44 名
丙　楊貽芳[12]　46　合肥　士官　前五十七師師長　　　參校 200 名

1　苟雲森，字運生，時任第二十七師第八十一團團長，後調升第一軍第二十六師副師長。
2　陳堯聖，歷任外交部情報司科長、駐英大使一等秘書，1950 年中英斷交後，繼續留在英國，以私人身份創辦自由中國新聞社，並成立自由中國之友協會，出版中英文周刊等。
3　王成德，察哈爾懷安人。1950 年任第三三九師政工處處長，1952 年 11 月任第四十九師政治部主任。1956 年 9 月調任海軍陸戰隊政治部主任。
4　倪時錦，湖南長沙人。1954 年 7 月任第五十一師政治部主任。
5　司公衡，河南博愛人。1952 年 6 月任第七十一師政治部主任，後任第九十三師政治部主任。
6　鄭彬，時任第五軍官戰鬥團團長兼第九軍增設副軍長，1955 年 9 月調任國防部聯合作戰計劃委員會委員。
7　劉衡，字莘庵，湖南岳陽人。1951 年 12 月任臺灣中部防守區司令部副參謀長。
8　劉明奎，名聚五，四川廣漢人。1950 年 7 月，任獨立第十三師師長，12 月兼馬祖守備區指揮部指揮官。1954 年 7 月，調任第一軍團增設副參謀長。1956 年 4 月，入國防大學研究。
9　戴傑夫，號澤清，湖北沔陽人。曾任第五十一師師長。時任第二軍團增設副參謀長，1955 年 9 月，調任總統府侍從參謀。
10　郭思義，曾任第九軍官戰鬥團副團長，時任第四軍官戰鬥團副團長，9 月免職。
11　鮑步超，曾任第十九師師長，時任第七軍增設副軍長。
12　楊貽芳，號喆君，安徽合肥人。曾任第五十七師師長，後任第二軍副軍長。

乙　林豐炳[1]　49　長汀　校六　前十八軍之師長　　　　　參校 131 名

　　阮維新[2]　校十一　留英軍校　美　砲　空

　　黃希珍[3]　校十　大廿　美參校　第二軍團副參

　　劉潤明[4]　校十　留美　副官校　副官校教育長　　　（天津）

　　鄭士瑞[5]　校八　防一　副官校長　　　　　　　　　（天津）

匪要重大更動

林　彪　重傷未歸　原第四野戰中南軍區　鄧子恢[6]　中南局代書記？　調平

　　　　中南行政委主席　中南局代書記　譚　政[7]

　　　　第四野戰軍司令中南區司令　　　李先念[8]代

　　　　華南軍區司令　　　張雲逸[9]代

葉劍英　華南分局第一書記　省主席　陶　鑄[10]代

1　林豐炳，福建長汀人。曾任第十八軍第十一師師長、第十七師師長，時任第六軍官戰
　　鬥團團長兼第十軍增設副軍長，1955 年 9 月調任國防部聯合作戰計劃委員會委員。
2　阮維新，字芃生，四川華陽人。1953 年 1 月出任國防部第二廳第一組組長。4 月改任
　　陸軍參謀指揮學校教育長。7 月改任臺灣防衛總司令部砲兵司令部副指揮官，後任陸
　　軍總司令部砲兵指揮部指揮官、第三署副署長。
3　黃希珍，原名席珍，號京泉，1952 年 3 月初任陸軍指揮參謀學校教育處處長。1954 年
　　6 月任第二軍團增設副參謀長，1955 年 7 月調任總統府侍從武官。
4　劉潤明，字春池，時任副官學校教育長。
5　鄭士瑞，天津市人。1951 年 2 月出任國防部第一廳第一組組長，1954 年 6 月調任副官
　　學校校長。
6　鄧子恢，名紹箕，字子恢，以字行。1953 年 1 月 5 日，調入北京籌建中共中央農村工
　　作部並出任部長。1954 年 9 月，擔任中華人民共和國國務院副總理。
7　譚政，原名譚世銘，號舉安。1954 年 2 月，任第一屆全國人民代表大會常委會委員。
　　9 月，任第一屆國防委員會委員，中國國防部副部長。10 月，任中國人民解放軍總政
　　治部第一副主任。
8　李先念，號克念，湖北黃岡人。1953 年 1 月，兼任中共中央中南局副書記、中南行政
　　委員會副主席。1954 年 9 月，任國務院副總理。10 月，兼任國務院財貿辦公室主任。
9　張雲逸，原名張運鎰，字勝之，1952 年 11 月至 1953 年 8 月，因積勞成疾去蘇聯治病。
　　1955 年被授予中國人民解放軍大將軍階，享受元帥（行政三級）待遇。
10　陶鑄，又名際華，號劍寒，1951 年，任中共廣西省委代理書記。1953 年，任中共中央
　　華南分局書記兼廣東省人民政府代主席。1955 年起，任中共廣東省委書記、第一書記。

粟　裕　代司令　　潘漢年[1] 代市長

　　　　　　華東軍區司令　第三野戰軍司令　上海市長

陳　毅　華東局第二書記　饒漱石[2]　第一書記　譚震林[3]　升中央書記

西南行政委員會主席　第二野戰軍司令員　李　達[4]

劉伯誠〔承〕　西南局書記　鄧小平[5]　賀　龍[6]

東北軍區司令　賀晉年[7] 代　東北軍區政委　張明遠[8] 代

高　崗　國家計畫會主　李富春[9] 代　東北政委主　林　楓[10]　東北局書記

1　潘漢年，曾化名蕭叔安，早期負責中共對外宣傳工作，後轉為負責中共情報工作。中華人民共和國成立後，擔任過上海副市長，1955 年被秘密逮捕。

2　饒漱石，原名饒石泉，號漱石，曾用名梁樸、趙建生。原中共華東局第一書記、中央人民政府委員、中央人民革命軍事委員會委員，中共中央組織部部長，1954 年因捲入高饒反黨聯盟和潘漢年案件被解職、逮捕、判刑。

3　譚震林，別名梅城，1952 年起，出任中共中央華東局第三書記、華東軍政委員會副主席，江蘇省人民政府主席等職。1954 年 12 月後，任中共中央副秘書長，國務院副總理等職。

4　李達，原名德三，陝西眉縣人。1953 年參加抗美援朝，任中國人民志願軍參謀長。1954年 11 月任國防部副部長、中國人民解放軍訓練總監部副部長兼計劃部、監察部部長。

5　鄧小平，原名鄧先聖，留法時改名鄧希賢，1927 年正式改名為鄧小平。1954 年出任國務院副總理；同年起兼任中共中央秘書長。

6　賀龍，原名文常，字雲卿，1952 年，任國家體委主任。1954 年，出任國務院副總理、中華人民共和國國防委員會副主席。1955 年，被授予中華人民共和國元帥軍階。

7　賀晉年，中華人民共和國成立後，任東北軍區副司令員兼參謀長，曾兼任中朝聯合鐵道運輸司令部司令員，組織韓戰後方支援工作。

8　張明遠，原名鵬遠，1950 年 7 月，任東北軍區後勤部副部長。1955 年，被授予少將軍階。

9　李富春，字任之，1950 年 4 月，任中央人民政府政務院政務委員、財政經濟委員會副主任兼重工業部部長。1953 年 9 月，兼任國家計劃委員會副主任。1954 年 9 月起任國務院副總理兼國家計劃委員會主任。

10　林楓，原名鄭永孝，1953 年 1 月，任東北行政委員會副主席。1954 年 4 月，調任中共中央副秘書長。9 月當選為第一屆全國人大常委會委員。11 月，任國務院第二辦公室主任。

鄧子恢？李維漢¹？康　生²？楊　勇³？薄一波⁴？陸定一⁵？

行政院長　俞[6]

省主席　　嚴[7]　張厲生

國防部　　孫[8]　俞[9]　薛[10]

財政部　　俞[11]　徐柏園　周德偉

司法部　　謝[12]　查[13]　谷[14]

教育部　　傅啟學[15]　倪文亞[16]　黃季陸[17]　曉峯　王雲五

1　李維漢，原名厚儒，字和笙，曾用名羅邁。1953 年 11 月，任中共中央財經委員會副
　　主任。1954 年 9 月，當選全國人大常委會副委員長。11 月，任國務院第八辦公室主任。
2　康生，原名張宗可，字少卿，筆名魯赤水。1946 至 1949 年，擔任中共中央華東局副
　　書記，中共山東省委書記、山東省人民政府主席。
3　楊勇，原名楊世峻，1953 年 4 月被任命為第二十兵團司令員，組織所部參加韓戰。
　　1954 年春，任中國人民志願軍副司令員兼參謀長。1955 年 4 月，任志願軍司令員。
4　薄一波，原名書存，1951 年 12 月，擔任中共中央人民政府節約檢查委員會主任，指
　　導「三反」、「五反」運動。1954 年 9 月，任建設委員會主任。
5　陸定一，中華人民共和國成立後，任中共中央宣傳部部長、中央人民政府文教委員會
　　副主任。
6　俞即俞鴻鈞。
7　嚴即嚴家淦。
8　孫即孫立人。
9　俞即俞大維。
10　薛即薛岳。
11　俞即俞鴻鈞。
12　謝即謝冠生。
13　查即查良鑑。
14　谷即谷正綱。
15　傅啟學，字述之，貴州貴陽人。1950 年 2 月任臺灣大學政治系教授兼訓導長。1955
　　年後，專任教授。
16　倪文亞，浙江樂清人。1948 年當選第一屆立法委員，1950 年至 1952 年任中國國民黨
　　臺灣省黨部主任委員。1957 年 10 月獲選為中國國民黨第八屆中央委員。1961 年 2 月
　　當選立法院副院長。
17　黃季陸，名陸，又名學典，四川敘永人。1950 年 3 月任行政院政務委員。1952 年 4 月，
　　兼內政部部長，1954 年 5 月免兼。1958 年 7 月，調任考試院考選部部長。

內政部　　薛[1]　賀[2]　谷正綱

交通部　　桂[3]　郭克悌

經濟部　　尹仲容[4]　雷寶華[5]

中信局　　江　杓　趙聚鈺

副院長　　大維　少谷

府秘長　　岳軍　屬生　大維　顧[6]

監察院副院長

行政改革

一、政務委員額擴充臺籍、青、民二黨賢達。

二、司法應設立陪審制度。

三、對外資條例放寬。

四、留學條例放寬。

五、政委邱昌渭。

六、銓敘與考選部長人選。

1　薛即薛人仰。薛人仰，號敏銓，福建福州人。歷任臺北接管委員會委員、臺灣省教育廳主任督學、主任秘書、教育廳編審委員會主任委員、臺南縣縣長，1947 年當選第一屆國民大會代表。1951 年 12 月至 1960 年 8 月間任臺灣省議會秘書長。

2　賀即賀衷寒。

3　桂即桂永清。

4　尹仲容，本名國鏞，1950 年 5 月任經濟部顧問，11 月改任中央信託局局長。1953 年 7 月兼任經濟安定委員會下屬工業委員會召集人。1954 年 6 月，出任經濟部部長兼中央信託局局長。

5　雷寶華，字孝實，1948 年冬，任臺灣糖業公司顧問，旋任協理。1958 年，升任總經理。並曾任行政院設計委員會委員。

6　顧祝同，字墨三，江蘇漣水人。1952 年 4 月，調任總統府戰略顧問委員會副主任委員。1954 年 7 月，晉任陸軍一級上將。1959 年 6 月，任國防會議秘書長。

許紹昌　杭州　政校　駐伊朗代辦

金克和[1]　全椒　政校　錢幣司長

杜　鼎[2]　宋邦緯[3]

周森鏞[4]　農復會編譯　政校　非黨員

劉慶生[5]　經理署　　　程邦藻[6]　財務署副

關德懋[7]　皖　留德　工　駐德使館秘書　行政院秘書

孫世篤[8]　吳江　兵工　留美兵工校　兵工署技術組長

雷寶華　陝　六一才　留德

吳長賦[9]　馬潤庠[10]　留英美　南開　市土地局長　四十三歲　立委

1　金克和，1949 年隨政府遷臺，任財政部參事，1951 年接掌財政部錢幣司司長，兼任外匯貿易審議小組華僑暨外國人投資審議委員會委員，代理央行貨幣政策與外匯管理等業務長達十六年。

2　杜鼎，曾任一○○軍軍長，國共長沙戰役後取道越南輾轉抵臺，擔任國防部參謀。

3　宋邦緯，字希武，安徽合肥人。1953 年 7 月任聯合作戰中心陸軍組組長。1957 年 3 月，任第十軍副軍長。

4　周森鏞，字肇豐，抗戰勝利後，赴美國任駐紐約新聞處編輯。1947 年返國，先後任行政院新聞局編輯，農業復興聯合委員會新聞處編審，美國環球通訊社及北美報業聯合社駐臺灣特派員。

5　劉慶生，原任海軍總司令部第四署署長，1953 年 6 月調任聯合勤務司令部經理署署長。

6　程邦藻，1951 年任聯勤總部軍需署副署長，時任財務署副署長。

7　關德懋，1940 年任駐德大使館一等秘書。1946 至 1953 年，任中國紡織建設公司購料委員會副主任委員，參與中紡撤臺復廠事宜。1955 年啣命赴德，聯繫自由俄聯及安排德國議員訪華。

8　孫世篤，時任聯合勤務總司令部兵工署技術組副組長，1957 年 12 月調任聯合勤務總司令部生產署研究室副主任。

9　吳長賦，1936 年臨時高等考試統計人員考試及格，改分交通部任用，歷任四聯總處鹽貸小組委員會副主任委員、中國航運公司董事、中央銀行業務局副局長。

10　馬潤庠，廣東台山人。1948 年在農會南區當選第一屆立法委員。1954 年 6 月 4 日，任財政部政務次長。

　　　　江　杓　吳德昭[1]　楊承厚[2]

　　　　凌〔淩〕鴻勛[3]　刁培南〔然〕[4]　黃　鍾〔鐘〕[5]　（俞[6]荐）

經　郭克悌　孟昭瓚[7]　鄭逸俠[8]

實　何得萱[9]　湘　留德　兵工校教長　向賢德　留德　黨政高級班　標準局長

黨

　　　　陳建中　陝

　　　　羅學濂[10]　粵　燕京　廣播公司

　　　　阮毅成[11]

1　吳德昭，時任財政部簡任秘書，7 月奉派出席聯合國遠東經濟委員會金融專家工作小組會議。

2　楊承厚，1967 年起歷任中央銀行經濟研究處副處長、處長、臺灣銀行總經理、臺灣中小企業銀行董事長。

3　凌鴻勛，字竹銘，廣東番禺人，原籍江蘇常熟。1948 年 4 月當選中央研究院第一屆院士。1951 年至 1971 年，任中國石油公司董事長。

4　刁培然，四川江津人。1949 年 11 月任中央銀行發行局局長，1950 年 2 月任中央銀行業務局局長兼行政院經濟安定委員會委員、臺灣銀行常務董事。

5　黃鐘，字政僧，廣東梅縣人。曾任福建區稅務局局長、貿易委員會技術處處長。

6　俞即俞鴻鈞。

7　孟昭瓚，號叔玉，行憲第一屆國民大會代表。1954 年至 1958 年，任行政院政務委員，兼國民住宅興建委員會主任委員，同時兼任中央銀行理事暨中國農民銀行監察人等職。

8　鄭逸俠，1949 年 5 月，任中央銀行桂林分行經理。7 月途經廣州去臺灣，先後任土地銀行經理、臺灣糖業公司董事等職。

9　何得萱，號樹之，湖南寧鄉人。歷任兵工學校教育長、校長、臺灣省政府地下水工程處處長。

10　羅學濂，抗戰期間任中國國民黨中央宣傳部電影事業處處長，兼中央電影攝影場場長。1947 年 4 月，出任中央電影企業有限公司常務董事兼總經理。1954 年轉任中國廣播公司副總經理。

11　阮毅成，字靜生，號思寧，浙江餘姚人。1949 年到臺灣後，歷任《臺灣日報》、《中央日報》社長、《東方雜誌》主編、中山學術文化基金會董事會董事兼總幹事等職。

劉宗向[1]　錦州　政治部國魂月刊

翁　鈐[2]　新竹　北大　九州帝大　農林公司副協理

劉兼善[3]　屏東　早稻田　經濟　前臺省委

辜振甫[4]　屏東　帝大　　財經　卅七才　葉明勳[5] 荐

臺籍〔籍〕　何建民[6]　臺　中山大學　浙省府秘書　習藝所長　謝東閔[7] 荐

柯建安[8]　江西　劉宜廷[9]

湯炎光[10]　桂　　陳應行[11]　桂

池　澎[12]　浙江

國大　　郭鴻羣[13]　河北

1　劉紹唐，原名宗向，原籍河北蘆臺、生於遼寧錦州。1949 年 1 月參加「南下工作團」先遣工作隊第三小組。4 月任新華社第四野戰軍總分社隨軍記者。5 月調任第四野戰軍宣傳部秘書。1950 年秘密出走香港。冬來臺。1951 年 2 月，將前撰短文彙刊為《紅色中國的叛徒》。1954 年 6 月，任國防部新中國出版社編輯，主編《國魂月刊》。

2　翁鈐，號瑞堂。曾任臺灣大學教授、臺灣省民政廳副廳長、臺灣農林公司水產分公司總經理。1954 年當選為中國國民黨臺灣省黨部候補委員，次年任臺灣省政府委員。

3　劉兼善，字達麟，臺灣高雄人。曾任臺灣省第一屆省參議會議員、臺灣省政府委員，時任國民大會代表。

4　辜振甫，字公亮，彰化鹿港人，生於臺北市，來自鹿港辜家，為富商辜顯榮五子。1953 年 2 月，任經濟部顧問。1954 年 4 月，任臺灣水泥股份有限公司協理，11 月兼任常務董事，1955 年 6 月辭協理職，專任常務董事。

5　葉明勳，字夏風，福建浦城人。1946 年至 1950 年擔任中央通訊社臺北分社主任，並連任臺灣記者公會四屆理事長。1951 年至 1955 年擔任臺灣中華日報社社長。

6　何建民，臺灣嘉義人。曾任浙江省政府秘書，時任臺灣省立習藝所所長。

7　謝東閔，號求生，1947 年至 1953 年任臺灣省教育廳副廳長，1953 年 5 月起兼任中國國民黨中央委員會副秘書長。1954 年 6 月出任臺灣省政府秘書長。

8　柯建安，號漢清，江西武寧人。曾任江西省警察保安處副處長。來臺後，任第一屆國民大會代表、光復大陸研究設計委員會委員、國防部參議。

9　劉宜廷，1947 年，被選為行憲國民大會代表。1948 年，任國大代表全國聯誼會幹事兼常務幹事。1949 年前去臺灣。

10　湯炎光，號兆民、志剛，廣西龍茗人。1947 年當選第一屆行憲國民大會代表。1949 年任粵桂邊清剿區第二縱隊司令、總指揮等。同年秋到臺灣。

11　陳應行，字幹卿，1947 年下半年，以大學教授身份回到廣西省邊江縣當選國民大會代表。1950 年在柳州鐵路一中任教，10 月去香港，在香港中文大學任教。1958 年到臺灣。

12　池澎，字嘯北，浙江里安人。1945 年被派往臺灣參與接收工作，曾任花蓮地方法院院長，1946 年 12 月至 1953 年 6 月任臺灣臺中地方法院院長，後任臺灣高等法院首席檢察長。

13　郭鴻羣，河北安次縣國大代表。

汪　豐[1]　杭州　前駐紐西蘭總領事　南開大學　五一才

陳澤華[2]　紹興　柏林大學　四五才　委內瑞拉公使

曹文彥　溫嶺　臺大教授　中央秘書　留美

陶振譽　皖　　清華與帝大　漁業增產委會

孫桂藉〔籍〕[3]　哈爾濱　北平大學　立委

馮世範　紹興　牛津　研究員

汪道淵　行政專校教授

雷炎均[4]　臺山　航校三　總聯絡官

張彼得〔德〕[5]　吳世英[6]　曾恩波[7]　臺灣新聞處

朱新民[8]　吳縣　哈爾濱法政　新局一處

張乃維[9]　宜興　哈佛　卅七才　新聞局二處

1　汪豐，1939 年 5 月至 1946 年 6 月，1953 年 2 月至 1953 年 9 月，兩度出任駐紐西蘭總
　領事。

2　陳澤華，浙江紹興人。1947 年 8 月 14 日受命為駐委內瑞拉臨時代辦，12 月 21 日到任，
　1953 年 8 月升參事，1954 年 8 月 12 日離任。

3　孫桂籍，山東掖縣人。1948 年，經選舉成為哈爾濱市第一屆立法院立法委員。1949 年
　到臺灣，歷任中國國民黨第七屆、第九屆候補中央委員、中國國民黨中央黨部文化工
　作委員會委員等職務。

4　雷炎均，1950 年任中華民國駐日代表團軍事組組長，1956 年後任空軍總司令部第三署
　署長、副參謀長、參謀長。

5　張彼德，號道先，廣東番禺人。1951 年 10 月任臺灣省政府新聞處處長，1954 年 6 月
　卸任。後任駐聯合國常任代表團駐歐辦事處副主任、駐新加坡商務商務代表團代表。

6　吳世英，北平市人。時任駐韓大使館參事。1956 年 12 月升任外交部亞東司司長。

7　曾恩波，廣東肇慶人。中央社著名戰地記者。1952 年到臺灣。後歷任中央通訊社英文
　部主任、副總編輯兼《紐約時報》記者、西歐分社和香港分社主任。

8　朱新民，字翼南。江蘇吳縣人。歷任總裁辦公室駐港辦事處主任、行政院政府發言人
　辦公室顧問、第一組組長。1954 年 5 月任行政院新聞局第一處處長，1955 年 1 月，升
　任新聞局副局長。

9　張乃維，時任行政院新聞局第二處處長，1955 年 9 月至 1973 年 11 月任教育部國際文
　化教育處處長。

殷惟良[1]　鎮江　政校　卅三才　亞東司科長

程時敦[2]　江西　政校　廿八才　歐洲司科長

陳元屏[3]　福州　清華　四十七才　駐澳門

外交　賴中漢[4]　兩棲訓練部上校主任　卅八才　已任營長

陳奎良[5]　陸戰隊主任聯絡官　校十六　卅九才　美步校　未任營長

軍　　駱效賓

汪光堯[6]　劉漢鼎〔鼎漢〕[7]　華心權

周中峯[8]　孫竹筠[9]

胥立勳〔勛〕[10]　宛致文[11]　王廣法[12]

謝家駒[13]　練卓羣[14]　賴中漢

1　殷惟良，時任外交部亞東司科長，後任駐聯合國代表團秘書。

2　程時敦，時任外交部歐洲司科長。

3　陳元屏，時任外交部駐澳門特派專員公署專員。

4　賴中漢，時任海軍總司令部兩棲訓練部主任教官。

5　陳奎良，時任海軍陸戰隊主任聯絡官。

6　汪光堯，1950 年 9 月任第五軍第七十五師師長。1952 年 10 月調任總統府參軍。1954 年 12 月調任國防部第三廳廳長。1955 年 2 月調任第三軍軍長。

7　劉鼎漢，字若我，湖南酃縣人。1951 年 4 月，調第五軍軍長。1952 年 12 月奉調總統府高級參謀。1954 年調升第十八軍軍長。

8　周中峯，字秀三，河北慶雲人。1949 年時任第二〇七師副師長，駐馬祖。1950 年入革命實踐研究院第四期受訓，升任第二〇七師師長。1952 年底調任總統府高級參謀。

9　孫竹筠，歷任總統府侍從參謀、第二十二師師長，1955 年 7 月出任預備第二師師長。

10　胥立勛，四川鹽亭人。曾任第十一師師長，時任第三軍參謀長，後任第四十六師副師長。

11　宛致文，字東興，湖北黃梅人。1951 年 4 月任第九十一師第二七二團團長，1952 年 6 月調任苗栗團管區司令，1956 年 3 月調任預備第二師副師長。

12　王廣法，字立言，察哈爾陽原人。1953 年 8 月調任聯合勤務總司令部補給處處長。1954 年 4 月調任國防大學校教官，7 月調任第九師砲兵指揮部指揮官。1955 年 10 月調任第二軍團副參謀長。

13　謝家駒，江西寧國人。聯勤總司令部補給處副處長、處長，1954 年 6 月任第五四一工兵指揮部指揮官。

14　練卓羣，廣西梧州人。曾任第一八九師第五六六團團長、華中軍政長官公署副參謀長，1954 年 3 月出任國防部人員司第一組組長。

孟述美 [1]18D　　鄭為元 14D　　蕭宏毅 [2]75D

馬公亮 41D 副　　駱效賓　步校

李昌來 [3]　湘　　四四才　留英　　前通信兵校長

75A 參長　常持琇 [4]　山東　卅三才　校十四　大廿一　五十軍副參長

景雲增 [5]　孔令晟 [6]　常熟　校十五　大廿二　陸戰隊一旅參長　林祥光？　海

吳淵明　傅洪讓 [7]（海）　譚德鑫 [8] 空　　徐華江 [9] 空

張國英 [10]　李紹牧 [11] 57A 團長　郝柏村 [12]　砲校　　龍洪濤 [13]　裝校處長

軍學　　鄭士瑞（一廳）汪英華 [14]（北防副參）何振起 [15]（一廳）

1　孟述美，廣東崖縣人。曾任第十八師副師長、師長，兼馬祖守備區指揮官，1954 年 7 月調任總統府高級參謀。1955 年 12 月調任第十軍副軍長。

2　蕭宏毅，號莨楚，湖南湘鄉人。時任第七十五師師長。

3　李昌來，號璞蓀，湖南平江人。1953 年 5 月，調任國防部國防科學研究室研究員。1954 年 8 月，軍職外調交通部航政司司長。1956 年 8 月，任臺灣省立海事專科學校校長。

4　常持琇，山東堂邑人。1953 年調任第二十七師第七十九團團長。1955 年奉調國防大學聯戰系進修，畢業後留校任教官晉升上校，升級後奉調第十軍參謀長。

5　景雲增，字沛霖，河北易縣人。1952 年 7 月出任第九十六軍參謀長，11 月調任第四十五軍參謀長。後歷任第九軍第四十一師副師長、國防大學教官第六組教官。

6　孔令晟，時任海軍陸戰隊第一旅副參謀長。

7　傅洪讓，1950 年 7 月任海軍中訓艦艦長，1953 年任海軍第三艦隊上校參謀長。

8　譚德鑫，曾任空軍第一大隊第二中隊中隊長、空軍總司令部第三署訓練處副處長。

9　徐華江，原名吉驤，字叔敬，合江富錦人。1953 年 3 月任空軍官校初級班主任，1954 年 8 月調任總統府參謀，1955 年 4 月調任空軍第三聯隊參謀長。

10　張國英，字俊華，安徽阜陽人。1950 年 4 月，任第五十軍三十六師師長。1954 年 7 月任第一軍第二十六師師長。1955 年 10 月，調任陸軍預備部隊訓練司令部參謀長。

11　李紹牧，號翰誠，湖南湘潭人。1952 年 8 月任第五十四軍第九十三師第二七七團團長，1954 年 7 月調任總統府參謀。

12　郝柏村，字伯春，江蘇鹽城人。1953 年 10 月任陸軍砲兵學校教育處總教官，1954 年 7 月調任總統府參謀。1955 年 7 月調任第三軍砲兵指揮部指揮官。

13　龍洪濤，號金剛，河北昌黎人。時任陸軍裝甲兵學校教育處處長。

14　汪英華，時任臺灣防衛總司令部北部防守區司令部副參謀長。

15　何振起，號範之，湖南長沙人。1953 年 8 月，任陸軍參謀學校研究員。1954 年 1 月，調任國防部第三廳第一組組長。

江學海[1]　68D 副　朱悟隅[2]　三廳　　朱俊德[3]　54A 參長

回教　劉恩霖[4]　校十一　土陸大（遼）

　　　劉炳漢[5]　滄州　校十一　土陸大　參校教官

　　　馬賦良[6]　新　　輔仁

　　　王曾善[7]　山東　回教協會理事

　　　定中明[8]　湘　　亞西司科長

　　　張景嶽[9]　山東　校十四期　第九師政工

政工　阮成章[10]　湖北教育學院　戰幹團　十三師連長

文藝　虞君質[11]　清華與帝大　四九才

　　　趙棠琪[12]　女師（女）　臺北二女中教員

1　江學海，字勉之，江西上高人。時任第六軍第六十八師副師長。1954 年 9 月，調任總統府高級參謀。1955 年 3 月，調任第二軍第八十四師副師長。

2　朱悟隅，號荔山，河北濼縣人。1953 年 7 月，調任國防部第三廳第五組組長。1954 年 7 月，調任總統府高級參謀、革命實踐研究院實踐學社教官。

3　朱俊德，號明成，安徽定遠人。1950 年 1 月，調任第五十四軍參謀長。1954 年 7 月，調任總統府高級參謀。1955 年 7 月，調任預備第八師師長。

4　劉恩霖，號霖之，遼寧綏中人。時任總統府戰略顧問委員會辦公室參謀。1956 年 7 月調任國防大學教官。1958 年政治大學東方語文系增設土耳其語文組，應聘擔任開組教師。

5　劉炳漢，號和辰，河北滄縣人。時任陸軍指揮參謀學校教官。

6　馬賦良，新疆阿克蘇人。1947 年 12 月至 1951 年 3 月任駐伊斯坦堡領事館領事。

7　王曾善，字孝先，山東臨清人。1935 年至 1946 年，成為代表回民的立法委員。1944 年隨張治中赴新疆談判，後任民政廳廳長。大陸淪陷後逃到土耳其，並在伊斯坦堡大學擔任教授。

8　定中明，字星吾，經名達悟，湖南常德人。著名伊斯蘭學者、大阿訇。時任外交部亞西司第三科科長，1955 年外派駐黎巴嫩大使館一等秘書。1956 年起曾三度擔任臺北清真大寺教長、四度擔任回教朝覲團團長，歷任伊斯蘭世界聯盟理事等職務。

9　張景嶽，山東夏津人。1953 年 12 月任第九師政治部主任。

10　阮成章，1949 年赴臺灣，後任憲兵司令部政治部主任。1953 年任海軍總司令部高參。

11　虞君質，曾任臺灣省立師範學院教授、臺灣大學教授，及香港中文大學教授。主編《文藝創作》（月刊）第 61 至 68 期。1954 年 1 月，出任《文藝月報》主編。

12　趙棠琪，時任臺灣省立臺北第二女子中學教員。

余夢燕[1]　湘　留美（女）　英文郵報

夏之驊[2]　皖　留美

蔣士彥〔彥士〕[3]　杭　留美　　農復會

王中柱[4]　武進　政校　卅九才　中央日報

張孔容[5]　鄂　　留美土木　工程署副

張國英　廿六師長

吳淵明　十師長

應任大隊長　陳奎良　陸戰隊聯絡官

謝齊家[6]　北防部參長　三期

汪治隆[7]　空軍　五廳副

張寶華[8]　通信指揮部副　未入軍校

王春祿[9]　北防部三處長

李策勳　江雲　大陳砲兵組與指揮官

1　余夢燕，湖南臨湘人。抗戰期間在重慶《時事新聞報》任記者。1946 年赴美入哥倫比亞大學新聞學院獲碩士學位，1949 年自美赴臺，1952 年 9 月與丈夫黃遹霈一同創辦《英文中國郵報》（*China Post*），並任社長與發行人。

2　夏之驊，號天馬，安徽六安人。1947 年 1 月任臺灣肥料公司協理兼第二廠廠長，1950 年任中國農村復興聯合委員會技正和水土保持工作主持人。1954 年擔任臺灣土地利用調查主持人。

3　蔣彥士，浙江杭州人。1948 年至 1961 年任中國農村復興聯合委員會技正、秘書、副執行長、執行長、秘書長、委員。

4　王中柱，江蘇武進人。時任《中央日報》撰述委員。

5　張孔容，時任聯勤總司令部工程署副署長。

6　謝齊家，號其潔，湖南華容人。時任臺灣北部防守區司令部參謀長，1957 年 5 月調任臺東師管區司令兼臺灣東部守備區司令。

7　汪治隆，湖南益陽人。時任國防部第五廳副廳長。

8　張寶華，時任國防部通信指揮部副指揮官。

9　王春祿，察哈爾陽原人。時任臺灣北區防衛司令部第三處處長。

曾祥廷[1]　前六一師長　宗南保荐

鄒軫善

李　文　＼

周士瀛 ── 被俘

功　　梁天价　海軍上尉

功　　陶瀾濤[2]　荊門　廿九年班　卅八才　永修長

功　　楊廣英[3]　泰興　廿九年班　卅七才　永壽長

　　　林植基[4]　鄞縣　廿九年班　留英　卅七才　永順艦長

海　　李鳳台[5]　河北　青島廿年畢業

　　　高如峯[6]　福州　煙臺　留英　四六才

　　　朱敬民　鄭廷〔挺〕鋒[7]部　前九四軍軍長

　　　周士瀛　袁樸所部　前九十軍軍長　被俘

　　　鄒　堅　卅三才　建甌　海廿九期　陸校十七期　英海校　潛艇

海　　錢懷源　卅九才　青島海校二十年畢業　上虞　只任副長

　　　江叔安　海軍

　　　王永樹[8]　政工校長

　　　張心洽[9]　中國銀行副處長　卅四才　哈佛

1　曾祥廷，號濟中，福建平和人。曾任第十七軍副軍長，1950 年 8 月任國防部參議，1954 年 7 月調任總統府高級參謀。

2　陶瀾濤，時任永修艦艦長，1955 年任海軍馬祖巡防處處長。

3　楊廣英，時任永壽艦艦長。

4　林植基，時任永順艦艦長，1959 年 3 月 1 日任丹陽艦艦長。

5　李鳳台，河北南宮人。時任海軍第三軍區司令。

6　高如峯，號仰山，曾任副參謀長、武官、司令，1962 年 2 月 1 日接任海軍軍官學校校長。

7　鄭挺鋒，原名庭烽，字耀臺，廣東文昌人。1950 年 6 月任第五十軍軍長。1954 年調任澎湖防衛司令部副司令，7 月任代司令。1955 年 7 月，調任第一軍團司令部副司令。

8　王永樹，字重三，浙江淳安人。1951 年 7 月任國防部總政治部第一組組長。1952 年 4 月至 1955 年 12 月任政工幹部學校校長。

9　張心洽，字鵬雲，1942 年起任中國銀行會計處副處長。1951 年，出任臺灣銀行國外部經理。1958 年，出任中華開發信託公司副總經理，1963 年升任總經理。

候補研究員　桑錫青〔菁〕[1]　中行秘長　常熟　五三才

　　　　　　沈時可　臺地政局長　海門　四七才　政校

　　　　　　史尚寬[2]　雷法章[3]

　　　　　胡旭光[4]　無錫　密西根碩士　機械　第二廳

　　　　　吳炳忠〔鍾〕　吳贇憲〔熙〕[5]之子

　　　　　余作民[6]　杭州　政校　四〇才　聯合國秘書

　　　　　郭勳景[7]　江西　四一　太倉　廿六年班

　　／　曾耀華[8]　長樂　卅七　太湖

　／　　雷樹昌[9]　河南　永康艦長　馬尾海校　卅二才

海　　　李北洲[10]　中山　卅八　太昭

　＼　　池孟彬[11]　林森　卅九　太康

　　＼　聶齊桐[12]　湖北　留英　永靖艦長

　　　　　唐廷襄　羅定　四一　太平　廿五年班

1　桑錫菁，字君儀，原任中央銀行秘書處處長，1954 年 6 月調任行政院副秘書長。1960
　年中央銀行顧問、交通銀行常務董事。
2　史尚寬，字旦生，安徽桐城人。《中華民國民法典》起草人，獨力完成《民法全書》。
　時任第一屆立法委員，1952 年 6 月出任考試院考選部部長。
3　雷法章，湖北漢川人。1948 年 7 月，出任考試院秘書長，1952 年 6 月，調任銓敘部部長。
4　胡旭光，1951 年調任國防部第二廳第七組組長，主管外員聯絡事宜。1955 年起任國防
　部聯絡局局長十年，並任總統軍事翻譯。
5　吳贇熙（1881-1951），祖籍廣東潮州，出生於新加坡。自十七歲起十四年在劍橋大學
　讀文史法理工等科七個學位，最後取得醫學博士學位後回到中國。曾任北洋政府外交
　部顧問、南洋華僑宣撫使等職。
6　余作民，號新之，浙江杭州人。職業外交官，曾於聯合國秘書處工作。
7　郭勳景，時任太倉艦艦長，後任海軍第一軍區司令。
8　曾耀華，福建長樂人。時任太湖艦艦長。1956 年 10 月調任咸陽艦代艦長。
9　雷樹昌，時任永康艦艦長。
10　李北洲，時任太昭艦艦長。
11　池孟彬，字敬超，福建林森人。時任海軍太康艦艦長。
12　聶齊桐，1944 年時在英國格林尼治海軍學院留學，分配到英國海軍中參戰實習，參
　加諾曼第登陸。時任永靖艦艦長。

孫文全[1]　遼寧　太和

汪貫一（上海）軍校高教班　曾任團長　參校主任

易　瑾[2]　湘西　校七期　參校二　第二軍團主任

政工　張慎哉[3]　孫鵬飛[4]　黃凱白[5]　裝甲部隊政工

張致一[6]（茂名）　中山大學　十九軍主任

傅清石[7]　湘　校六　空通校主任

魏錦明　皖　校十八　空補給庫主任

機工　陳　亮　象山　四〇才　空機校二　政幹班　裝甲部政工科長

鄧祥雲　河南　四九才　比國大學　水利司長

徐修惠[8]　慈谿　卅六才　哈佛　電力工程司

徐世大[9]　紹興　五九才　康乃爾　臺大教授　水利

1　孫文全，撤退來臺後，首在海軍士校任職總隊長，1953 年任太和艦艦長，1955 年 1 月 10 日，太和艦遭共軍飛機轟炸，造成傷亡。

2　易瑾，號漢法，湖南大庸人。曾任國防部總政治部第三組組長，時任第一軍團司令部政治部主任。

3　張慎哉，時任裝甲兵旅司令部政治部主任。

4　孫鵬飛，字捷南，吉林長春人。時任陸軍裝甲兵第一師政治部主任，1957 年 3 月調任陸軍裝甲兵學校政治部主任。

5　黃凱白，字醒華，號復蘇，浙江永嘉人。歷任第四十五師政治部主任、裝甲兵學校政治部副主任。

6　張致一，原名光海，廣東茂名人。曾任政工幹部學校科長、裝甲兵學校政治部主任，1954 年 3 月調任第十九軍政治部主任。

7　傅清石，湖南長沙人。時任空軍通信學校政治部主任，1956 年 4 月調任空軍指揮參謀學校政治部主任。

8　徐修惠，號文郁，浙江慈谿人。水利專家，1949 年發表《石門水庫初步計劃設計書》，時任招商局高雄分公司總務組主任。

9　徐世大，字行健，浙江紹興人。1947 年秋，任臺灣大學土木系專任教授並兼臺灣省水利局顧問。1952 年參加水利局與大嵙崁溪石門水庫促進會負責設計組工作，1954 至 1955 年擔任水利局「石門水庫建設委員會」總工程師，直至 1964 年離臺赴美休假為止，前後共計十二年。

潘宗武[1]　桂西人　政工　縣長　中山大學　程思遠[2]派　已受訓

陳壽民[3]　桂南人　省秘長黃旭初[4]　主委　　　　　已受訓

陽肇昌[5]　桂北人　中央政校　錢幣司（現任）　　　已受訓

李憲章[6]　桂南人　中山大學　縣長　國代　　　　　已受訓

周可法[7]　桂南人　中山大學中校長　田糧處副　臺南中學教授

陳恩元[8]　桂北人　陸小畢業　師長市長　監察委員（現任）

桂才　黃崑山[9]　桂南人　省議會秘長　縣長專員　未受訓　留日

僑領　陳六使[10]　新加坡

1　潘宗武，廣西鍾山人。歷任廣西賀縣、南丹、平南、蒼梧等縣縣長、廣西地方行政幹部訓練團區縣訓練指導處處長等職。1947 年 11 月當選第一屆國民大會代表。

2　程思遠，本名思安，廣西賓陽人。1948 年當選行憲第一屆立法委員。1949 年 7 月，擔任中國國民黨中央非常委員會副秘書長。12 月辭職移居香港，擔任《正午報》專欄作家。

3　陳壽民，廣西橫縣人。曾任中國國民黨廣西省黨部委員兼書記長、廣西省政府委員兼秘書長，1948 年當選行憲第一屆立法委員。

4　黃旭初，廣西容縣人，民國時期「新桂系」首領之一。1949 年 2 月攜李宗仁信函往廣州拜訪孫科、吳鐵城等人。5 月兼桂林綏靖公署主任，12 月任華中軍政長官公署副長官。年底受李宗仁所託，經海口轉抵香港，並暗中聯絡反蔣反共勢力，1951 年移居日本橫濱。1958 年回到香港，獲聘為總統府國策顧問。

5　陽肇昌，字劍萍，廣西桂林人，祖籍廣西靈川。1949 年隨財政部播遷臺北，兼管保險與其他金融機構之督察，職位隨之調升，由科員而稽核，而科長。1958 年初，以專門委員名義兼任保險科科長。

6　李憲章，號佩文，廣西田東人。1947 年 11 月當選第一屆國民大會商業團體第四區候補代表，1954 年 2 月遞補。

7　周可法，號介生，廣西上林人。時任臺灣省立彰化中學教員。

8　陳恩元，號炳南，廣西全縣人。曾任廣西省第八區行政督察專員。1948 年 7 月起任監察院監察委員。

9　黃崑山，廣西邑寧人。曾任廣西省第十一區行政督察專員、廣西省臨時參議會秘書長，兼任中國國民黨廣西省黨部執行委員。1947 年 11 月當選廣西省第五區國民大會代表。1954 年 1 月任立法院圖書資料室簡任編審，8 月任考試院考試委員。

10　陳六使，福建廈門人，新加坡僑領。1953 年，創辦海外第一所華文大學——南洋大學，並聘請林語堂為第一任校長。

陳文確¹　陳六使之兄
梁後宙²　新加坡　黨員

周賢頌³　中央信托局東京辦事處
曹文彥　四六　溫嶺　留美　教育部
張果為
趙聚鈺
胡秋原

參校將三期　華金祥⁴　無錫　校十　大十八　2C參長　已任團長　卅九才
　　　　　　羅文浩　黃陂　校八　陸三署長　已任團長　副司令　四一才
　　　　　　傅紹傑⁵　東北講武　大十　三廳一組　河北　已任營長
　　　　　　龐宗儀⁶　校八　河北　8C參長
　　　　　　姜繼斌⁷　校七砲　基要塞　黃陂　四十二才

1　陳文確，福建廈門人，新加坡僑領。1925年與其弟陳六使合創益和樹膠公司，業務擴展至東南亞各地。
2　梁後宙，又名梁宙，號其宇，福建南安人。新加坡僑領，歷任三民主義青年團海外團務計劃委員兼新加坡直屬區團主任、三民主義青年團南安分團幹事長。
3　周賢頌，號伯容，浙江定海人。1950年任中央信托局副局長兼購物易料處經理，1951年1月任行政院設計委員會委員。
4　華金祥，號康治，江蘇無錫人。1952年2月，任國防部第三廳第二組組長，12月調任第六十七軍參謀長。1955年3月，任金門防衛司令部參謀長兼第一軍第五十八師副師長，10月升任第九軍第四十六師師長。
5　傅紹傑，號鐵豪，河北密雲人。1952年6月任國防大學第三組教官，1953年8月任國防部第三廳第一組組長。
6　龐宗儀，時任第八軍參謀長，後改任預備第六師師長。
7　姜繼斌，號憲章，湖北黃陂人。時任基隆要塞司令部副司令，1955年9月升任司令。

王慶霖[1]　校六　河北　75C 參長

劉伯中[2]　校八　湘　張定國[3]　校四　山西

邱希賀[4]　校　大十三　湘　海總三署副

留學儲備　梁天价　海軍上尉

賴中漢　兩棲司令部主任

陳奎良　陸戰隊聯絡官　　應任大隊長

常文熙[5]　河南　中訓團高班　中國銀行赴外稽核　五二才　留德

楊希震[6]　湖北　哥侖比亞師範學院　政校訓導長　臺大教授　四九才

王振先[7]　武進　中國公學中訓團　高三　聯戰二期

余世儀[8]　十八軍 51D 之團長　保養最佳　南部

84D 團長　顏珍珠[9]　湘　校十五　李光達[10]　湘　校十五

1　王慶霖，號潤生，河北無極人。原任第七十五軍參謀長，1954 年 7 月任第九軍參謀長，1957 年 2 月任第一軍團司令部副參謀長。

2　劉伯中，號仲石，湖南醴陵人。1952 年 12 月任國防部戰略計畫委員會秘書處副主任，1955 年 7 月任陸軍參謀指揮學校第二學員班主任。

3　張定國，山西五臺人。1953 年 10 月任第十九軍副軍長，1954 年 7 月調任第四軍副軍長，1956 年 11 月調任第三軍副軍長。

4　邱希賀，號修賢，湖南安化人。時任海軍總司令部第三署副署長。

5　常文熙，字輯甫，河南修武人。第一屆國民大會商業團體北區代表，時任中國銀行總處赴外稽核，中國石油公司總稽核。

6　楊希震，字葆初，湖北棗陽人。1949 年代理政治大學校長。後任臺灣大學三民主義研究所教授、中央設計考核委員會會員。

7　王振先，江蘇武進人。第一屆國民大會江蘇農會代表，光復大陸設計委員會研究委員。

8　余世儀，安徽潛山人。時任第五十一師第一五一團團長。

9　顏珍珠，字中柱、履淵，湖南茶陵人。1954 年 7 月任第八十四師第二五〇團團長、1956 年 3 月任預備第五師副師長。

10　李光達，湖南瀏陽人。1950 年 12 月，任第六十七師第二〇〇團團長。1952 年 6 月，調任第八十四師第二五一團團長。1955 年 5 月，調任第六十九師參謀長。

李向辰[1]（河北）校十五

黃毓峻[2]　84D 參長　山東　卅九才　校十　參校畢業

防大候補　楊　勃　容縣　金門

1　李向辰，號拱之，河北邢臺人。曾任第六十七師第二〇一團團長、第八十四師參謀長兼馬祖守備區參謀長、第八十四師第二五二團團長、副師長，1956 年 9 月升任第二十六師師長。
2　黃毓峻，號仲嶽，山東臨沂人。時任第八十四師參謀長。

索引

蔣中正日記
Chiang Kai-shek Diaries

索引

蔣中正日記 (1954)
Chiang Kai-shek Diaries, 1954

著　　　者：蔣中正
授權出版：國史館館長 陳儀深
統籌策劃：源流成文化
總 編 輯：呂芳上 源流成
責任編輯：高純淑 張傳欣 蔣緒慧
封面設計：溫心忻 源流成
排　　版：蔣緒慧

出 版 者：民國歷史文化學社 有限公司
　　　　　臺北市大安區羅斯福路三段 37 號 7 樓之 1
　　　　　TEL：+886-2-2369-6912

國史館
Academia Historica
臺北市中正區長沙街一段 2 號
TEL：+886-2-2316-1000

贊助出版：蔣經國國際學術交流基金會
Chiang Ching-kuo Foundation for International Scholarly Exchange

世界大同 文創股份有限公司
AGCMT CREATION CORP.

總 發 行：源流成文化股份有限公司
　　　　　臺北市大安區羅斯福路三段 37 號 7 樓之 1
　　　　　TEL：+886-2-2369-6912
　　　　　FAX：+886-2-2369-6990

初版一刷：2023 年 10 月 31 日
定　　價：新臺幣 850 元
　　　　　美 元 32 元
ＩＳＢＮ：978-626-7370-26-1（精裝）
　　　　　978-626-7370-27-8（1948-1954 套書）

Republic of China History and Culture Society
http://www.rchcs.com.tw

ISBN 978-626-7370-26-1

9 786267 370261

蔣中正日記 (1954) = Chiang Kai-shek diaries,
1954/ 蔣中正著 . -- 初版 . -- 臺北市 : 民國歷史
文化學社有限公司 , 國史館 , 2023.10
　面；　公分
ISBN 978-626-7370-26-1(精裝)

1.CST: 蔣中正 2.CST: 傳記

005.32　　　　　　　　　　　112015568